编委会

顾 问
　　曾宪军

主 编
　　叶彬强

副主编
　　罗劲松　徐　勇

编委会成员（按姓氏笔画排序）

　　王南甫　王应汶　王心宇　冯　倩　兰卉卉　刘广超
　　刘　坤　刘　玲　刘传奇　孙梦媛　陈　踊　陈　晨
　　李　雪　李　祎　李家富　李　洪　李　祥　李　涟
　　杨　龙　张保川　张　娅　余　波　胡晓楠　徐崇君
　　董子铭　董　明　曾　雪

筑梦启航

新时代大学新生教育研究与实践

叶彬强 ◎ 编著

四川大学出版社

图书在版编目（CIP）数据

筑梦启航：新时代大学新生教育研究与实践 / 叶彬强编著． — 成都：四川大学出版社，2023.10
ISBN 978-7-5690-6207-6

Ⅰ．①筑… Ⅱ．①叶… Ⅲ．①大学生－入学教育－研究 Ⅳ．① G645.5

中国国家版本馆 CIP 数据核字（2023）第 121795 号

书　　名：筑梦启航——新时代大学新生教育研究与实践
　　　　　Zhumeng Qihang——Xinshidai Daxue Xinsheng Jiaoyu Yanjiu yu Shijian
编　　著：叶彬强

选题策划：王小碧　庄　溢
责任编辑：庄　溢
责任校对：王小碧
装帧设计：重庆文笛
责任印制：王　炜

出版发行：四川大学出版社有限责任公司
　　　　　地址：成都市一环路南一段 24 号（610065）
　　　　　电话：（028）85408311（发行部）、85400276（总编室）
　　　　　电子邮箱：scupress@vip.163.com
　　　　　网址：https://press.scu.edu.cn
印前制作：四川胜翔数码印务设计有限公司
印刷装订：四川盛图彩色印刷有限公司

成品尺寸：170 mm×240 mm
印　　张：18.5
字　　数：349 千字

版　　次：2023 年 10 月 第 1 版
印　　次：2023 年 10 月 第 1 次印刷
定　　价：65.00 元

本社图书如有印装质量问题，请联系发行部调换

版权所有 ◆ 侵权必究

序 言

强国新时代，奋力实现中华民族伟大复兴的中国梦。教育是国之大计、党之大计。习近平总书记高度重视高等教育事业发展，明确高校要坚持把立德树人作为根本任务，系统回答了高校"培养什么人，如何培养人，为谁培养人"这个根本问题，阐明了培养德智体美劳全面发展的社会主义建设者和接班人这一教育的根本目标。大学新生教育是新时代高等教育体系的重要组成部分，是高校思想政治教育工作的重要内容，是大学新生从基础教育、中等教育迈入高等教育的有效衔接。大学一年级作为大学新生角色转变和形塑定位的重要阶段，是其形成正确世界观、人生观和价值观，进行自我人生规划的关键期，是丰富通识知识储备、奠定专业学习基础的核心期，是转变学习方式、养成良好习惯的转折期。大学新生教育是大学学习和生活名副其实的"第一课"。

奋进新征程，科学谋划校区治理顶层设计。重庆理工大学于2013年正式启动两江校区建设，并决定将本科一年级新生统一安排在两江校区进行学习生活和教育管理。为此，2014年1月重庆理工大学成立了两江校区管委会，并出台了《重庆理工大学两江校区管理体制与运行机制方案》《重庆理工大学两江校区管委会运行管理办法》等文件；同时，根据对两江校区学生工作的整体要求，确保两江校区学生工作科学、高效、有序开展，制定了《重庆理工大学两江校区学生工作实施办法》（以下简称《实施办法》）。《实施办法》规定两江校区的学生工作实行"条块结合，以块为主，部分职能延伸"的管理模式；同时规定两江校区管委会的学生工作框架为"一室一委四学部五中心"。其中"一室"为两江校区管委会学生工作办公室；"一委"为两江校区团委，总体牵头负责实施两江校区学生工作；"四学部"为按学生学科、专业性质划分的工学部、信息学部、社会科学部、文理学部，学生根据专业分属各学部管理，各学部设辅导员工作组，负责学部内的各项学生工作日常事务，各辅导员工作组设负责人一名；"五中心"为根据学生工作性质和工作内容设置的学生思想教育管理中心、学生日常事务管理中心、学生心理健康服务中心、学生党团工作中心、学生社区管理中心。《实施办法》规定，两江校区采用"学生工作进社区"模式，在各学生公寓的一楼设置辅导员工作组和学生日常事务管理中心办公场所，全体辅导员进驻学生公寓办公。

十年磨一剑，努力构建大学新生教育体系。本书汇聚了重庆理工大学对近十年大学新生教育制度和实践经验的总结，凝结了两江校区一届又一届教育管理工作者辛勤育人的汗水与心血。本书根据重庆理工大学党委出台的《重庆理工大学学生工作德智体美劳"五育并举"实施指导意见》，深入分析新时代背景下大学新生的思想特征和行为模式特点，统筹规划了为期一年的"新生教育工程"，实施构建了"12345"新时代大学新生教育管理体系。"1"为设定一个新生教育总目标，即立足大一、夯实基础、乐学乐行、成长成才。"2"为建立两个新生教育制度，即学生工作进社区制度、第二课堂成绩单制度。"3"为拓宽三个新生教育维度，即时间宽度、形式广度、内容深度。"4"为精心设计四大专题教育，即新生入学教育、新生适应教育、新生养成教育、新生发展教育。"5"为深度融合德智体美劳"五育协同"教育，即新生理想信念教育、新生学业认知与专业教育、新生综合素质与能力教育、新生心理健康与成长教育、新生劳动认知与实践教育、新生生涯发展与就业教育。此外，本书也是重庆理工大学新生教育创新理论的凝练、新生教育生动案例的展现、新生教育实践成果的体现，内容科学合理，针对性、操作性和借鉴性较强，为新时代大学新生教育提供了新思路和新举措，希望能为广大高校新生教育工作者提供参考和借鉴。

未来更可期，全力推动大学新生教育工程。新时代大学新生教育应继续深入落实"立德树人"根本任务，扎实推进"三全育人""五育并举"人才培养综合改革，实现通识教育与专业教育有机联动，促进全人教育与专业成长紧密结合，实施四大专题教育与"五育协同"教育齐头并进，从新生教育模式创新化、队伍专业化、目标层次化、内容课程化和形式多样化五个方面继续深入探索、创新实践，进一步引导大学新生扣好人生"第一粒扣子"，帮助他们"入好门、走好路、成大才、担大任"，更好地实现个人成长和发展。

2023 年 8 月

目　录

第一章　新时代大学新生教育概述……………………………………（1）
　第一节　大学新生教育的历史沿革……………………………………（1）
　第二节　新时代大学新生的群体特征…………………………………（4）
　第三节　新时代大学新生教育的重要意义……………………………（6）
　第四节　新时代大学新生教育的主要目标……………………………（8）
　第五节　新时代大学新生教育的内容构成……………………………（10）

第二章　新生入学教育……………………………………………………（14）
　第一节　认识大学………………………………………………………（14）
　第二节　入学准备………………………………………………………（21）
　第三节　入学报到………………………………………………………（24）
　第四节　入学教育………………………………………………………（27）
　第五节　典型案例………………………………………………………（34）

第三章　新生适应教育……………………………………………………（38）
　第一节　正确认识适应教育……………………………………………（38）
　第二节　适应大学角色…………………………………………………（41）
　第三节　适应大学生活…………………………………………………（43）
　第四节　适应大学学习…………………………………………………（45）
　第五节　适应大学人际关系……………………………………………（48）
　第六节　典型案例………………………………………………………（50）

第四章　新生养成教育……………………………………………………（55）
　第一节　公民美德………………………………………………………（55）
　第二节　礼仪修养………………………………………………………（64）
　第三节　理性消费………………………………………………………（66）

第四节　科学使用互联网……………………………………（68）
　　第五节　安全防范……………………………………………（70）
　　第六节　国防教育……………………………………………（73）
　　第七节　典型案例……………………………………………（80）

第五章　新生发展教育……………………………………………（84）
　　第一节　评先评优……………………………………………（84）
　　第二节　奖学金………………………………………………（91）
　　第三节　大学生资助…………………………………………（95）
　　第四节　大学生党员发展……………………………………（100）
　　第五节　其他发展指导事务…………………………………（108）
　　第六节　典型案例……………………………………………（113）

第六章　新生理想信念教育………………………………………（120）
　　第一节　理想信念教育………………………………………（120）
　　第二节　社会主义核心价值观教育…………………………（126）
　　第三节　中华优秀传统文化教育……………………………（131）
　　第四节　新时代爱国主义教育………………………………（136）
　　第五节　典型案例……………………………………………（143）

第七章　新生学业认知与专业教育………………………………（147）
　　第一节　把握大学学习特点…………………………………（147）
　　第二节　运用科学学习方法…………………………………（152）
　　第三节　合理利用学习资源…………………………………（157）
　　第四节　优良学风建设………………………………………（164）
　　第五节　开展专业认知教育…………………………………（168）
　　第六节　精准把握学业规定…………………………………（176）
　　第七节　典型案例……………………………………………（185）

第八章　新生生涯发展与就业教育………………………………（189）
　　第一节　生涯和生涯发展理论………………………………（189）
　　第二节　学业生涯规划教育…………………………………（192）
　　第三节　职业生涯规划教育…………………………………（197）
　　第四节　就业教育……………………………………………（201）
　　第五节　典型案例……………………………………………（206）

第九章　新生综合素质与能力教育 (210)
- 第一节　校园文化活动 (210)
- 第二节　科研科技活动 (216)
- 第三节　大学体育活动 (220)
- 第四节　大学学生社团 (226)
- 第五节　大学学生组织 (229)
- 第六节　典型案例 (237)

第十章　新生心理健康与成长教育 (242)
- 第一节　新生常见心理问题 (242)
- 第二节　新生心理健康教育活动 (249)
- 第三节　新生心理健康测评 (252)
- 第四节　新生心理健康咨询 (254)
- 第五节　新生心理危机干预 (256)
- 第六节　典型案例 (258)

第十一章　新生劳动认知与实践教育 (261)
- 第一节　劳动认知 (261)
- 第二节　劳动课程 (266)
- 第三节　生活劳动 (268)
- 第四节　社会实践 (269)
- 第五节　专业实践 (275)
- 第六节　典型案例 (278)

后　记 (283)

第一章 新时代大学新生教育概述

习近平总书记指出："人生的扣子从一开始就要扣好。"[①] 大学新生教育是高校思想政治教育工作的重要内容，是大学新生从基础教育迈入高等教育的过渡衔接，也是帮助新生进行角色转换和自我重塑的重要环节。大学新生教育工作的落实效果直接影响新生对于大学学习生活的适应和大学阶段学习目标的规划与实现。[②] 习近平总书记在全国高校思想政治工作会议上指出："做好高校思想政治工作，要因事而化、因时而进、因势而新。"[③] 因此，针对"00后"新生的特点，高校要与时俱进强化新生思想政治教育工作，积极构建新时代新生教育体系，开展切实有效的教育指导，帮助新生尽快适应大学生活，促进新生更好地成长成才，为我国高等教育改革提供有益借鉴。

第一节 大学新生教育的历史沿革

特定历史阶段的社会生产劳动和社会发展产生特定时代的思想和理念，这是人类认识发展的基本规律。关于大学新生教育的认识也需要符合这一规律，相关的思想与理念不是突然诞生的，而是经过大量教育实践与尝试总结出来的，并且要与当代高等教育发展的实际相契合。回顾国内外高校新生教育的发展历程，有助于我们厘清其发展动因，汲取有益经验，为我国新时代新生教育体系构建奠定理论基础。

---

① 习近平.做党和人民满意的好老师——同北京师范大学师生代表座谈时的讲话[N].人民日报，2014-09-10（01）.
② 叶彬强，龙军峰，董子铭，等.新时代高校新生教育体系构建研究[J].教育观察，2022（13）：8-10，17.
③ 习近平.习近平谈论国理的（第二卷）[M].北京：外文出版社，2017：378.

一、国外新生教育发展历程

大学新生教育是国内高等教育工作中的新兴命题，学界与业界尚未在此领域形成十分完整成熟的理论体系和实践体系，但在国际视域内已拥有深厚的理论积淀与丰富的教育实践。国际上通常认为，大学新生教育体系发源于美国。美国称"新生教育"为"新生适应性辅导"与"新生定向教育"，其主要是为帮助大学新生在入学后的短时间内顺利适应大学的学习生活环境，顺利完成角色转换，进而助力新生在大学阶段获得更大程度、更高层面的发展。在美国，大学新生教育体系被视为学生综合管理工作的关键要素之一。新生教育已发展为一项专业化水平与规范程度较高的专项工作，且具备从事这一垂直领域教育的专职教师、组织系统、保障制度与日益规范的教育效果评价体系。

从初期探索来看，美国构建的大学新生教育模式起步于针对新生开展的研讨课。这种模式是由里德学院在 1882 年发明的。1911 年，里德学院进一步将这一模式提升为学分模式，成为世界上第一所为新生教育课程赋予学分的大学。20 世纪 30 年代后，因为资源问题，新生研讨课的教育模式受到了影响。学分体制改革也导致新生研讨课面临被取消的风险，最后使这一课程逐渐式微。但在 1959 年，哈佛大学尝试开设新生研讨课，收效良好，紧接着在 1963 年将这一课程纳入常规课程。到 20 世纪 60 年代，南卡罗来纳州立大学提出"大学第一年教育"这一概念，认为高校应该把大学新生的学习经历和体验纳入整个大学学习生涯中来考虑，帮助新生实现由中学到大学的过渡。在之后的近 60 年里，"大学第一年教育"作为一个专有名词在欧美高等教育界逐渐被关注和研究。

从中期实践来看，20 世纪 70 年代，美国高等教育由精英阶段发展到大众化阶段，不同文化、种族、宗教背景的学生涌入高校。很多学生出现难以适应大学生活的状况。在此背景下，高度关注新生教育，以引导学生规划大学生涯、取得学习成果，成为美国高等教育界的共识。1972 年，"大学 101 项目"出现，由此开启了美国新生体验计划。南卡罗来纳州立大学在当时设立该课程项目主要为新生与校方建构理解、交流、平等的渠道，引导新生对高校学习与生活形成更正面的态度与积极的行为，帮助新生顺利完成大学学业，降低退学率，并指引学生在更深层次上理解教育的本质与目标，建构系统的多元视野。南卡罗来纳州立大学曾对"大学 101 项目"教育成效展开评估。评估的结果是这一模式确实有效降低了新生的辍学率，同时在建立学生与学校的关系上有着不可磨灭的效果。评估结果一出便在美国的教育界引起广泛反响，诸多大学借鉴、仿效这一新生教育路径。此后，全美大一新生研讨课会议机制进入常态化，研究撰写并出版发行针对大学新生教育领域的期刊、专著，每年定期举办全美新生教育水平调查活动，组织垂直领域的学术会议。

20世纪80年代至今，美国的高等教育界对"大学第一年教育"的研究与实践进入快速发展的阶段。1986年，美国的教育转型资源已经大量投入新生教育中，《大学首年教育与学生转型研究》期刊得以创办，强调提升本科教育质量要从新生阶段开始，这对美国高等教育理念形成重大影响。罗拉多州立大学搭建了课程、课外活动和综合咨询三大平台，为大学新生提供更多交流和社会实践的机会。1988年，美国全国资源中心对美国高校新生研讨课程项目开展全国范围内的调研，并于此次调研后每三年进行常态化追踪调查。调查数据显示，"大学第一年教育"项目已经覆盖了九成的高校。高效的入学衔接教育为美国的教育提供了巨大的正面帮助，同时促进学生的学业发展。

二、国内新生教育发展历程

我国对于大学新生教育的研究比国外要晚一些，从20世纪90年代才开始意识并重视新生教育，逐渐开始进行新生教育的课题研究，产生了一批具有重要意义的理论研究成果和实践资料。

20世纪90年代以来，我国高校教育工作者们开始对大学新生教育的内涵、原则、方法以及重要性和意义等进行大量研究，对明确高校新生教育的研究方向和目标做出了卓越贡献，奠定了坚实基础。北京师范大学教授陶沙，以生命发展作为研究视角，发现大一新生在身心体验、人际关系、学习能力、生活自理等方面表现得难以适应。其中，人际关系和学习能力是最困难的点，很多学生都无法通过自己的努力去进行优化和提升。[1] 另一方面，不少学者围绕新生教育的主要内容、具体形式以及实效性等方面开展研究，并提出相应的观点和理念。北京大学杨艳玲以大学一年级学生为重点，利用量变到质变的研究方式，提出了新生在大学一年级处于不断创造、更新自我的时期。[2] 华东师范大学教授李家成通过对上海本地高三及大一学生进行采访调查，了解其心理变化，提出了"成长需要"的概念及其具体框架体系，详细分析了高三和大学一年级学生的成长诉求，形成了许多帮助高三和大学一年级学生在升学衔接上的

---

[1] 陶沙. 从生命全程发展观论大学生入学适应[J]. 北京师范大学学报（人文社科版），2000 (02)：81—87.

[2] 杨艳玲. 大学新生学习适应研究[M]. 郑州：河南大学出版社，2005.

教育建议。这些研究全面分析大学新生在适应大学的学习过程中面对的问题，强调了新生教育的重要意义，为构建更加合理的新生教育体系奠定了良好基础。

随着我国教育进入新时代，国内高等教育普及化程度越来越高，新生教育的重要性和必要性也日益凸显。在"立德树人"的总体要求下，越来越多的高校工作者和教育工作者开始提高对新生教育的重视程度，进行灵活、多样、深入的教育实践，使高校新生教育呈现出多样化趋势。就新生施教者而言，学校和学院共同负责新生的教育工作，其中专业教师、专兼职辅导员、共青团干部、党政干部等是主要教育力量，以党政干部和专兼职辅导员为主导。部分高校还邀请校内外知名专家、学者及优秀校友共同参与新生教育，成为教育力量的有益补充，如浙江大学推行的"新生入学教育月"计划就涵盖学生管理部门、专业教师、党团组织、著名教授等多方面主体。就新生教育内容而言，各高校大多根据自身实际情况开展教育项目，如上海交通大学把新生教育内容划为校园生活的适应、学校制度的学习、班级管理与党团活动、学分制与选课培训、学业生涯规划教育五大模块。就新生教育形式而言，绝大多数高校目前主要采取集中教育、讲座等形式，也有部分高校通过组织学生观看教育专题片或开展团体辅导等创新形式进行新生教育，如北京理工大学、河北师范大学等。此类丰富的教育形式相较于以前的灌输方法，教育效果显著加强，但在推动教育者与新生的双向沟通方面仍然较为乏力。

总之，大学新生教育需积极响应我国高等教育蓬勃发展的新形势，不断进行创新和探索。同时，借鉴国内外经验，也能为我国高等教育中的新生教育工作提供有效的帮助，指导新生迈好大学生涯的第一步。

第二节　新时代大学新生的群体特征

时代赋予了青年鲜明的特征。新时代大学生成长于我经济社会不断深入发展的历史时期。全球化、国际化的社会大背景，让他们与"80后""90后"相比，于思想和心理上都有着独特的群体特征。只有准确把握他们的特征，才能确保新生教育具有针对性和高效性。

一、时代特征

每一代青年都有着深刻的时代印记。"00后"新生在互联网时代的影响下，呈现出多样化的时代特征。一方面，他们关注时事政治，关心国家大事，不局限于自己的小圈子里，能放眼世界，具有较强的政治敏锐性。另一方面，由于成长在一个信息高速发展的时代，他们的信息储备较为丰富，学习能力较强，兴趣较为广泛，更倾向于通过各式各样的方式去表达自己的想法和情感。

二、思想特征

成长、生活在文化快速发展时代中的"00后"大学新生，更容易接受新鲜事物。但由于成长经历简单，生活阅历较少，他们更容易凭主观认知行事，容易感情用事，往往通过网络来认识世界，缺少理性分析。他们容易接受自己又时常自怨自艾，自称内向又渴望与他人交往，想要下定决心认真学习又容易出现烦躁、不安等负面情绪。随着考入大学这一目标的实现，初入大学的他们难以及时为自己设立明确、理智的新目标，从而缺少规划，对未来的生活感到茫然。他们大多存在不同程度的理想和信念模糊。因此，引导大学新生科学开启自己的大学生活成为新生教育的重点。

三、人格特征

大多数"00后"新生为独生子女，长期生活在父母宠爱的小环境中，在心理上渴望能够独立的同时又缺少面对困难和挫折的勇气和能力。这导致刚进入大学的他们往往会很难接受想象中和现实中大学的差别。例如，一些新生在中学阶段习惯了父母老师包办所有事情，进入大学后还会向老师询问快递怎么取等生活常识问题。同时，进入大学后他们需要自主选择学习的方式，需要考察自身的综合素质。生活情商的缺乏与学习方法的应对不当使部分新生产生落差，甚至出现心理问题。大学阶段对学生的自主性和自律性要求更高，提高自我认识成为必然要求。

四、交往特征

大多数"00后"新生在高中时期接触的对象往往是同一个地域的同学，而步入大学后，接触的同学往往来自全国各地，在性格特点、生活方式、语言交流上都存在着较大的区别。大多数"00后"新生在家庭生活中往往"独享"几位长辈的照顾，多以"我"作为交流和处理问题的出发点。"我觉得""我认为""我想要"往往是他们最常用的话语表达方式，遇到问题和困难时也往往以"我"作为思考的根本。进入大学后，他们一方面可以通过学生组织、校园文化活动结交朋友，扩大朋友圈；另一方面也需要学会适应集体生活，尊重集体意见，与班级、宿舍同学和睦相处，共同进步。

第三节　新时代大学新生教育的重要意义

大学新生教育作为新生在人生转折发展的重要时期接受的重要教育管理活动，是大学生思想政治教育的导航工程，已经成为影响大学生个体发展、提高高等教育质量的重要因素之一，对于全面落实高校立德树人根本任务，构建高校"三全育人""五育并举"人才培养体系，促进大学生成长成才有着非常重要的意义。[①]

一、全面落实立德树人根本任务的客观要求

高校肩负着立德树人的根本任务，而大学新生教育正是服务这一任务的起点环节。新生教育工作直接影响着学生在大学阶段各领域价值观的形成，如校园荣辱观、学业观、恋爱观、友谊观与安全观。新生教育效果将伴随学生一生，影响其在大学里的成长成才以及进入社会后的思想观念和行为模式。高校应通过新生教育，帮助学生树立科学正确的世界观、人生观和价值观，实现自我价值、育人价值和社会价值的统一，为实现立德树人根本任务助力。

二、全面构建"三全育人"新格局的必然要求

学生要想开启美好大学生活，那么新生教育是必不可少的。新生教育作为对学生进行理想信念教育、思想政治教育、生涯教育等的关键环节和重要载体，能够帮助新生更加积极地完成角色转换，树立自我教育、自我管理、自我服务的意识，尽快适应由高中生到大学生的角色转变。新生教育作为"三全育人"的重要开端，有助于帮助新生扣好人生的第一粒扣子，对深化思政教育实效、服务学生成长发展和学校人才培养具有无可替代的作用。

三、全面实施"五育并举"新理念的内在要求

习近平总书记在全国教育大会上指出：要培养德智体美劳全面发展的社会主义建设者和接班人，要努力构建德智体美劳全面培养的教育体系，形成更高

---

① 叶彬强，龙军峰，董子铭，等. 新时代高校新生教育体系构建研究[J]. 教育观察，2022(13)：8-10，17.

水平的人才培养体系。① "五育并举"的提出，为探索新时代教书育人规律、学生成长成才规律，培养全面发展的高素质人才提供了理论指导。大学新生教育作为学生入学后接受的第一堂思想政治课程，涉及内容主要有理想信念、校史校情、行为养成、校规校纪、心理健康、安全教育、学业指导、专业认知、生涯规划、校园文化等方面。用德智体美劳"五育并举"人才培养体系揽大学新生教育的全部内容，实现素质教育和技能教育并重，综合素质与专业素质平行发展，不仅夯实和完善了大学新生教育的基础理论，更为新时代大学新生教育内涵发展提供了实践支撑。

四、全面加强高校思想政治教育工作的现实要求

《礼记·大学》言："大学之道，在明明德。"大学新生教育是高校思想政治教育的关键内容之一。大学新生教育的最根本目标是育人。提出这一教育设想的原因是希望大学新生能够在起步阶段就尽早尽快树立起正确信念和学习发展目标，以主动积极的姿态投身于大学生活与学习，顺利完成由中学生向大学生的角色转变。《关于加强和改进新形势下高校思想政治工作的意见》指出，高校要结合大学生的实际，有针对性地帮助大学生处理好学习成才、择业交友、健康生活等方面的具体问题。② 文件中提到的工作内容正是大学新生教育工作的关键。新生思想政治教育在新生教育体系中起着扣扣子、打底色的关键作用，影响大学生思想的成熟和人格的完善，对人才培养工作是否取得预期效果有着无法替代的重要作用。新生教育还能够促成学生行为习惯的转换，促进学校人才培养效率的提高，保证学校育人目标的有效实现。

五、全面促进新时代大学生健康成长的有效举措

新时代背景下的大学新生是一个特殊群体，正处于即将或刚刚成年的阶段，也处于由青少年向成年人过渡的重要时期。"00后"大学新生具备明显不同于前人的思想观念特征和行为模式特点。他们在大学所接受的教育与中学截然不同。作为学习知识、生涯规划的重要过渡时期，大一对个人未来的发展具有重要意义。进入大学后，青年学生的学习经历、生活日常与社交体验更加广泛多样，对学生发展水平的评价标准也由相对集中于学习成绩的一元评价转向

---

① 习近平. 坚持走中国特色社会主义教育发展道路 培养德智体美劳全面发展的社会主义建设者和接班人 [N]. 人民日报，2018-09-11 (01).

② 中共中央、国务院. 关于加强和改进新形势下高校思想政治工作的意见 [N]. 人民日报，2017-02-27 (01).

综合素质评价。同时，由"他律为主"转向"自律为主"这一行为约束方式上的转变，也会使得大一新生的思想状况产生较大波动。另外，随着高校办学规模、办学条件的不断扩大和提升，多校区办学的模式导致大一新生被集中在一个校区进行管理，朋辈引导作用缺失、校园文化传承断层等现象普遍存在。如果不能很好地处理与应对这些转变，那么学生的大学生涯乃至后续人生阶段将会受到持续的消极影响。为了让新生尽快适应大学生活，可以通过主题多样、形式各异的系列新生教育活动帮助学生解决难题，引导学生高效学习、规划生活、协调关系，使其拥有良好的大学生活开端。同时，新生教育也可以帮助学生明了自身的优点与不足，找准自我定位，合理规划自己的大学生涯，为个人的全面发展奠定基础。

第四节 新时代大学新生教育的主要目标

大学新生教育是高等教育的开启之环。高校对待新生教育工作的方式，从根本上反映了高校的办学理念。因此，研究新时代新生教育的目标，有助于高校正确认识在新时代背景下开展新生教育工作的必要性，从而进一步完善新生教育工作。

一、推进新时代高等教育制度改革

我国正处于教育体制改革阶段。现行制度背景下，大量学生、家长、学校的固有观念仍然是中学生就应该努力学习，通过高考进入一个好的大学。学习成绩的优劣是家长、教师评价学生的决定因素，甚至有时成为"唯一标准"。这样的评价标准导致家长和学校将主要的关注点放在学生成绩上，并不会格外注重对学生性格、能力、品行等其他方面的培养。为了弥补这些缺失，高校应积极展开新生教育工作，在性格、品行、思想观念等方面来一场"大补课"，使新生尽快完成从中学生到大学生的身份转换，明确大学生身份与中学生身份的差别，明确自己的人生目标，并为此付出努力，使得自己在接受高等教育后，能够最终成为对国家和社会有用的人才。

二、夯实新生思想政治教育基础

高校承担着培养品德优良、本领过硬的高素质人才的任务，而学生思想政治素质的高低将直接影响此项任务的完成情况。高校要做好大学生思想政治教育工作,就要进行统筹规划,将新生教育作为重点,针对新生在融入新环境的过程中表现出来的种种不适应,进行精准的指导和引导,让新生从步入新阶段开始,就能对大学生活有一个全方位的认识,进行不断地自我调适。因此,在大一新生中开展爱国主义教育、入党启蒙教育等,可以为大学生思想政治教育工作奠定良好的基础,为培养社会主义建设者和接班人这一目标的实现打下坚实基础。

三、指导新生适应大学生活

大学新生处在由青少年向成年人转变的特殊时期。与其他年级的学生相比,这一时期的学生无论是在生理还是心理上,都会产生许多新的问题。新生自身的问题加上大学阶段的特殊性,使得新生在进入大学校园后会有诸多不适。例如,在心理方面,新生在过往的生活中形成的心理机制可能会受到影响和冲击,而新的心理机制无法在短时间内形成,将导致新生陷入失落和迷茫。如果学生对这样的心理困扰放任不管,或者无法自我调适,那么将在生活和学习中表现得越来越差,出现考试不及格等后果。同时,进入大学后,大多数学生会发现大学的学习方式和学习方法与高中时期有很大区别,学习内容更加复杂,学习需要花费更多的时间。这时候,就很容易产生"两级分化"。一种情况是学生积极调适自我去适应环境,热爱自己所学的专业,树立起自己的目标,能够顺利完成过渡。另一种情况则是学生很难自主完成转换,跟不上大学学习的节奏,对待学习比较消极,没有学习目标等。在人际关系方面,新生进入大学后,面对来自不同地方的同学,往往会产生交往不适等问题。很大一部分"00后"新生没有集体生活体验,如何与舍友相处就成为一门"必修课"。因此,开展新生教育目的就是减少和解决新生在入学时容易出现的各种问题,指导其顺利适应大学生活。

四、促进新生成长成才

新生在进入大学时,往往在学习和生活等诸多方面存在不适应的情况。高校开展新生教育工作的直接目的,就是让新生知道自己在大学里应该做什么和不应该做什么,应该怎样树立适合自己的目标并为此努力奋斗。新生只有先适应了大学的学习和生活,在保障自己的心理和身体健康的基础之上才能努力奋斗。同时,随着世界多元化的发展,新生的价值观念也常常受到冲击。例如,在消费观念上,部分学生往往会不顾自己的实际情况而盲目攀比消费,当日常消费不能得到满足后,就容易陷入校园贷或传销等危机之中。高校开展新生教育，重要的目的之一就是引导新生制定合理的学习生活规划，为其健康成长成才提供帮助。

第五节　新时代大学新生教育的内容构成

新时代大学新生教育要紧紧围绕"三全育人"新格局和"五育并举"新理念，将培养德智体美劳全面发展的社会主义建设者和接班人作为最终目标，为党和国家培养全面发展、能够担当民族复兴大任的时代新人。

本书以重庆理工大学为例，在深入分析新时代背景下大学新生的思想特征和行为模式特点的基础上，统筹规划了为期一年的"新生教育工程"，实施构建了"12345"新时代大学新生教育管理体系。"1"为设定一个新生教育总目标，即立足大一、夯实基础、乐学乐行、成长成才。"2"为建立两个新生教育制度，即学生工作进社区制度和第二课堂成绩单制度。"3"为拓宽三个新生教育维度，即时间宽度、形式广度、内容深度。"4"为精心设计四大专题教育，即新生入学教育、新生适应教育、新生养成教育、新生发展教育。"5"为深度融合德智体美劳"五育协同"教育，即新生理想信念教育、新生学业认知与专业教育、新生生涯发展与就业教育、新生综合素质与能力教育、新生心理健康与成长教育、新生劳动认知与实践教育。四大专题教育和"五育协同"教育两大板块共十个方面的内容是新时代大学新生教育的核心内容。

一、新生入学教育

作为大学新生教育体系的第一部分，新生入学教育的成效直接关系着大学新生能否内化学校育人理念、适应大学学习生活、实现角色转变。本部分内容可帮助大学新生很好地认识大学，树立正确的大学认知，具体包括了解大学功能、大学内涵、大学精神、大学校训和大学校徽；充分做好入学各项准备工作，具体包括入学物品准备、入学心理适应准备、入学教育前置化课程和新生绿色通道认识；入学报到流程，包括线上报到和线下报到流程；高质量开展入学教育第一课，包括新生专题会议、新生专题讲座、新生专题活动和新生教育队伍。

二、新生适应教育

新生进入大学后面对的是全然陌生的环境，在生活、学习、心理以及人际交往等方面容易出现各种不适应现象。如何让新生去适应这种变化，顺利完成从高中生向大学生的转变，逐渐找到自己的生活节奏和奋斗目标，是新生适应教育的重中之重。本部分内容的重点在于：如何正确认识新生适应教育，包括了解其内涵和适应不良的具体表现；了解如何适应大学角色，包括学会认识新起点、积极调整个人角色；了解如何适应大学生活，包括学会独立生活、养成良好生活习惯、学会参加校园活动、学会情绪管理；了解如何适应大学学习，包括学会时间管理、目标管理、任务管理；了解如何适应大学人际关系，包括正确处理与父母的关系、与老师的关系、与同学的关系、与异性的关系。

三、新生养成教育

大学新生的养成教育是高校德育工作中的重点内容，也是大学生个人成才急需正视和重视的问题。本部分内容重点帮助大学新生了解公民美德，包括社会公德、职业道德、家庭美德、个人品德和人际美德；学习掌握大学生礼仪修养，包括校园个人礼仪、校园交往礼仪；学习理性消费，包括了解大学生消费误区和树立正确消费观；正确认识和科学使用网络新媒体；正确认识安全隐患和科学做好安全防范；正确认识国防教育和有效开展军事课教育。这六个方面的内容，既能帮助新生养成高尚品行、提高人文素养、形成优良学风、规范个人生活；又能增强其安全防范意识，使其掌握自救自护能力，有效预防各类校园安全事故的发生；同时还能进一步加强学生的国防意识和军事技能，为引导大学新生健康生活、快乐成长打下重要基础。

四、新生发展教育

目前，高校学生工作，已由传统意义上的以思想政治教育和日常管理为主要内容发展到以学生思想政治教育、学生发展指导、生活服务为主要内容，进入了大学生发展指导与事务管理阶段。本部分内容重点帮助大学新生学习认识大学评先评优，充分调动新生争当优秀标兵的积极性；认识大学奖学金，鼓励新生积极学习，取得优异的学习成绩；认识大学生资助，帮助家庭经济困难的学子顺利完成学业；学习了解大学生入党的程序和要求，帮助新生坚定理想信念，强化责任担当，争做时代先锋。同时，本部分还重点介绍了大学其他相关发展指导事务，包括大学生医保、学生证办理、户口办理、学籍档案办理、党籍团籍办理、新生应征入伍等，帮助新生处理好自身日常事务，有利于帮助新生更好更快地融入新的环境。

五、新生理想信念教育

高校要落实好立德树人的根本任务，努力培育德智体美劳全面发展的时代新人。因此，大学新生一进校门，就要主动树立实现中华民族伟大复兴的远大理想和坚定信念。本部分内容着重就如何加强新时代大学新生的理想信念教育、培育和践行社会主义核心价值观、弘扬中华优秀传统文化和加强新时代爱国主义者教育四个方面进行探讨和梳理，为大学新生开展理想信念教育提供思路和方法，引导大学新生坚定不移听党话、跟党走，做社会主义核心价值观的坚定信仰者、积极传播者、模范践行者，努力成长为堪当民族复兴大任的时代新人。

六、新生学业认知与专业教育

大学新生学业认知和专业教育对于新生的学习活动有重要的指导作用，有利于引导新生树立正确的学习观念，帮助新生培养专业意识、建立专业思维、激发专业兴趣、掌握正确的学习方法、提高专业学习积极性和主动性。本部分内容主要帮助大学新生把握大学学习特点，认识大学与高中的区别、大学学习的困惑，树立正确的学习观；了解掌握科学学习方法，包括大学学习的形式、自主学习能力的培养等；了解学习资源，包括课堂学习资源、图书馆学习资源和互联网学习资源等；了解如何积极参与创建优良大学学风，包括优良校风建设、优秀班风建设、和谐室风建设和个人学风建设；指导新生积极参加专业认知教育，包括熟悉人才培养方案、专业导论课、专业认知实习和专业导师等；帮助新生精准把握学业规定和相关制度，包括学籍管理规定，专业设置，转专业、辅修专业、双学士学位、第二学士学位等制度，鼓励积极参加大学考证、考研等。

七、新生生涯发展与就业教育

大学一年级是大学生活的起点，更是职业生涯的早期准备阶段。本部分内容具体包括帮助新生学习了解生涯和生涯发展理论的具体内涵；帮助新生学习掌握学业生涯规划的方式方法，明确学习和生活的合理目标，培养学习主动性和系统性；帮助新生学习掌握职业生涯规划的方式方法，确立职业认知和职业发展意识，为未来职业发展做好准备；帮助新生学习掌握就业指导的内容和要求，从就业形势、政策认知到就业前景分析，再从就业意识和择业心理到就业实践，强化就业形势认知，使其真正步入社会时能够不迷茫、有底气。

八、新生综合素质与能力教育

大学教育的目标不仅仅是使大学生学到专业知识和专业技能，更重要的是让大学生学会适应新的环境并具备在新环境中不断学习实践、创新发展的能力，使其堪当民族复兴重任的时代新人。本部分重点介绍大学校园文化活动、科研科技活动、大学体育活动、大学学生社团和大学学生组织的功能、内容和参与方法，鼓励新生通过参加各类实践活动培养自身综合素质和能力，提高思想道德品质，树立正确的世界观、人生观、价值观，引导大学新生形成乐观生活态度和积极人生理念，致力于将新时代大学生培养成能够适应新形势、新环境、新时期的德智体美劳全面发展的社会主义建设者和接班人。

九、新生心理健康与成长教育

大学一年级是学生心理与行为的重要转变期。本部分内容重点帮助新生了解新生常见心理问题，包括适应困难、人际困境、学业困难等；了解心理健康教育活动的内容、心理健康测评的分类和途径；了解专业的心理健康咨询、心理危机干预；引导新生积极乐观地面对生活、热爱生活，为新生的心理健康与成长成才保驾护航。

十、新生劳动认知与实践教育

在新的时代背景和要求下，劳动教育在大学生全面发展目标上的重要性愈发凸显。大一新生不仅要学习书本知识，更要参与生活劳动、志愿服务、社会实践以及专业实习等，努力培养劳动意识、服务意识、团队意识，让劳动精神成为自己成长成才的精神动力，自觉投身于火热的改革开放和新时代伟大事业建设过程中。本部分重点介绍了劳动认知、劳动课程、生活劳动、社会实践和专业实践等方面的内涵及具体内容，使新生能够提前认知劳动、理解社会，在劳动和实践活动中，全面提升自身综合素质。

第二章　新生入学教育

新生入学教育也被称为新生教育或定向辅导，对大学生的成长成才有着重要的促进作用。近年来，随着高校教育制度的逐渐发展和完善，各大高校开始重视新生的入学教育，强化新生认知，帮助新生在进入大学后尽快地适应大学学习生活，实现角色转变。

第一节　认识大学

每所大学都有着自己独特的文化、底蕴和特色。只有正确认识大学，大学新生才能将大学的内涵内化并形成奋发向上的动力，争做新时代优秀大学生。

一、大学的功能

大学的功能是什么？从习近平总书记在全国教育大会上的重要讲话可以看出，大学的功能可以总结为引领社会，服务社会。大学作为国家和民族的精神家园、文化基地、人才摇篮、科技引擎，承担着以思想、科学、文化引领社会发展的重要历史责任，通过培育人才不断推动社会的进步。因此，大学的功能主要体现在四个方面，即传承文化、知识创新、培养人才、服务社会。[①]

（一）传承文化

我们的国家有非常悠久的历史。古代文明的传承靠文字记载和口传心授。依靠这两种方式，各种知识、成果和思想得以保留并传承，社会得以不断发展。春秋时期，孔子开设学堂，招收各个层次和不同年龄的学生，传播儒家思想及其治国理念，成为中国教育的开山鼻祖。儒家思想的传承发展也对中国文

---

① 任燕红. 大学功能整体性的内在构成［J］. 国家教育行政学院学报，2018（04）：36—40.

化产生了深远影响。

大学是文化的宝藏，是文化传承创新的试验田。现代大学拥有先进的教育理念和教育制度，有固定的教育场所和尖端的仪器设备，有丰富的图书资料和实验教材，有稳定的教师队伍和管理队伍，有明确的教育目的和教育方式，有自由的学术环境和创新空间。这些都为文化传承创新奠定了坚实基础。

自 20 世纪以来，全球形成了一个共识，即大学是传承文化的地方。大学是传承文化、发展文化、创新文化、引领文化的主战场，能促进社会良性发展。

（二）知识创新

大学的生命力在于不断的知识创新。一所大学如果不进行知识创新、技术革新，就一定会在不久的将来退出高等教育的舞台。

大学的创新功能体现在对技术革新的追求、对知识创新的孵化和应用上。现如今，知识创新、技术革新已经成为大学的主要功能之一。往往越是底蕴深厚的大学，越是重视知识创新，越是重视科技成果的转化和应用，越是注重创新成果与社会需求的接轨，越是重视在各个领域开展产教融合、校企合作，越是注重人才培养与社会需求相适应。它们不断更新知识、研究，推广新技术，不断改善教学方法和教学手段，为社会创新与发展提供有力的知识保障和人力保障。

很多高中生进入大学以后在学习上会不适应，因为大学的育人重点不是培养死记硬背的"学霸"，而是培育具有创新能力的人才。它尊重学生的个性发展，注重发挥学生的潜质，挖掘学生的潜能。大学毕业后能主动创造的人，才是有发展前途的人，才是社会需要的人。

（三）培养人才

大学的首要任务就是培养研究型、应用型和创新型人才。从古至今，育人功能一直是大学的主要功能。美国哈佛大学的宗旨是：促进所有有益的文学、艺术和科学的发展，借助所有有益的文学、艺术和科学发展教育青年人，并为教育本国的青年人提供所有其他必要的东西。[①] 由此可见，哈佛大学期望学生培育起学术和学院精神，进而能持续不断学习、积极服务社会。正是在"育人至上"理论的指导下，哈佛大学不仅成为世界一流大学中的佼佼者，而且培养出了一大批国家领袖、军事奇才和商界精英。

---

① 唐彩云，尚波. 哈佛送给青少年的礼物［M］. 北京：新世界出版社，2012.

如今，大学已成为国家发展的宝贵战略资源。党的十九大指出，到2035年我国要基本实现社会主义现代化，到本世纪中叶把我国建成富强民主文明和谐美丽的社会主义现代化强国。在新时代背景下，大学承担着巨大使命，其培养的人才将是未来推动国家"十四五"规划顺利实现的实施者和见证者，更是国家未来的建设者和接班人。大学迎来的是来自各地渴望知识的中学生，输送给社会的是各行各业的建设者和接班人。大学人才培养的质量与大学生的命运、国家的命运紧密相连。

（四）服务社会

大学服务社会是天经地义的，亦是自身发展的需要。[①] 大学为社会服务包含两个方面的含义：一是大学教师通过科学技术研究为社会解决实际问题；二是大学系统的教育为社会输送合格的、能承担社会责任的建设者。大学作为科研、育人机构，不仅要保持其独立性，专精于学术研究、技术革新，还需要扮演社会进步的引领者等角色。大学教师需要通过教书育人，引导学生树立崇高人生理想，树立正确的世界观、人生观和价值观，掌握相应专业技能，自觉服务回馈社会。

大学的使命是为国家服务、为人民服务。要实现"两个一百年"奋斗目标、实现中华民族伟大复兴，需要大学紧密围绕国家政治、经济、科技、社会、文化、生态等多个领域开展服务工作。因此，大学教师和学生必须围绕社会需求进行知识创新、技术创新，为中国成为经济强国、人才强国提供智力支撑和人才保障，在国家经济建设、政治建设、社会建设、文化建设、生态文明建设等方面做出更多贡献。

二、大学的内涵

很多"00后"新生在进入大学后会很迷茫，不知道到大学学习什么，未来能做什么，以至于每天过得浑浑噩噩，沉迷于电脑游戏。没有目标的生活不仅会消磨意志，还会浪费最美好的青春时光。因此，刚刚踏入校园的学生需要了解大学的内涵和精神，才能知道大学赋予自己的价值，才能对大学、对自己的人生有正确认知。

大学的价值不只在于它的外观环境、教学设施、实验仪器等物质存在，更在于文化与精神的共存。大学在长期的发展沉淀过程中，会逐渐形成对大学生

---

① 李瑞琳，Hamish Coates. 我国大学社会服务职能发展：国际经验、现实问题与政策建议 [J]. 高校教育管理，2020（04）：96-106.

思想产生导向作用的价值体系，并营造出体现这种价值体系的独特氛围。这种独特的氛围就是大学的内涵。它是大学在长期的成长发展中逐渐沉淀下来的，属于一种无形的资产。它是大学最宝贵的部分，是大学能屹立并长存在这个时代的根本。

大学的内涵为学校注入了灵魂，使大学的价值不只在于教学楼、宿舍、图书馆等客观建筑上，而是在于对这一代师生在思想和价值观上的引领。一所大学的内涵可以潜移默化地提升、改变师生的思想品质，使他们将大学内涵作为行为准则。优良而健全的大学内涵一旦形成，便会推动学校的建设，汇聚人才，熏陶师生心灵。大学生们长期处于这种环境中会自然而然地受到其影响。

纵观所有大学，每所大学都以追求真善美、服务国家、服务社会为己任，以实事求是的态度对待科学，为追求知识和真理而坚忍不拔。这些都是人类最宝贵的财富，是大学都应具有的内涵。我们常常可以听到"北大之创新，清华之严谨，南开之笃实，浙大之坚韧"，这便是社会对这些国内顶尖大学内涵的高度概括。[①]

三、大学的精神

大学精神是大学内涵的具体体现。正如前面所说，每所大学经历的历史路径不同，所沉淀的内涵也不同。然而，所有大学的内涵也有着共通之处，它是大学发展理念的基础组成部分，缺少任意一点都会使大学发展步入歧途。正是由于所有大学都秉持这些共同理念，培养出来的年轻人才能形成符合时代发展的价值观。[②]

（一）追求自由

追求自由是大学精神的灵魂，也是大学内涵的根基。自由而全面的发展是每个人内心的渴求，也是每个人最基本的权利。[③] 一所大学能否闻名于世，不在于它能否将正确的思想传授给学生，而在于它能自由地交流思想。哲学家威廉·詹姆斯这样描述哈佛大学，"真正的哈佛"是一个"无形的、内在的、精神的哈佛"，关注"自由的思想"和"思想的创造"。[④] 蔡元培提出"思想自由、兼容并包"的办学方针，奠定了北京大学的发展基础，同时也体现出了中

[①] 申颖芳. 治理理论视域下中国大学精神重塑研究[D]. 衡阳：南华大学，2020.
[②] 刘冰冰. 新时代大学精神的育人功能及其发挥研究[D]. 武汉：华中师范大学，2021.
[③] 陈志权. 大学制度的自由价值及其实现[D] 重庆：西南大学，2018.
[④] 王军胜. 发现黄科院基因[M]. 郑州：河南人民出版社，2014：143.

国现代大学的精神。从那时起,学术自由的思想日渐彰显,成为具有深刻影响力的大学理念。[1]

(二) 时代精神

大学是时代的智者,永远走在人类进步的最前沿,能看到社会潮流发展方向,是人类文明发展的引领者。从大学的发展史来看,大学是时代的产物,代表着最先进的思想,推动着社会的进步。正是因为大学具有时代精神,才有了可持续的发展特性、崇高的社会地位。一所大学从刚刚成立,到孕育出具体的精神内涵,往往需要数十年、数百年时间。这也是大学校庆总能让无数学子深深感动的原因。十年树木,百年树人,大学生是大学时代精神的传承者,也是大学时代精神的发扬者。[2]

例如,哈尔滨工业大学(简称哈工大)始终与国家和社会的发展、党和人民的需要紧密相连。经过近百年的办学历程,它从入选国家重点建设的15所院校到如今成为国家"双一流"建设A类高校。哈工大精神与时代发展紧密相连,与民族精神、时代精神、航天精神相融合,是各历史时期精神的最好体现,具有鲜明的时代特征。[3]

(三) 学术精神

学术精神是大学之根本,是学者的价值准则、认知理念和精神气质,是学术研究的灵魂和导向。古典时期的学术研究以追求真理为最高旨向,学者们对学术充满虔诚、敬畏,其学术精神是神圣的。新时代的学术精神应包含批判性的反思精神、追寻正义的实践精神、启示理性的超越精神。批判性的反思精神指的是对待学术研究要保持清醒、理智而不盲从;追寻正义的实践精神指的是学术研究必须秉持有德性而不卑俗的精神;启示理性的超越精神指的是学术研究要从理性的基本需求上来理解,才能获得最坚实的基础。

众所周知,剑桥大学培养了为数众多的诺贝尔奖获得者。对此,剑桥大学前副校长、英国科学促进会主席阿什比讲道:"任何类型的大学都是遗传与环境的产物。"这就是说,剑桥大学的成功,根源在于每一代剑桥人都能摒除功利心的影响,以矢志不渝的精神开展学术探究,进而使各个学科都按照内在的

---

[1] 张雪蓉. 以学术性为根本塑造大学精神——20世纪初我国现代大学精神和大学制度确立的再回顾 [J]. 南京邮电大学学报(社会科学版),2011(01):106−110.

[2] 邢美琪. 当代大学生时代精神的弘扬与培育研究 [D]. 长春:吉林农业大学,2017.

[3] 李洪斌,邹德巧. 新时代背景下大学精神发挥思想政治教育作用探析——以哈工大精神为例 [J]. 高教论坛,2018(09):9,19.

逻辑关系纵横发展，并相互融会贯通，最终造就了剑桥大学的学术水平。

（四）创新精神

人类的文明史其实是人类不断创新的历史。正是由于人类永不间断的创新活动，人类的文明才能不断革新，历史的车轮才能滚滚向前。没有石器工具的创造，人类就无法掌握工具开展生产活动；没有青铜冶炼技术的创造，人类就无法脱离原始社会；没有活字印刷术的创新，人类的文化就无法快速传播。开展具有开拓性和超前性的知识创新，服务社会发展是大学的首要任务。大学有着各行业顶尖的专家学者，有着顶尖的设施设备，有着浓厚的学术氛围和丰富的物质资源，这些都为大学生的创新提供了便利。大学培养的人才需要具备创新精神，才能适应社会的发展需求。[1]

创新精神在推动社会发展方面有重要作用。在英国，古老的牛津大学和剑桥大学对于工业革命起到的作用也许有限。然而近十几年，"剑桥奇迹"逐渐崛起，发挥出了与美国硅谷相媲美的效果。剑桥大学周围的科技园区给英国注入了活力，将大学与企业紧密联系起来，一方面提升了剑桥大学的活力，另一方面促进了英国科技、经济的快速革新、发展。整个园区围绕着剑桥大学向外扩展，现在已经有几千家高科技公司坐落其中，为数十万人提供了就业岗位。"剑桥奇迹"的关键在于剑桥大学与科技园区的企业合作，将科研成果快速投入产品开发，推动企业实现产业化，因而造就了辉煌的成绩。

（五）崇尚道德

道德是做人之本、立足之根。如果将一个人所有的智慧、成就比作一栋高楼，那么道德就是构建这栋高楼的地基，缺少地基整栋大楼则难以泰然屹立。浙江大学原校长竺可桢说："乱世道德堕落，历史上均是，但大学犹如海上灯塔，吾人不能于此时降落道德标准。"大学是社会理性与道德的凝聚之所。它以潜移默化的气质，引领社会道德的发展。从习近平总书记在全国教育大会上的重要讲话可以看出，大学培养的学生首先应该是有道德、对社会有益的人。[2] 对于大学生而言，知识诚然重要，但是道德更是不可缺少，一旦缺少道德，将难以立足社会，更不可能为社会发展做贡献。

不同的大学，由于其地理环境、人文积淀、历史传统、发展目标等方面有所差异，孕育出的底蕴也不相同，但是上述这些大学精神，是具有普遍意义

---

[1] 段凯凡. 大学生创新精神研究[D]. 沈阳：辽宁大学，2021.
[2] 新华社. 习近平出席全国教育大会并发表重要讲话[EB/OL]. http://www.gov.cn/xinwen/2018-09/10/content_5320835.htm.

的，应是大学学子需要信奉并坚守的。

四、大学的校训

校训是大学师生共同遵守的基本行为准则与道德规范。它既是大学历史和文化的沉淀，也是学校教风、学风、校风的集中表现，体现了学校文化精神的核心内容。[①] 校训既传承了我们中华民族的伟大民族精神，又吸收了时代发展所孕育的时代精神，是大学生的精神灯塔。

有一家报纸曾对"你认为中国哪个大学的校训最好？"这个问题做了调查。最终清华大学的"自强不息，厚德载物"得到了过半的选票，列居第一。"自强不息"一直以来都是中华民族的伟大民族精神之一。我国很多大学都把这一精神纳入校训。在五千年的历史长河中，中华民族之所以能历经艰险发展壮大，靠的就是这种百折不挠、奋勇拼搏的精神。我们的国家今天之所以能屹立于世界强国之列，靠的就是这种精神。

其实，校训没有优劣之分。由于每所学校所经历的历史不一样，它们所沉淀下来的内涵不一样，由此提炼的校训也不一样。[②]

复旦大学的校训是："博学而笃志，切问而近思。"子夏曰："博学而笃志，切问而近思，仁在其中矣。"这一校训出自《论语·子张》，是在 1915 年校庆十周年时确立的，与"思想自由，学术独立"的立校精神相呼应。意思是广泛地学习，专心致志地探求真理，详细地寻求，联系当前实际地思考。

重庆理工大学的校训是："明德笃行，自强日新。"明德，语出《大学》（大学之道，在明明德），即认同、践行和彰显美德，要求学校以德为立校之本，把德育放在首位，推进以德治校与依法治校的有机结合，也力求学校师生员工以德为立人之本。笃行，语出《礼记·中庸》（博学之，审问之，慎思之，明辨之，笃行之）。笃行是为学的最后阶段，就是要学有所得，践履所学，做到知行合一。自强日新，源于校歌。自强意为自立自强，顽强拼搏，努力向上，永不懈怠；日新意为勇于开拓，不断创新，追求超越，求新求变。"明德笃行，自强日新"汲取了中国传统文化中的营养，包含了学校历史文化中的精髓，同时继承了原校训的思想；既重德，又强调"知行合一"，同时还秉承了"重理工"精神中的自强与创新的理念。

---

① 孙雷. 试析中国大学校训的精神向度［J］. 东北大学学报（社会科学版），2022（01）：121-126.

② 喻畅. 大学校训的思想政治教育功能研究［D］. 锦州：渤海大学，2019.

五、大学的校徽

大学校徽的主要功能是展现大学的办学理念和人文精神。大学校徽是言、象、意的结合，里面蕴涵着大量信息，如大学校名、办学理念、办学特色等。① 大学校徽可以将学校的内涵转化为可以观察到的视觉图案，是视觉识别的标志，也是大学形象的标志。

以清华大学的校徽为例。清华大学校徽是由三个同心圆构成的图案，外环上下分别是学校中英文校名以及建校时间，中环按八卦方位排列着学校校训"自强不息，厚德载物"，中心环为五角星。三个圆环，象征"天地人三才""日月星三光"，周而复始，健动不息。"自强不息，厚德载物"出自《周易》"天行健，君子以自强不息"和"地势坤，君子以厚德载物"，体现了古人对君子人格的基本要求。清华大学以此作为校训，并融入校徽中，可见清华大学在努力建设世界一流大学的同时，更注重培养学生的君子品格。

图 1　清华大学校徽

第二节　入学准备

入学准备指的是新生在步入校园前做好物质、心理、课程等的前期准备，有着非常重要的意义。大学新生入学报到往往需要提前准备较多的报到材料，涉及信息验证、缴费、书籍资料领取等多个流程环节，提前做好入学准备可以节省学生大量时间，保证学生顺利入学。本书中的入学准备具体指学生在接到大学录取通知书的那刻起，按照学校《入学须知》的要求，进行入学物品资料准备、入学心理适应准备、入学教育前置化课程学习、新生绿色通道办理四个

---

① 李金桥. 大学校徽意象论［D］. 长沙：中南大学，2007.

方面的内容。

一、入学物品资料准备

新生在报到入学前需要进行物品资料的准备，具体包含报到注册材料、学习用品、生活用品、财务用品；如果有些大学一入学就开展军训，还需准备军训期间的个人用品。以下所罗列的都是大学入学后的必需品，有些物品可自带，有些可在报到当天在校园周边超市购买，还有些物品是学校统一购买发放的。

（一）报到注册材料

主要包括个人身份证、入学通知书、高考准考证、银行卡、个人高中学籍档案、党组织档案、团组织档案、经济困难学生贷款证明和资料（走绿色通道学生需要提供）、免冠彩色证件照片10张。所有资料建议用文件袋统一收纳，避免重要资料遗失。

（二）学习用品

主要包括书包、签字笔、笔记本、工具书、笔记本电脑（根据家庭财务状况来决定，学校提供计算机房供学生使用）等。如有其他需求可在校园超市购买，更为简单便捷。

（三）生活用品

1. 宿舍常规生活用品

主要包括衣物鞋袜、床上用品、沐浴用品、洗漱用品、文化用品等。部分宿舍生活用品可以同宿舍同学集体购买。如果新生开学即军训还需额外准备军训训练服、帽子、鞋等（一般由学校统一购买发放）。

2. 药品

主要包含感冒药、防蚊虫叮咬药品、防中暑药品、防晒用品、创伤治疗用品以及因个人特殊病情所必备的医疗用品和药品等。

3. 其他物品

主要包含手机、台灯、吹风机、剪刀、订书机、小型电风扇、指甲剪、伞等。另外，有些高校允许学生购买自行车、电动车等作为校内交通工具，可自行购置。

（四）财务用品

学费、住宿费等大额资金应存放在银行卡、微信钱包、支付宝钱包等处。很多学校已经开通网上支付功能，家长和新生可以提前在家里完成相关费用缴纳手续，新生入学时只需要携带必需的少额生活费即可。

新生报到期间是网络诈骗、电信诈骗高峰期。不法分子会利用各种手段来诱骗，新生和新生家长一定要提高警惕，谨防上当受骗。

二、入学心理适应准备

大学一年级是新生完成从中学过渡到大学的重要时期，也是学习能力和思维能力强化的重要时期。对于大学生来说，大学一年级既是人生的新起点，又是一个转折点。经过高考的洗礼，每位新生抱着对"象牙塔"的憧憬与渴望来到大学校园。但是由于理想目标、学习内容、生活环境等诸多方面较高中阶段产生明显变化，新生在学习上普遍存在不适应和焦虑感，从而对大学产生迷茫。因此想要走好大学的第一步，在入学前每位大学新生都需要做好心理准备，开启丰富多彩而又充满未知的大学之旅。

（一）正确认识角色改变

从某种意义上说，能考上大学的学生在中学阶段大部分学习能力比较强，个人比较努力，受到家长、老师和同学们的关注也比较多，通常都是家庭的"中心人物"。但是刚进入大学，需要适应新的环境、开始新的学习、建立新的人际关系，不少大学生还未进大学校门便害怕起来。高中以自我为核心的"我要"将不复存在，转变成以他我为核心的"我能"，即学习上能主动学习、人际上能关心他人、社会工作上能主动奉献。

（二）确立大学目标

很多人在上高中时，曾把考上大学作为人生目标，现在这个目标已经实现，新的目标却还未确立，以至于恍恍惚惚、随波逐流，荒废大学四年宝贵的时间。在入学前，新生需要主动思考和回答"将来想成为一个什么样的人""生活中什么对你最重要""准备如何规划自己的大学生涯"等问题。一个有目标的人，会更加有效利用时间、接受挑战，充分珍惜大学时光不负青春韶华。

三、入学教育前置化课程

目前很多高校为了帮助大学新生尽快适应大学生活，引导学生树立正确的学习观，更好地"认知大学、适应大学、转变观念、超越自我"，会在学生入校前设计入学教育前置化课程，让新生"未到校，先知校；未入校，先入班；未在校，先施教"，积极营造有温度、有热度、有深度的新生入学教育氛围。

以重庆理工大学为例，设计新生入学教育前置化课程——"六个一计划"，要求全体新生在暑假期间完成六个学习内容，即参加一次安全教育测试、阅读一本有意义的书籍、观看一部党史主题的影视作品、记录一段难忘的家乡印迹、完成一份新生生涯教育问卷和写一封给未来自己的信。新生通过登录网上迎新系统，完成入学第一课的学习，才能拿到进入重庆理工大学的第一个"学分"。新生在入学前完成入学教育前置化课程能对学校发展历史、人身安全、专业认知、未来规划等有全方位认识，能更健康、安全、平稳地度过大学适应期。

四、新生"绿色通道"办理

大学新生家庭经济条件存在差异。大学的学费、住宿费、生活费会给个别家庭带来较大经济压力。为保证每一位学生能够顺利入学，国家规定各高校要切实做好新生入学"绿色通道"工作。

"绿色通道"有三种申报方式：生源地贷款、校园地贷款、学费缓缴。生源地贷款即新生在生源地办理贷款手续，一般是在入学报到前在线上提交绿色通道办理申请，入学报到时线下提交贷款材料即可办理。校园地贷款即新生在入学报到后，根据学校统一要求提交校园地贷款申请，扣缴学费。学费缓缴即新生在入学报到前在线上提交绿色通道办理申请，入学后不办理贷款，并在缓缴期结束后及时缴清学费。需要注意的是国家对于生源地贷款、校园地贷款有政策优惠，贷款学生在校期间的利息由财政全额补贴，毕业后的利息由学生和家长（或其他法定监护人）共同负担。

"绿色通道"为每位经济困难的学生提供了入学机会，对于促进教育公平、激励学生奋发图强有着重要意义。国家为申请国家助学贷款的在校大学生实行零利率的优惠政策，让经济困难的学生完全可以安心读完大学，进入社会工作后再偿还贷款。如果学生奋发图强，还能在校申请国家励志奖学金、助学金以及各类奖学金，不仅能偿还国家助学贷款，还能自给自足、自立自强地度过大学时光。从近些年的实行效果来看，"绿色通道"对于保证经济困难学生顺利入学起到了非常重要的作用，实现了他们的大学梦。

第三节　入学报到

入学报到是指大学新生到校时核验入学资格，办理入学手续。新生完成入学报到后将会获得大学在校生学籍身份。如果开学后未报到，逾期将视为自动放弃学业。随着信息化手段的普及，现在越来越多的高校采用线上报到和线下报到相结合的方式进行新生报到工作。

一、线上报到

目前有众多大学为了方便学生报到，会前置报到流程，在线上进行，即通过大学迎新 App 完成线上报到流程。以重庆理工大学为例，新生来校之前，便可以扫描《入学须知》上的二维码下载重庆理工大学"知行理工"App，进入"掌上迎新"模块后，便可按提示完成网上报到流程。它主要包含十个方面的步骤。新生必须先完成线上报到环节内的相关事项后，才能完成线下报到环节。线上报到环节各事项需按顺序依次完成。

（一）入学须知学习

新生根据要求完成对学校发布的《入学须知》全部内容的阅读和了解，并根据《入学须知》内容做好入学的各项准备工作。

（二）安全知识测试

新生根据要求完成安全知识测试，内容包括人身安全、财产安全、交通安全、饮食安全、消防安全、网络安全等多个方面。

（三）新生问卷调研

新生根据要求完成新生调查问卷的填写，内容主要包括新生对学校和报考专业的了解途径、了解程度、选择原因等。

（四）基本信息填报

新生根据要求完成个人基本信息填报，内容包括个人和家庭成员的基本信息，要求填报准确无误。

（五）大学生医保购买

新生根据要求自愿选择是否购买大学生医疗保险。大学生医保是国家专门为在校大学生所设定的医疗保险。国家也鼓励大学生在参加基本医疗保险的基础上，按自愿原则，通过参加商业医疗保险等多种途径，提高医疗保障水平。

（六）传染病防控知识学习

新生根据要求完成传染病防控知识学习后填报个人相关信息，要求如实填写个人既往病史等内容。

（七）绿色通道

新生根据要求和个人实际情况完成绿色通道信息填报工作。对于承担学费有较大压力的经济困难新生，可以通过"绿色通道"办理学费缓缴手续，不影响新生入学。

（八）缴费

新生通过学校财务处发布的缴费专用链接入口，以支付宝或者微信支付完成网上缴费。目前高校普遍都采用网上缴费方式收取相关入学费用，一般包含学费、住宿费、体检费、教材费、军训服装费、大学生医保费等费用。

（九）交通信息

新生根据要求完成前往学校的交通工具、到达时间、人数等信息的填报工作，便于学校统筹安排迎新专用车辆。

（十）查阅现场报到流程及其他事项

新生完成上述九个步骤后，即可查阅现场报到流程、教改班、志愿者报名等其他事项的信息。同时鼓励新生关注"重庆理工大学""重理工青春两江""青春重理工"等学校公众号，了解更多大学校园生活和相关规章制度等信息。

二、线下报到

（一）接站迎新

各高校会遵循"以学生为本"和"一切为学生服务"的理念，在开学迎新期间，在本地各大交通枢纽设置迎新站点，并安排辅导员、学生会干部和志愿者在站点接待新生，有序引导新生前往学校办理入学手续。较多高校还会在学校设置"一站式"迎新报到站点，新生只需要花很短的时间即可完成相关迎新报到手续，为新生入学提供更多便捷，确保新生平稳、有序、安全报到。

（二）入学资格审查

入学资格审查在入学报到中尤为重要。高校在入学报到期间会对学生本人入学资格进行严格核查，切实杜绝冒名顶替的现象出现，确保高考的公平、公正。一般来说，在信息核验中，会严格比对大学新生录取信息、档案信息以及个人身份信息等，内容完全一致才能顺利通过入学资格审查。

（三）入学报到

大学新生通过入学资格审查后，就可以通过现场确认办理入学报到手续。高校会统一设置迎新报到点，统一办理入学报到手续。在报到的同时，学校一般还会发放校徽、校园一卡通、热水卡、住宿钥匙、《学生手册》、《安全手册》、各学院宣传资料等材料。有些高校还会给新生准备新生大礼包等。当新生领取校园一卡通后便可自由出入校园，还能在学校食堂享受各种美食。

(四) 住宿办理

新生在报到时需要办理住宿手续，领取宿舍钥匙。宿舍和床位一般都已经提前分配好，新生可通过线上报到系统查询。

(五) 新生体检

为了保障新生的健康和生命安全，新生入学后须进行体检。学校会根据实际情况安排校医院或者有资质的社会医院为所有新生开展体检工作。

第四节 入学教育

新生入学教育包括新生专题会议、新生专题讲座、新生专题活动。

一、新生专题会议

新生专题会议指的是在新生入学之初，高校通过专题会议的形式，引导新生及其家长认识大学，让新生对大学形成归属感和认同感，了解大学的规章制度，培养良好的学习生活习惯，从而快速适应大学生活。它主要包含新生家长会、新生见面会、新生班会、新生开学典礼。

(一) 新生家长会

在新生入学之初，高校各学院会组织新生家长会，其目的是让家长更好地了解学校历史、办学条件、专业发展、人才培养等内容，从而推动学校、家长形成最佳教育协同，让学生更好地成长发展。苏联教育家苏霍姆林斯基说过："如果没有整个社会首先是家庭的高度教育素养，那么不管老师付出多大的努力，都收不到完美的效果。学校里的一切问题都会在家庭里折射地反映出来，而学校复杂的教育过程中产生的一切困难的根源也都可以追溯到家庭。"① 很多家长认为将孩子送入大学，就是完成了家长责任，后续的教育培养是学校的事，小孩的未来发展无须费心，殊不知少部分学生在高中时勤奋努力，在进入大学后就放松懈怠，最终读了几年大学却无法获得毕业证、学位证，不仅荒废了宝贵的青春年华，更没能掌握步入社会的知识技能，让人十分心痛。

因此，要将学生培养成才仅仅凭借学校的力量是不够的，还需要将学生家庭、学校结合起来，形成相互协作局面，引导家长支持学校教育教学工作，优

---

① 徐世贵. 新教师教育教学技能指导 [M]. 长春：吉林大学出版社，2007：197.

化教育方式方法，从而达到最佳育人目的。在新时代背景下推进高等教育，必须形成社会、家庭、学校相互支持、相互协作的局面，全员育人，才能促进新生快速度过适应期，更好地成长成才。

（二）新生见面会

很多高校在新生入学之初会开展新生见面会，并在新生见面会上介绍学校所在地社会经济情况和风土人情情况，譬如周边区域人口分布、民族情况、产业分布、交通运输情况等。其目的是让新生尽快熟悉当地生活环境，适应学校生活，同时增加新生社会属性。

学校还会在新生见面会上开展校情、院情介绍，包括介绍学校办学历史、办学目标、育人理念、专业情况，以增强新生对学校的认同感，激励新生树立远大志向，帮助他们全面了解所学专业、培养专业兴趣、树立职业目标，进而合理安排未来的学习生活，为自己实现人生目标打下坚实基础。

（三）新生班会

新生到校以后就要以班级为单位度过大学生活，会有新的同学、新的班导师、辅导员陪伴。新生班会的目的主要有三个：一是来自五湖四海的同学齐聚一间课堂，相互介绍，共话情感，开展破冰之旅活动，增加同学之间的了解、增进友谊，培育班集体精神。二是每个班级的专属班导师，需要在未来几年对班级所有学生的思想、学风、心理、就业等各个方面进行管理，一个优秀的班导师需要精心策划第一次新生班会，而一个成功的新生班会可以拉近新生和班导师间的距离，更有利于班导师对班级进行管理。[①] 三是新生班会需要开展校纪校规教育、安全教育、班纪班规教育。通过此类教育，让学生明确学校的管理规章制度，遵纪守法；通过安全教育，包括消防安全教育、防诈骗教育、校园贷教育、交通安全教育，让新生树立安全防范意识，杜绝安稳事件的发生，打造平安校园；班纪班规教育则是让学生遵守班级规章制度，推进班风、学风建设，增强班级凝聚力。

（四）新生开学典礼

2020年，教育部等八部门公布的《关于加快构建高校思想政治工作体系的意见》指出："厚植爱国情怀……定期举行集体升国旗、唱国歌仪式，有效利用重大活动、开学典礼、毕业典礼、重大纪念日、主题党团日等契机和重点

[①] 崔欣. 谈辅导员如何开好新生第一次班会 [J]. 西部素质教育, 2016（07）: 194-195.

文化基础设施开展爱国主义教育。"① 大学新生开学典礼作为思想政治教育的有效载体,承载着各个高校的思想文化理念,能对新生思想、认知、情感和行为等产生积极影响。

所有的高校都会在新生进校后组织开展大学新生开学典礼。通过开学典礼,大学新生开始实现由高中生向大学生身份的转变,宣示其"主人翁"身份的确认。同时,新生开学典礼的举行标志着大学新生开启了人生新的征程,应该找准前行的方向,做好迎接未来的准备,树立新的奋斗目标。另外,借助新生开学典礼这一思想政治教育载体,能使大学新生通过感受、感悟、体验、内省和共情等方法去内化典礼仪式中蕴含的思想政治教育因素,形成情感及价值认同,激发成长动力。

二、新生专题讲座

新生专题讲座指的是学校以讲座的形式邀请或聘请优秀学长、先进典型、专家学者、优秀校友等,对新生开展各种主题教育、交流活动。

(一)优秀学长经验交流会

高校历来十分重视优秀学长和新生的交流,学长与新生之间思想层次更为接近,更容易发挥朋辈指导的作用。开展优秀学长经验交流会能加强高低年级学生的交流,发挥优秀学生的带头作用。通过榜样的力量,激发广大新生学习的信心与动力,促进他们更合理地利用时间和规划大学生活,更好地践行大学精神,传承优秀品德。

(二)先进典型事迹报告会

一个充满希望的时代不能没有先进引领,一所优秀的大学不能没有榜样的力量。在大学里总有很多令人钦佩、感人的事迹,譬如学生党员践行初心使命、贫困学生励志成长成才、辅导员扎根基层默默奉献等。先进典型是时代精神的化身、是主流价值观的传承,开展先进典型事迹报告会能更好地激励新生向优秀看齐,增进认知认同、树立鲜明导向、强化示范作用,从而把社会主义核心价值观体现到育人全过程。

(三)专题学术讲座

"山不在高有仙则灵,水不在深有龙则灵",大学因有"大师"而闻名。

---

① 教育部网站:《教育部等八部门关于加快构建高校思想政治工作体系的意见》,http://www.moe.gov.cn/srcsite/A12/moe_1407/s253/202005/t20200511_452697.html?isappinstall_ed=0。

"大师"与学生的交流除了平时的教学，最主要的渠道是专题学术讲座。这类讲座一般面向的是本专业领域的学生，有时也会面向在校全体大学生。学术讲座可以说是名家大师们知识的浓缩、思想和精神的结晶。大学知名学者面向新生开展学术讲座，主要会讲授本专业基础性、前沿性的研究和进展，会以最简单、最易理解的方式将深奥的知识和理论传授给新生。他们会与新生直接面对面地交流，拓宽学生专业视野，激发学生专业热情，极大增进学生的专业认同感。

（四）优秀校友报告会

大学之大不仅在于有许多优秀教师，更在于有大量优秀的校友。校友的发展情况是大学人才培养质量的集中反映，而成功的校友可以极大增加大学的社会影响力。开展优秀校友报告会主要有两方面的目的：一方面，引导学生树立目标，了解社会需求，及早做好职业规划；另一方面，培养学生敬业意识以及自强不息、百折不挠的精神。在校友报告会上，校友可以老学长的身份，面向新生讲述自己的大学经历、社会阅历，拉近与新生的距离，让新生以自己为榜样而奋斗不息。

三、新生专题活动

很多高校会在新生入学之初便开展新生破冰活动、参观校园、参观校史馆、参观专业实验室、参观企业等系列新生专题活动。

（一）新生破冰活动

新生步入新的校园环境时会产生"畏难"情绪，最主要的是会感受到与其他同学间有一堵厚厚的"墙"，自己越不过去，别人也翻不进来。为了促进新生群体间、新生与老师间相互熟悉、互帮互助，让新生更好地度过大学生活，很多大学都会在新生入学之初便组织开展新生破冰活动。破冰活动是一种能消除隔阂，增进同学间、师生间友谊的活动。

（二）参观校园

校园是一种文化景观，沉淀着历史、传统、文化和社会价值，蕴含着巨大的潜在教育意义。校园环境是学校在发展过程中所创造的物质财富和精神财富的总和。校园作为学校的物质财富之一，本身就是文化的一种表现，是文化的载体。它提供空间场所，记载了历史沧桑，展现了校园精神，孕育了校园文化。许多大学会对从本校走出的名人予以雕塑陈列，起到了很好的展现校园历史文脉的作用。引导新生参观校园能让他们充分感受校园文化，进而产生价值认同。良好的校园环境能改善学习环境、提升学生素养、陶冶学生情操。参观校园可以舒缓新生入学之初的紧张感和不适应感，让学生感受到被尊重、关心，从而更快完成身份转变，激发学习动力。

（三）参观校史馆

校史馆的建立和开放，正是一种将高校历史、文化公之于众的重要途径、优秀手段。[1] 高校校史馆内展品能将学校的历史及其发展，以实物的方式最直观地呈现在学生眼前，具有强大的感染力和凝聚力，是大学的"活教材"，能够对大学生进行深刻的思想政治教育。[2] 校史馆记录着学校在发展历程中所经历的重要事件，记载着教师为了国家的教育事业、为学生成长成才而甘于奉献的珍贵资料，展示着全校师生所取得的辉煌成果。新生入学之初参观校史馆，可以引导新生把个人价值的实现与祖国的需要结合起来，将个人发展与国家发展建设结合起来，对帮助新生树立正确的世界观、人生观和价值观，争做时代新人有积极的促进作用。

（四）参观专业实验室

专业实验室是高校学者及其研究团队开展学术研究的重要场所。专业实验室内有着精密的实验设备，是学术知识传承和交流的重要场所，具有严谨的管理制度，代表着大学的科研形象。在新生的心中，专业实验室往往是高不可攀、神秘而又神圣的。大家耳熟能详的中国工程院院士、杰出的农业科学家、杂交水稻之父袁隆平，就曾在杂交水稻国家重点实验室担任学术带头人。高校组织新生参观专业实验室可以显著增强他们对科研的感性认识，激发新生对学术的向往和热情，激励他们尽早接触该学科的前沿知识，探索学科未来发展方向。

（五）参观企业

参观企业指的是组织大学新生前往相关专业领域的企业感受企业文化、企业管理、企业特色以及企业的生产运营。在很多高校，组织新生参观企业已经成为新生入学教育的重要环节。因为新生的入学教育不能被局限在校内，更需与社会接轨，与企业接轨。了解企业需求和发展规划，新生才能更好地理解本专业知识，树立为社会、为国家做贡献的信念。参观企业，既开阔了新生的视野，又增长了新生的见识，有助于他们将来更好地走向社会。

---

[1] 顾佳燕. 我国高校校史馆建设研究［D］. 南京：南京大学，2020.
[2] 刘欢欢. 高校校史的思想政治教育功能研究［D］. 西安：陕西科技大学，2019.

四、新生教育队伍

新生教育队伍是保障新生教育管理各项工作有序开展的核心力量。新生教育管理工作是教师群体面向新生群体开展的沟通、交流、引导、教育工作，归根到底，是人与人的工作。新生如果能够很好地理解各教育队伍的职能，更好地与老师、学长沟通，则能更加顺利地度过大学新生期。新生教育队伍一般由辅导员、班导师（班主任）、专业导师、班导师助理（班导生）等组成。

（一）辅导员

辅导员制度是目前国内高校普遍采用的一种学生教育管理制度。新生入学时，学校会从优秀教师和管理者中挑选专职或兼职人员担任新生的辅导员。教育部发布的《普通高等学校辅导员队伍建设规定》明确提出："辅导员是开展大学生思想政治教育的骨干力量，是高等学校学生日常思想政治教育和管理工作的组织者、实施者、指导者。辅导员应当努力成为学生成长成才的人生导师和健康生活的知心朋友。"[①]

辅导员的主要工作职责包括九个方面：思想理论教育和价值引领，党团和班级建设，学风建设，学生日常事务管理，心理健康教育与咨询工作，网络思想政治教育，校园危机事件应对，职业规划与就业创业指导，理论和实践研究。

（二）班导师（班主任）

由于辅导员通常要负责一个年级或若干班级的学生教育管理工作，为细化新生日常教育管理工作，每个班一般还配备了一名或多名班导师。班导师的职责主要包括四个方面：

第一，对所带班级学生开展思想政治教育工作，组织召开班会，开展团组织活动，以及开学教育、安全教育、校规校纪教育、诚信教育等各类主题教育活动。

第二，加强对所带班级学生的学业指导工作，熟悉掌握每个学生的学习状况，指导学生合理制订学习目标，督促学生端正学习态度，掌握科学学习方法。

第三，全面负责所带班级的日常事务管理工作，如奖励评定、困难帮扶、补助发放、违纪处分、突发紧急事件处置、心理健康教育等。

第四，开展就业指导，提供就业观念和择业技巧的指导，为学生提供就业

---

① 中国政府网. 普通高等学校辅导员队伍建设规定［EB/OL］. http://www.moe.gov.cn/gongbao/content/2017/content_5244874.htm.

资源和平台，分层次精细化地关心学生就业情况，提供针对性指导。

（三）专业导师

专业导师制，是相对辅导员、班导师和生活导师而言的，是以本专业教师为导师，以指导学生的专业学习、人生规划和科学研究为目标的导师制度。专业导师制的职责因各高校具体情况而有所不同，归纳起来主要有以下三个方面的内容。

第一，指导学生掌握学习规律和方法，激发学生学习动力和热情，及时解答学生学习过程中的疑点、难点。

第二，从专业学科角度引导学生快速适应学科课程内容和人才培养要求；根据学生的特点有效提供相应职业生涯规划指导，引导学生树立学业目标。

第三，指导学生开展课外实践，如"三下乡"暑期社会实践、学科竞赛等，培养学生科研兴趣和能力，引导学生将个人抱负融入国家建设发展中。[①]

（四）班导师助理（班导生）

班导师助理也称班导生，主要由新生所在院系选聘高年级优秀学生担任，主要协助辅导员或班导师开展班级教育管理工作，对新生的学习、生活、情感给予细致地帮助和指导，为低年级新生做过渡性学习生活引导。选聘高年级优秀学生担任班导生，不仅可以有效强化对新生的日常管理、学习活动、文体活动、基础文明建设等事务性工作，还建立了学生与老师之间的一座畅通桥梁，形成了高低年级学生的情感纽带，更有益新生、老生的成长和发展。班导生的职责主要包括五个方面的内容：

第一，配合做好班级思想政治工作、学风建设工作以及其他事务性工作。

第二，协助做好新生的迎新工作，引导新生熟悉校园环境、适应大学生活。

第三，配合完成新生的入学教育和军事训练。

第四，协助做好选拔、培养学生干部的工作，抓好班风建设，组织学生开展健康、有益的活动。

第五，关心困难学生学习、生活情况，深入了解学业困难、家庭困难、心理困难的学生情况，并及时向辅导员、班导师反馈，使困难学生得到有效帮助。

[①] 张惠典. 对本科院校实行"专业导师制"的思考[J]. 内蒙古师范大学学报（教育科学版），2008（07）：15-17.

第五节　典型案例

一、案例主题

重庆理工大学本科新生入学教育前置化课程。

二、案例概述

重庆理工大学按照德智体美劳"五育并举"育人新要求，紧扣新生入学教育关键环节，进一步创新新生教育内容和形式，从2021年开始在全体本科新生中开展新生入学教育前置化课程。通过将入学教育前置，引导新生提前认识大学、转换角色、做好规划，助力新生顺利开启人生新篇章。

三、实施方法

新生入学教育前置化课程共设置了六个方面的专题学习内容，即参加一次安全教育测试、阅读一本有意义的书籍、观看一部党史主题的影视作品、记录一段难忘的家乡印迹、完成一份新生生涯教育问卷和写一封给未来自己的信。

新生均需登录网上迎新系统，完成入学教育前置化课程的学习，才能拿到进入重庆理工大学的第一个"学分"。新生在入学前完成入学教育前置化课程学习，能对学校发展历史、人身安全、专业学习、未来规划等有全方位认识，能更健康、安全、平稳地度过大学适应期。

（一）参加一次安全教育测试

安全教育是大学新生适应性教育的重要组成部分。大学培养的是德智体美劳全面发展的合格人才，要具备适应社会的基本能力。因此新生在学好专业知识的同时，需要接受必要的安全教育，增强安全防范意识，学习并掌握基本的安全知识，提高自我保护技能及防范能力，从而终身受益。

（二）阅读一本有意义的书籍

读书使人进步，读好书使人幸福。崇尚阅读是大学精神的重要内容，是优良学风的重要体现。一本好书往往能改善人的精神品质。大学生要将阅读作为一种习惯、一种追求、一种境界，在阅读中汲取新知、滋养心灵，与大师对话、与经典为友、与博览同行，从而提升个人的文化素养。

（三）观看一部党史主题的影视作品

百年党史光辉且厚重，浮动着信念的清香，激荡着初心使命的浪花，承载着启迪未来的智慧。为了让学生品史观今，励志奋进，扣好人生"第一粒扣子"，教育前置化课程要求学生利用假期时间观看一部党史主题的影视作品，如《建党伟业》《建军大业》《建国大业》《长征》等，通过镜头回顾那一段段难忘的时光，共同感悟中国共产党峥嵘又伟大的百年征程。

（四）记录一段难忘的家乡印迹

集体生活是大学的必修课之一。熟悉的家乡影、家乡味、家乡人、家乡情能打开人际交往的第一扇门，帮助新生尽快适应大学生活。为引导教育广大学子积极展现青春风采、发扬传统文化、厚植家国情怀，教育前置化课程要求学生用生动多样的形式记录新时代家乡的变化和发展。新生可以就近、就便开展"我的家乡印迹"创意作品征集活动。

1. 我的家乡影

结合家乡当地历史风貌、人文特色拍摄一张能代表家乡风采的照片，用"老照片"对比"新形象"，充分展现家乡新时代风采。

2. 我的家乡味

学做一道家乡特色美食，拍照或视频记录自己的美食作品，向同学推荐这道美食，以深入探寻、弘扬家乡美食文化。

3. 我的家乡人

以图片、视频或文字形式记录一位家乡代表，可以是历史名人、老党员、文化传承人、感动家乡的平凡人，讲述他的故事以抒发对家乡的热爱之情。

4. 我的家乡情

以短视频形式推荐家乡产品，并带一份产品来校宣传，以家乡产品为支点，为乡村振兴献力。

5. 其他创意作品

（五）完成一份新生生涯教育问卷

新生入学后的学业生涯引导教育是大学生思想政治教育的重要组成部分，可以帮助新生树立理想目标，科学规划学业，促进学习进步，充实大学生活。填写新生生涯教育问卷能帮助新生在入学后更好地探索自我，认知本专业，提前了解社会，探索未来职业。

（六）写一封给未来自己的信

大学是青春的起点，是人生的新阶段。新生站在梦开始的地方，应该早立志、立大志、立长志。新生在入学前需要认真思考对未来的自己有何期望、应当在大学期间取得哪些成绩、应该成为什么样的人等问题，把自己对未来的计划写在信里，把现在的心声传递给未来的自己，在一份期待中遇见未来更好的"自己"。

四、主要成效

（一）完善了新生教育体系

新生入学教育前置化课程是重庆理工大学根据新时代新生群体特征，围绕新时代大学生德智体美劳全面发展目标，对新生入学教育模式进行的一种前置化探索，已成为该学校整个新生教育体系的基础和重要组成部分。

（二）增强了新生的认同感和归属感

新生入学教育前置化课程因形式多样、内容丰富、贴近生活，受到了学生的一致认可和好评，在师生中反响强烈。重庆理工大学通过开展新生入学教育前置化课程，进一步增强了新生对学校的认同感、归属感，有效地帮助了新生更好地转换角色、适应大学生活。

（三）实现了新生报到平稳有序高效

2022年重庆理工大学本科新生报到率达98.29%，创历年新高。新生报到期间无一起电信诈骗案件和安全突发事件。整个新生报到工作进展稳定有序，社会反响良好，人民网重庆频道、学习强国等新闻媒体多次进行了报道。

五、思考启示

（一）新生教育前置但不闲置

长期以来，我国高中教育和大学教育在整个教育体系中是跨度较大的两个学习阶段。高中和大学之间的教育脱节严重，大学新生的入学适应问题一直备受关注。高校将大学新生教育前置到大学录取与入学之间的这一"真空期"完成，很好地实现了"未到校，先知校""未入校，先育人"的教育目标。

（二）新生教育信息化是未来发展之路

高校可以充分运用"互联网+教育"模式，利用信息技术和互联网平台构建规范系统的网络入学教育平台，为学生提供丰富的教育资源，填补高中和大学之间的教育脱节的鸿沟，让学生有效利用大学录取与入学之间的"真空期"，完成自己对未来大学学习与生活的思考，真正实现让教育以学习者为中心，让学生真正成为教育的主人。

(三) 新生教育方法要更有创新性

随着"00后"的学生逐渐成为高校的主力军,传统的教育观念和方法已无法满足他们的需求。高校和广大高校教育工作者必须把握新时代发展规律,适时转变新生教育理念,调整工作措施,帮助新时代大学新生尽快转变角色,更好地适应大学生活并健康成长。

第三章　新生适应教育

随着我国社会经济发展和人民生活水平的提高，先进的科学技术、优越的生活条件、父母的万般疼爱使"00后"大学生的部分生活技能明显缺失。另外，高等教育已由精英型向大众普及型转变，大学新生适应问题就愈加突出。大学新生在大学生活、学习、心理及人际交往等方面均可能遭遇各种困惑。[①]系统的大学新生适应教育，能有效帮助新生迅速适应大学学习、生活，顺利实现角色转换。

第一节　正确认识适应教育

"适应"一词源于生物学。在生物学看来，"适应"是指生物体随外界环境条件的变化而改变自身的特性或生活方式的能力。随着人类社会文明的发展，学科研究不断扩展，理论研究交叉借鉴，"适应"一词逐渐为心理学、社会学和教育学等研究所借鉴和运用，后衍生出"社会适应"这一概念，即指个体逐渐地接受现有社会的道德规范与行为准则，对于环境中的社会刺激能够在规范允许的范围内做出反应的过程。社会适应对个体有着重要意义，如果我们不能与社会取得一致，就会产生与所处环境格格不入的心理状态，久而久之，容易引起心理异常。我们可以通过对语言、风俗、法律以及社会制度等的有效掌握，使自己与社会相适应。[②]本章讨论的新生适应性教育就属于社会适应的范畴。

[①] 赵鑫. 大学生心理危机及其防范措施研究[D]. 沈阳：辽宁大学，2012.
[②] 姜一桢. 初一新生学校适应问题及对策研究——以瓦房店××初中为例[D]. 大连：辽宁师范大学，2021.

一、新生适应教育概述

新生适应教育,即为了实现适应目的而进行的新生教育。众多学者对高校新生适应教育的研究主要围绕适应教育的主体、对象、教育方式以及教育目的等方面来进行,但基本内涵并没有很大的差异。有的学者认为大学新生入学适应教育是始业教育,是让新生尽快地适应大学生活而开展的准备性教育,重在依据新生不同性格特点,提供相应的教育,推进其人格发展,激发其潜能。有的学者认为大学新生入学适应教育就是进一步开发人的潜能,使学生毕业后能够适应社会的发展变化,并建议将毕业求职适应内容也纳入适应教育。有的学者提出了首日教育,即在新生入校第一天,就对其实施有目的、系统性的影响,使其尽快具备大学生应有的素质和能力。本书提出的新生适应教育主要是高校辅导员对大学新生开展的适应大学生活环境、学习环境等一系列教育的总称,主要包括角色适应教育、生活适应教育、学习适应教育及人际关系适应教育等四个方面。

二、适应不良的具体表现

全国各地的新生,从中学跨入大学,相聚在一个陌生的环境,面对陌生的人群和环境,在生活、学习、心理等各方面均可能表现出适应不良。

(一) 生活上适应不良

1. 气候、饮食等方面的不适应

大学新生离开家乡来到向往的大学时,可能要面临生活环境的较大变化,有可能在习俗、人文、饮食、气候等方面存在不适,从而产生不适应症状。

2. 大学管理方式的不适应

大学管理侧重宏观管理与自我管理相结合,除集中上课时间外,其余时间均属于学生自我支配。因此,许多学生无法科学、合理地分配时间,将大部分时间用于非学习性安排甚至是游戏娱乐。

3. 缺乏个人独立生活技能

受传统应试教育影响,相当多家庭包揽了学生除学习外的一切生活琐事。当新生独立生活时,面对人际关系的矛盾与摩擦、日常生活费的计划与开支、生活起居的整理与规划等情况时,他们就会显得茫然失措。

（二）学习上适应不良

1. 缺乏合理的学习目标

高中阶段学生的学习目标往往是由家庭、学校、教师规划好的，单一、清晰且具体。进入大学后，学习目标需要学生进行自我把握和确定，且会因升学、出国、科研，以及多元化的就业去向而更加丰富、多样。如果目标不确定，大学新生就容易陷入迷茫、空虚，失去学习动力。

2. 缺乏正确的学习方式

从被动地接受老师的教学计划、学习安排到自主选择课程、授课老师，高中与大学的学习模式和节奏存在着较大差异。因此，存在"随大流"心态的新生常常会出现错上、漏上课程。同时大学课程存在内容多、涉及面广、讲解速度快的特点，不少新生会出现无法适应大学学习方式的情况，逐渐对学习失去兴趣。

3. 缺乏学习主动性与自觉性

大学与高中相比，有着课程量变少、课余时间增多的显著变化。这容易让新生误认为大学学习任务变轻松了，忽略了大学要培养学生独立思考的能力、自主钻研的能力、解决实际问题的能力，需要充分发挥自身主动性和自觉性。因此，有部分学生仅满足于基本学习，对自己专业的知识一知半解，逐渐缺乏深入研究的兴趣，导致学习积极性下降、学习态度消极。

4. 缺乏专业学习兴趣

大学教育要求学生紧跟专业发展前沿，围绕所学学科打好理论基础，并建构合理的专业知识结构。专业基础是否牢固以及专业兴趣是否浓厚直接影响学生的学业成绩。不少学生在高考填报志愿的时候比较随意，没有结合自身兴趣和爱好进行认真选择，或者是由父母代替填报志愿，导致他们在入学后发现所学专业并非自己喜欢的专业，从而对所学专业不感兴趣，甚至产生严重的排斥心理，最终就会导致专业成绩不佳，影响整个大学期间的学习质量。

（三）心理上适应不良

1. 现实与理想的落差

部分新生由于各种原因，没有被理想高校录取或者被调剂到不感兴趣的专业，未进校就已产生不满或者抵触情绪。还有部分新生进入大学后，发现大学的学习生活环境与向往中的差距较大，就会产生强烈的失落感，出现焦虑不安、忧郁、失眠等症状，为心理障碍的产生埋下隐患。

2. 幼稚与成熟的冲突

随着心理和生理的不断成熟，大学新生对于摆脱父母束缚的渴望日益强烈。但当新生步入大学生活后，由于明辨是非的能力较弱，思维方式较片面，分析问题、解决问题的能力还比较欠缺，与独立成熟的意识反差进一步加剧，导致其看问题不够深入，在行为上出现情绪化的反应。

3. 自信与自卑的矛盾

进入大学学习的新生在中学阶段的成绩往往较优异，且长期受老师和家长的表扬、宠爱，表现出强烈的自信心和自豪感。但是进入群英荟萃、高手如林的大学后，知识面狭窄、社交能力弱的现实，容易让部分学生感到自卑。自信与自卑的矛盾心理，会使他们失去内心的平衡，造成思想上的失落感与挫折感。[1]

第二节 适应大学角色

大学新生进入大学后将面临两次角色转换：一是刚踏进大学校园时，由中学生向大学生的角色转变；二是面临毕业时，由学生向职场人的角色转变。为使新生适应教育更好地满足新生切身需求，顺利地完成第一次角色转换，各高校也在积极转变新生适应教育模式，丰富适应教育内容，拓展适应教育形式。

一、学会认识新起点

大学新生放下高考重担，第一次根据自己的兴趣爱好投身大学生活，可以不在父母的安排和监督下被动地学习和生活；第一次有了自己可支配的时间，可以自由地去处理遇到的包括学习、生活和情感问题在内的所有问题；第一次对所学专业有深层次的研究，充分感受理论联系实际所带来的乐趣；第一次在情窦初开的季节里，鼓起勇气对心仪已久的她（他）说出构思很久的话语。大学，这段人生最美好却又容易悄然逝去的黄金时光，是耕耘还是挥霍，是成长还是原地踏步，这一切都在等待每一位大学新生自己去选择。

考上大学后，大学新生究竟处于一种什么状态呢？脱离了为高考奋战苦读的劳心时期，大多数学子都有进了"保险箱"的轻松感和懈怠感，思想上就很容易进入"理想间歇期"。造成这种现象的主要原因是生活和学习暂时性失去目

---

[1] 黄娜. 大学新生适应性教育研究 [D]. 赣州：江西理工大学，2013.

标与动力。于是，在此阶段就很容易出现一道分水岭：一部分学生会迷恋网游，会对评先评优无动于衷，会爱情至上；另一部分学生却在为谋划理想未来而挑灯夜战，成天待在实验室、泡在图书馆，参加各种社会实践和校园文化活动。

大学不是乐园。全新的生活环境与教学模式带来的是全新的机遇与挑战，所以大学新生一定要把大一当作自己人生新的起跑线。认识大学，审视自我，积极调整，快速适应，学会独立生活、自主学习，以最好的状态迎接奠定自己未来基石的大学时光。

二、积极调整个人角色

很多大学新生在高中也许是佼佼者，是同学们的榜样，是家长的骄傲。而在人才荟萃的大学校园里，所有的学生都一样优秀。很多新生会突然失去众星捧月的感觉，心里空荡荡的。那如何才能让自己更快地实现个人角色的调整呢？

（一）学会清零

刚进大学，大家都在同一起跑线上，机会都是均等的。终点如何到达，全看自己的努力程度。因此，初入大学校园的大学新生们必须适应这种转变，在延续高中时期良好学习习惯的同时，重新出发，正视自己的优势和缺点，做好学业生涯规划和职业生涯规划，并对自己的成才之路充满信心。

（二）转变意识

中学生的思想和心理正处于发展阶段，职业方向和社会角色尚不明确，而大多数大学生根据所学专业及兴趣爱好，职业方向已基本确定。社会对大学生的期望和要求比高中生高得多。从踏进大学的第一天起，大学新生就应该正确认识到自己所担当的时代和社会的重要责任。

（三）转变思维

与高中相比，大学的自由支配时间变多，活动空间变大，需要独立解决的问题也增多。大学生的思维方式也要随之改变，任何事情都要独立思考，要三思而后行，不能像在父母身边那样随心所欲。很多大学生毕业后聊到这个话题时，都感慨大学使他们成长得更加稳重和理性。大学生这一称谓不仅是一种文化层次的体现，更是一种神圣职责的象征。新时代的大学生更要有远见卓识，不能目光短浅，要克服依赖思想，培养独立思考和解决问题的能力。只有转变原有的思维模式，才能适应环境的变化，从思想和心理上更加从容地面对角色的转变。

第三节　适应大学生活

大学是一个全新的生活和学习环境。这里的一切资源、人员、制度，都是为社会培育人才而存在的。大学新生入学首先要做的是适应大学生活。

一、学会独立生活

进入大学，远离了"饭来张口、衣来伸手"的细心照顾，有的学生生活能力欠缺，无法科学合理开支，便会出现开销过度、生活单一等情况，再加上遇到水土不服、语言障碍等问题时，经常会感到无助与困惑。有的新生甚至会出现紧张、焦虑、烦躁、痛苦、神经衰弱等情况。面对生活环境的变化，大学新生必须学会适应生活，培养自己的动手能力，学会自我服务、自我管理、自我独立。

二、养成良好生活习惯

习惯影响思想，思想决定行为。我们每一个人其实每天都在被习惯所支配，习惯早起，习惯跑步，习惯赖床，等等。好的习惯能够成就一个人，坏的习惯能够摧毁一个人。

（一）每天要有规律的作息

要结合课程安排合理规划自己的作息时间，并且严格执行时间安排。做好学习、锻炼、社会活动以及娱乐等的时间规划，才能丰富和充实自己的大学生活。

（二）培养良好的饮食习惯

要培养与作息时间相匹配的良好饮食习惯，确保一日三餐准点准时，不暴饮暴食、速食对付，更不可酗酒抽烟，否则既影响身体健康，也增加了生活开支。

（三）坚持锻炼身体

在大学课余生活中，篮球赛、足球赛、羽毛球赛、运动会等各类赛事活动以及体育测试丰富多彩。但部分大学生没有严格的作息管理，没有培养坚持锻炼的好习惯，体能测试不及格，甚至出现身体不良状况。

（四）保持自信乐观

大学生在生活中难免会遇到各种各样的挫折、坎坷与困境。面对困难，要有乐观的态度，不要轻易失去信心，要学会自我调整，学会向别人寻求帮助。

三、积极参加校园活动

大学里有很多校园活动，大学新生一定要积极参加，这样有助于了解校园生活，认识更多的朋友，让自己的课余生活更加丰富，更快地适应和融入大学生活。

（一）勇于展现自我

大学学生组织的自我服务、自我教育、自我管理、自我发展的模式具有重要的教化功能，在学生与社会之间搭建了一个很好的平台。如果新生有一技之长，那就要积极地通过活动和比赛等方式展现出来。这样，不仅能得到别人的称赞和喝彩，更重要的是能增强自信，获得认可。即使没有一技之长，也要积极加入社团、学生会等组织，用自己的满腔热情和强烈的责任心去服务同学，提高自己的沟通能力、组织能力，在实践中领悟许多书本上没有的知识。

（二）强化社会责任

校园活动还能让新生了解社会和社会职业的要求与特点，为新生进行个性塑造和不断完善提供现实的可能性，还能引导他们及时调整自己的学习目标。当代大学生对社会的认识往往停留在比较肤浅的层面，只看到表面现象，看不到社会的本质。大学新生在具体的校园活动过程中，能接触社会的各个层面，对社会的历史、文化、经济、政治等有直接的认识，促使他们形成较强的历史使命感和社会责任感，承担起社会责任。[1]

（三）加强团结协作

大学校园生活，不仅可以彰显个体的特色，更重要的是可以让新生体会到团队协作的重要性。大学校园活动能有效地把知识积累、能力培养、素质提升等教育目标有机融合，促使大学生共同发展，对大学新生的实践意识、社会责任感、协作精神、民主意识等的形成与强化都能起到极大的推动作用，促进大学生综合素质的提升、人格的日趋完善。

---

[1] 钱波. 论大学活动教育的育人功能 [J]. 黑龙江高教研究，2004（05）：55—57.

四、学会情绪管理

对于大学新生来讲，情绪对心理成长和发展有着极大的影响。学会调节、管理情绪，是更好适应大学生活的基础。

（一）了解自己的个性

想要管理和调节情绪，首先要了解自己的个性。每个人的情绪表现与自己的个性有直接的关系。不同性格特质的人，对待同样的事件和事物表现出的情绪状态都是不尽相同的。

（二）善于控制情绪

遇到较强的情绪刺激时应学会让自己冷静下来，当情绪即将爆发时要用意识控制自己，提醒自己保持理性，采取正确表达情绪的方式或消除冲动的"缓兵之计"。也要学会换位思考，或者通过有意识地转移话题或做点别的事情来分散注意力，缓解情绪。

（三）学会自我调节

当在学习和生活中受到挫折的时候，为了减少内心的失望，就需要学会自我调节。比如，可以通过积极正向的哲理或名言鼓励自己；可以通过朗诵滑稽的语句，用"制怒""忍""冷静"等来自我提醒；还可以出去走一走换个环境；等等。在进行自我安慰鼓励的同时，还需要学会适当地降低自我期望，学会放弃和妥协。

第四节　适应大学学习

大学学习与高中时期的学习，存在着许多不同之处。高中时期，学习时只要听从老师的安排就可以了，一切听老师指挥；而大学则提倡学生自主学习，自己安排学习计划，需要逐渐地从"要我学"向"我要学"转变，提倡生动活泼地学习，提倡勤于思考。作为刚刚步入大学的"萌新"，当角色从知识的被动接受者转变为知识的主动获取者时，想从一位懵懂少年成为富有见地的青年，他们应该做些什么？

一、学会时间管理

时间管理是指通过事先规划和运用一定的技巧、方法和工具实现对时间的灵活有效运用，从而实现个人或组织的既定目标的过程。

步入大学校园之后，每天的可支配时间明显增多。正所谓，一寸光阴一寸金，寸金难买寸光阴。学会时间管理对于大学学习生活显得尤为重要。如何让自己的大学生活更加丰富多彩，让自己的大学生活规划科学有序，就成了大学新生值得思考的问题。

大学生在时间管理上普遍存在的问题包括缺乏对自由时间的合理规划、盲目规划、"三分钟热度"、无法将时间规划付诸实际行动等。大学生渴望展现自己的才华和能力，往往会盲目参加各项学校活动，导致自己"应接不暇"，无法准确地投入适合自己的活动。归根结底这是由于大学生缺乏正确的自我认知以及对时间的合理分配。大学新生做好时间管理应从以下两个方面出发：

（一）正确认识时间管理的重要性

一个人是否能获得成功，取决于他的态度和思维方法。态度决定行动，思维方法决定方向，就是说一个人朝着正确的方向行动是一定能成功的，也可以说有效的行动和正确的思维方法是成功的保障。而时间分配与管理是确保行动持久、方向稳定的关键维度。管理好自己的时间，集中使用好时间，让时间为目标发力，是确保获得成功的一个很重要、很关键的因素。

时间管理的好坏，从一个人的行为举止上是能够体现出来的。时间管理好的人，尽管每天忙忙碌碌，但是忙而有序；而时间管理不好的人，每天都浑浑噩噩、懒懒散散的。每个人最终所取得的成就，很大程度与对时间的利用是否有效关系密切。因此，我们每天都应做一个合理的、正确的时间规划。

（二）正确运用时间管理工具

《时间管理手册》是大学新生做好时间管理的一个重要帮手。它可以很好地帮助学生将大脑从烦乱中解脱出来，理清任务与目标。它通过科学的栏目设置，帮助学生明晰方向与重点，以每月计划、每周计划、每日计划对自我进行管理，对事务进行谋划，使一切工作和任务得到妥善安排。通过跟踪检查来保证我们的安排及计划得到全面执行，从而确保目标的达成。按《时间管理手册》的要求有计划地安排学习和生活，有利于新生形成充分利用时间的自觉性，在有效的时间内合理安排各项学习和工作任务，不断增强时间观念，提升控制时间的能力。

《时间管理手册》可以采用活页的形式，一方面，满足动态管理的需要；另一方面，方便整理、移动。其所有内页可随时增减、调整顺序，既能提升手册的适用性，也可以保证手册轻便精致，方便随身携带。

二、学会目标管理

我们在进入大学之前的任何一个学习阶段，学习的目标都是升学，单一而明确。而进入大学后，目标的多样性就呈现出来了。就业、考公、考研、出国、创业等，不同的发展目标需要不同的知识储备、实践准备和奋斗路径。大学高度自由的学习制度，致使部分学生出现对大学的学习目标感到茫然，对学习生活失去兴趣，进而逃课、沉迷游戏等情况。因此，新生必须学会目标管理，使各项活动的目的性更加明确，大学生活更加有意义。

（一）制订合理可行目标

科学合理、具有可行性的目标是实施目标管理的重要前提。在制订目标时，应该从自己的实际情况出发，避免因目标设置过高或过低而发生降低积极性和让目标失去实际意义的情况。此外，设定目标要尽可能做到总体目标与个体目标、长期目标与短期目标相统一。目标设定要清晰合理、明确可行，避免因为目标设置复杂而导致执行有障碍。

（二）控制目标的实施过程

制订好目标后，新生要对目标进行科学有效的管理，以确保学习有条不紊地开展；要细致分析、准确把握自己的现状，对照目标与现实之间的差距，分析原因，围绕目标制订切实可行的计划；同时还要对动态过程实施监控，及时发现实施过程中的问题，采取措施进行优化调整。

（三）积极评价目标成果

在完成目标管理工作以后，要对目标管理工作的开展情况和最终效果进行合理评价。比如，自我评价是否达到成绩目标，是否达到锻炼标准，是否参与了若干社团活动，等等。对结果进行评估，不但有利于自我有效的总结反思，还可以优化完善下一次目标制订和实施。

三、学会任务管理

大学生活是多姿多彩的，也充满各种任务与挑战。新生要主动树立目标、接受任务、坚决执行、做好总结。

（一）保证学习质量

虽然大学没有满满的课程，但学生依然时有迟到、早退现象。大学生的根本任务是好好学习，所以大一新生要按时上课，不迟到，不早退，课上积极思考，以最佳状态开展课堂学习，课后认真总结复习。

（二）备考英语四六级

英语四六级证书是证明大学生基本英语技能的必要证书，备考英语四六级宜早不宜迟。在很多高校，大学新生即可参加英语四级考试。新生可利用高中练就的扎实英语基本功，结合考试内容做好准备，轻松过英语四级不是难事。

（三）争取考试取得好成绩

如今的大学都是学分制，每个学校的绩点换算方法基本相同。平均学分绩点是将分数换算为绩点，之后按学分加权平均方法计算。如100分算5分，90分算4分，以此类推，60分以下0分。平均学分绩点＝Σ（课程学分×绩点）/Σ课程学分＝各门课程学分绩点之和/各门课程学分数之和。绩点会作为学生出国深造、保研考研、就业工作、评奖评优等众多方面的重要参考依据，也是大学生在校期间课程学习情况的集中反映。新生一定要从大一开始，努力学习争取获得高绩点。

（四）参加第二课堂活动

大学新生要积极参加学生组织、文体活动、社会服务或志愿活动。有意愿的学生要积极向党组织靠拢，递交入党申请书，要根据个人特长和兴趣提升自身实践能力。这些都可以作为大一的任务。同时，新生还要制定行之有效的实现路径，丰富自己的大学学习生活，提升自己的综合能力。

第五节　适应大学人际关系

大学是学生独立生活的起点，建立健康的群体意识与和谐的人际关系很重要。大学人际关系包括舍友、同乡、师生、同学、恋人等，都需要大学生自己来正确处理。实践证明，人际关系处理能力越强的大学生，适应大学生活也就越快。

一、与父母的关系

父母的爱就是这个世界上最伟大最无私的爱。新时代的大学生，要体会父母的辛勤、感恩父母的付出。初入大学，离开家乡，离开了父母的呵护，学校与家的距离或许会让大学新生与父母都更加深刻地体会到亲情的力量，更加重视彼此之间的关系。借助网络和电话，父母询问子女的学习生活情况，子女关心父母的身体健康，不要因为空间的距离，而产生心理的距离。大学生要学会站在父母的角度去看问题,看到自己与父母的共性,学会理解父母、体谅父母;要主动加强与父母的沟通,与父母分享自己的大学学习和生活的故事,遇到重大抉择和困难,要及时主动向父母汇报,寻求父母的支持和帮助。

二、与老师的关系

大学生的主要任务是学习。这种学习不仅包括专业知识和技能的学习,还包括品德素养、人际沟通能力和心理意志等的学习与优化。这些知识和能力中的一部分直接或者间接来源于老师。因此,师生关系是大学生所要面对和处理的最为重要的关系。除了尊重和敬畏老师之外,大学师生关系还可以是平等、融洽、温暖、和谐的。新生要主动加强与老师的沟通联系,在请教学业知识之外,生活中还可以与老师互动交流和问候关心。日常生活中的一次聚餐、一次郊游、一场研讨、一场球赛都有助于加强师生之间的友好关系。

三、与同学的关系

很多新生进入大学后,首先面对的就是生活环境由家庭转换为集体宿舍。来自不同家庭、拥有不同生活习惯以及不同性格爱好的人共同生活在一起,难免会产生不适和摩擦。因此,新生要改变以自我为中心的行为模式,克服人际交往障碍,积极处理好同学之间的关系。

(一)要有一颗宽容的心

成长环境和家庭氛围的不同,会使大学同学间、室友间的思想观点和生活习惯不同。在与同学的相处和交流中,一旦以自我为中心,将自己的思想观念和生活习惯强加于他人,就会造成摩擦与矛盾。因此,在与拥有不同思想观念和生活习惯的同学产生矛盾时,要学会换位思考,用宽容与理解主动面对问题,积极和同学协调解决问题。

(二)要善于沟通交流

"冲动是魔鬼",在产生矛盾和摩擦时,一定要先冷静下来,调整自己的情绪与状态。找一个合适的时间,平心静气、面对面地交流,说出各自心中的意见和想法,在各退一步的基础上形成一个相互认可的意见。交流过程中,要注意言语表达的礼仪。

(三)要学会尊重别人

每个人都渴望获得别人的尊重,受到尊重可以使人获得较大的心理满足,同样也要尽可能去尊重他人。宽容是尊重的起点,当遇到和自己不一致的意见和看法时，要给予他人表达和解释的机会，学习理解其他同学的想法、做法，尊重他人的习惯。

新时代大学新生要随时要求自己做一个能求同存异、广结善缘的人，学会与同学们在生活中互爱，在学业上互助，有分歧时互让。坚持这样做，就能以最快的速度适应大学生活，为自己建立起一个和谐友好、积极健康的学习生活圈子。

四、与异性的关系

刚刚进入大学的新生正处于青春期，常常处于渴望与异性交流却不知如何正确建立与异性之间的关系的矛盾处境。因此，如何树立正确的恋爱观和成熟的异性交往心态，如何科学把握学习和爱情之间的分寸成了大学生不可回避的问题。大学新生在处理恋爱问题上应当把握好这样几种关系。

（一）恋爱与学习的关系

学习是大学生的主要任务，应把爱情作为奋发学习的动力，同时还应把是否有利于促进学习作为衡量这份爱情价值的一个重要的标准。

（二）恋爱与关心集体的关系

恋爱中的双方不应把自己禁锢在两个人的世界中。脱离集体，疏远同学，会妨碍自身的全面发展与进步。

（三）恋爱与关爱他人和社会的关系

爱，丰富博大，不仅有恋人之爱，还有对亲人、同学、社会、国家之爱。过分专注恋人的爱，会忽视对他人和社会的爱。只有对他人和社会具有爱心，爱情才会变得高尚和稳固。对于大学新生来说，如果在大学时代与爱情相逢，恋爱双方就应相互促进、相互鼓励、共同成长。

第六节　典型案例

一、案例主题

重庆理工大学两江校区学生学习与发展指导中心。

二、案例概述

为帮助大学新生顺利适应大学学习生活，充分发挥大学生在学风建设的主体作用，重庆理工大学两江校区管委会于2014年两江校区建立之初便成立了面向全体新生的两江校区学生学习与发展指导中心（简称指导中心）。该指导中心是以"指导学生学习发展，服务学生成长成才"为工作理念，以"推动校区优良校风学风，提高人才培养质量；引导学生养成良好学习习惯，立足两江，夯实基础，乐学乐行，成长成才"为工作目标，构建了"优秀学生的精英培育体系""全体学生的能力提升体系""学习困难学生的帮辅奋进体系"三大体系，依托专家教授、辅导员、朋辈志愿者、学生助理团队四支队伍，打造"教授导学室""学习方法坊""答疑辅导园""两江精英计划""两江讲坛""外语俱乐部"六大项目。通过中心分类指导，帮助新生解决进入大学后的学习目标和学习动力问题，帮助新生养成良好的学习习惯，寻找到高效的学习方法，全面提高新生综合素质，为新生成长成才奠定良好的基础。

三、实施方法

（一）打造活动阵地：学习之家

建设一批设施齐全、功能完善、层次多样、布局合理的学习场所，为营造良好的学习氛围搭建平台，包括中心指导办公室、教授导学室、中心各类活动室等。

建设一个主题鲜明、信息丰富、方便快捷的学习网站，拓展服务学生学习与发展的平台，将更加丰富、更有针对性的教育和服务内容传递给学生。

（二）打造六大特色项目

1. 教授导学室

选聘校内外的专家学者担任学生的学业和人生导师，开展"一对一"或"一对多"的导学工作，为学生答疑解惑，帮助学生明确人生规划、提升综合素质。导学内容涉及专业培养方向、专业学习方法、学科前沿探讨、科研项目申报、学业生涯规划以及就业前景分析，设置了电话预约和邮箱预约两种预约方式，预约前可从学生学习与发展指导中心网站了解相关教授信息。

2. 学习方法坊

提供大学学习方法与经验交流分享的平台，引导学生掌握科学有效的学习方法，增强学生的自主学习能力，促使其养成良好的学习习惯。内容包括学习交流沙龙、班级互助学习、朋辈帮扶工作站、学习加油站等。

3. 答疑辅导园

为提高两江校区大一新生"高等数学"和"大学英语"课程的学习能力，每周安排骨干教师在固定教室、固定时间段开展"高等数学"和"大学英语"两门基础学科的辅导和答疑。

4. 两江精英计划

为了树立先进典型，发挥优秀学生的榜样示范作用，实施精英培育计划。通过学业生涯规划大赛遴选200名优秀学生组成精英团队，充分利用指导中心的资源优势，提供经费资助、导师指导、场地支持、组织保障、培训提升"五项服务"，引导精英完成"六项任务"，即每学年获得1次奖学金、帮扶2名同学（其中1名为留级生）、阅读2本图书、参加4次学习交流活动、参加2次各类竞赛活动、听取5场讲座，培养他们独立自主、独立思考、实践动手的能力，争做优秀的大学生。同时，引导优秀学生开展帮扶活动，担任朋辈志愿者，帮助学习困难学生树立学习目标，养成良好的学习习惯，掌握科学有效的学习方法，争做合格的大学生。

5. 两江讲坛

引导新生坚定理想，明确目标，珍惜时光，奋发有为，肩负起实现"两个一百年"奋斗目标的历史重任和实现中华民族伟大复兴中国梦的青春责任。"两江讲坛"包括"与名师为伴"（校内外知名专家、教授、学者开展系列讲座），"与优秀齐行"（十佳大学生、十大学霸、士继青年奖章获得者等优秀精英学子开展励志报告和经验交流），"与校友共鸣"（成功校友开展系列讲座），"与精英同享"（校外各界的知名人士、成功人士开展系列报告会）四大板块，促使新生从中汲取营养，感悟人生，丰富阅历，提升综合素质，养成良好的学习和生活习惯，成功开启大学生活。

6. 外语俱乐部

搭建良好的语言文化交流平台，拓展学生的国际视野，培养学生外语交流的能力，营造良好的校园文化氛围，强化两江校区国际化的办学特色和育人宗旨。

四、主要成效

学风建设是新生教育管理工作的重点，决定新生能否顺利从高中过渡到大学。重庆理工大学两江校区学生学习与发展指导中心从2014年运行至今，已成为两江校区学风建设和新生学业指导的重要平台和保障。

（一）从学习态度方面看成效显著

通过建设和运行学生学习与发展指导中心，研究和总结新生学风建设的发展规律，为新生提供有针对性的指导和服务，广大新生实现了从"高中"转向"大学"，从"要我学"转向"我要学"，从"他律"转向"自律"，从"自觉学习"转向"自主学习"；同时，也进一步提高新生学习的主动性和积极性，增强新生克服学习困难和问题的能力，促进两江校区优良学风的形成。

（二）从学习成绩方面看成效显著

近八年重庆理工大学新生期末考试优秀率均在20％以上，相较于指导中心成立前有大幅度提升，且每年呈现稳中有升的趋势。其中，如高等数学、大学英语、大学计算机等，及格率均维持在90％以上。2019年几门核心课程的优秀率甚至均在95％以上，成绩提升效果更为明显，为学生进入高年级学习专业课程打下了良好的知识基础。

（三）从学习风气方面看成效显著

大学新生自觉养成了良好的早晚自习的习惯，课余时间积极走向图书馆、语音室、计算机房等。上课迟到、旷课、早退、沉迷游戏等不良学风问题得到有效控制。指导中心从身边事情着手，使学生在潜移默化中养成良好的学习习惯，为建设良好学风奠定基础。

五、思考启示

（一）缩短大一"迷茫期"

对于每一位大学生来说，大学一年级既是人生的新起点，又是一个转折点。经过高考的洗礼，大学新生抱着对"象牙塔"的憧憬与渴望来到大学校园，但是由于生活环境、学习内容、理想目标等多方面的变化，在学习、生活、环境、交友等方面遇到了很多不适应，进而对未来感到迷茫。高校要积极实践，成立学生学习与发展指导中心，帮助大学新生尽快度过"迷茫期"。

（二）打造学生满意的服务平台

学生学习与发展指导中心是学校学业和生涯发展指导理念的外化载体，是一个全开放、面向全校学生提供学习与发展指导服务的重要场所。高校要紧紧围绕着学生学习与发展指导工作的宣传、管理、认识、探索、体验、咨询等方面，营造一个"开放、自由、希望、幸福"的学生学习与生涯发展指导"主阵地"。

（三）搭建服务学生的专业场所

学生学习与发展指导中心工作内容涵盖生涯发展、学业指导、心理辅导、就业咨询等诸多方面。高校要积极为学生学习与发展指导课程和实践落地提供专门场地，配备功能教室、生涯规划教育云平台、测评系统、档案系统等，让学生在切身体验中进行自我认知、探索，树立自主学习的观念，养成良好的学习习惯，形成追求真知的良好学习意识和发展性的学习规划理念。

第四章 新生养成教育

大学新生养成教育是高校德育工作的重点内容，是根据大学新生的身心发展特点及规律，运用多种切实有效的教育手段和途径，帮助大学新生养成高尚品行、提高人文素养、形成优良学风、规范个人生活、培养安全意识。

第一节 公民美德

2019年10月，中共中央、国务院印发的《新时代公民道德建设实施纲要》提出，要全面推进社会公德、职业道德、家庭美德、个人品德建设，持续强化教育引导、实践养成、制度保障，不断提升公民道德素质，促进人的全面发展，培养和造就担当民族复兴大任的时代新人。[①] 大学新生阶段是培养和塑造公民美德的关键时期。新时代大学新生要积极将《新时代公民道德建设实施纲要》的要求更好地融入学习、融入生活、融入实践，弘扬社会主义核心价值观，积极树立社会公德、职业道德、家庭美德、个人品德，以德润心、敦风化俗，让新时代公民道德建设落地落实。

一、社会公德教育

社会公德是每一位公民在社会生活中需遵从的最基本的行为规范和活动准则。新时代大学生是建设社会主义现代化国家的中坚力量，新时代大学生的道德水平对于社会的发展具有重要影响。对大学新生进行社会公德教育的目的不仅是提升大学新生的思想道德修养，还是引领构建文明和谐社会和校园的新风

[①] 中国政府网. 中共中央 国务院印发《新时代公民道德建设实施纲要》[EB/OL]. http://www.gov.cn/zhengce/2019-10/27/content_5445556.htm.

尚。① 大学新生社会公德教育主要涵盖诚实守信、遵纪守法、爱护环境、爱国主义等内容。

（一）诚实守信

"诚"即诚实、真诚，是指真实不欺的品德，要求做人求真，既要忠诚于自己，也要诚实对待他人。"信"即信用、信任，是人的内在之"诚"的外化，指真实不欺、信守诺言的品德，要求人们言而有信、取信于人。中国古代儒家称诚信为"立人之道"和"立政之本"，把诚信看作基本的道德准则。这也是每个现代人都必须要遵守的道德规范。利用传统诚信思想对大学新生进行诚信教育，不仅可以提高学生的传统文化素养，还能够营造诚信的社会氛围，具有非常重要的现实意义。新时代大学新生应该通过自觉培养求真务实的品质、责任意识来加强自身的诚信建设，提高诚信教育的实效性。

首先，要理解诚信内涵，激发诚信意识。

其次，要养成诚信习惯，同时要提高自身的学习能力，掌握科学的学习方法，提高自身的专业素养，避免为了达到取得学分、获奖评优等目的而选择作弊等不诚信行为。

再次，要坚持诚信行为，不受外界干扰，让诚信行为成为自发行动。大学新生应该奉行诚信至上的价值观，坚守诚信为本，这对构建和谐社会、建设诚信中国起基础性作用。

最后，要在实践中践行诚信规范。诚信是大学生立身之本。大学新生要从自身做起，在相关诚信活动中总结经验，增长才干，升华情感，体会诚信规范的重要性，从而约束自身行为，铸就优良诚信品质，增强构建诚信社会的责任感。只有将诚信理论与诚信实践相结合，才能树立正确的诚信观，才能避免诚信缺失问题的出现。

（二）遵纪守法

遵纪守法是大学生必备的基本素质。公民的法律素养直接关系着国家的长治久安和繁荣昌盛。但是，法律素养并不是天生的，必须进行法治教育。在当今浮躁复杂的多元化信息时代中，法治教育不仅是高校大学生素质教育的重要内容，更是高校贯彻落实党的二十大关于"坚持全面依法治国，推进法治中国建设"重大部署的重要举措，对维护国家的长治久安具有重要现实意义。

---

① 赵鸿忠，张璐. 新时代大学生社会公德教育的对策研究［J］. 教育教学论坛，2021（39）：12—15.

"法治"在高校中的体现，主要是以校规校纪为载体。校规校纪是高校学生管理的重要基础，是对大学生进行养成教育的重要手段，是推进依法治校的重要保证，是维护学校、教师、学生各方合法权益的重要保障，也是我国加快建设社会主义法治国家的必然要求。[①]

首先，要加深对法治精神和校规校纪重要意义的认识。有调查研究表明，许多大学新生对法律常识教育很有兴趣，大学新生要将这种兴趣转化为自己的具体行为，学习相关法律法规，自觉学法、懂法、崇法、守法，逐渐树立起对法律的信仰。

其次，要从细微处着手，让遵纪守法成为一种习惯。"不以善小而不为，不以恶小而为之"，当代大学新生应从不随意丢弃垃圾做起，从按时上课、遵守课堂纪律做起，从身边的一点一滴做起，逐步培养良好的遵纪守法行为习惯。

最后，积极通过校规校纪考试或者相关班团会，加强对校规校纪的学习，也有助于增强自己的遵纪守法意识，更好地推动良好的校风和学风的形成。大学新生进校后，高校会组织专门的校规校纪主题班会和专项考试，考试一般在10~11月进行，有开卷和闭卷两种形式。有些高校会同时开展安全教育考试和校规校纪教育考试。

（三）爱护环境

生态环境关乎民族未来、百姓福祉。党的十九大报告指出："建设生态文明是中华民族永续发展的千年大计。必须树立和践行绿水青山就是金山银山的理念，坚定走生产发展、生活富裕、生态良好的文明发展道路，建设美丽中国，为人民创造良好生产生活环境，为全球生态安全作出贡献。"[②]

引导大学新生对生态环境现状进行认知与理解，对破坏自然环境的行为进行感受和思考，对于建立大学生的环境保护意识、培养绿色健康的生活习惯具有重要的作用。大学新生要积极从身边做起，从现在做起，爱护校园环境，保护生态环境。

（四）爱国主义

"爱国主义是指千百年来形成的对祖国和民族的忠诚、热爱和报效的情感、

[①] 石晓娟. 大学生养成教育研究［D］. 石家庄：河北师范大学，2010.
[②] 张思皎. 生态文明建设中大学生绿色发展理念培育研究［D］. 沈阳：沈阳建筑大学，2019.

思想、行为的完整统一体系。"① 爱国主义在每个历史时期中都具有重要价值和丰富内涵。

在以儒家思想为主要内容的传统文化中，从孔子"克己复礼"致力于维护周礼到孟子"定于一"的主张，再到董仲舒倡导政治统一、经济和思想高度集中的思想，都表达了对维护国家统一、反对民族分裂的追求，这也是中华民族爱国思想的本源。随着时代的发展，尤其是在近代革命时期，爱国主义更是得到了最大程度的践行，无数仁人志士在国家危难之际挺身而出，英勇奋斗，为"爱国主义"注入了新的内涵。

目前，我国发展进入了新时代，这个时代是机遇与风险并存的一个时代。加强爱国主义教育，引导青年大学生树立正确的价值观，是极其重要的一件事。为了有效增强青年大学生的爱国之情，引导其理性爱国，教育方式、教育内容、教育机制均要因时而进，因事而新。必须以党史国史为根基，增强青年大学生"四个自信"，让青年大学生真切地感受到中国制度的执行力与中国理论的优越性；同时以形势与政策教育为重点，拓宽青年大学生的视野，让青年大学生更加直观地理解我国发展所处的国内外环境，了解我国发展面临的机遇和挑战。要对中国发展有正确的认识，既要树立信心，也不要妄自尊大，要在新时代的大舞台上，找准目标，继续前行。②

中国梦给了我们一个为之奋斗的目标，同时也是当代爱国主义教育的主要内容。中国梦是我们追求的共同梦想，是我们对未来社会的美好憧憬。要想实现中国梦必须靠全体中华儿女共同的努力，要想使全体中华儿女心往一处想，劲往一处使，就需要爱国主义精神的凝聚力量。

大学新生要积极在继承爱国主义传统的基础上，融入社会主义核心价值观的时代内涵，同时做到拒绝盲目、理性爱国，将自己朴素的爱国情感升华至理性的爱国觉悟，将自身价值的实现与祖国的伟大复兴结合起来，把民族复兴当作自己的奋斗目标，为实现中国梦矢志奋斗，并在这个过程中，不断强化自己的责任和担当。

二、职业道德教育

党的十九大以来，中国特色社会主义已经踏上了新的征程。中国共产党正

---

① 骆郁廷，周叶中，余双好. 思想道德修养与法律基础[M]. 武汉：武汉大学出版社，2006：260.
② 刘瑞环. 新时代青年爱国主义教育现状及路径优化研究[D]. 石家庄：河北师范大学，2021.

领导中国人民朝着中华民族伟大复兴、朝着强大的社会主义现代化国家迈进。目前，我国正处于全面深化改革的关键期，让大学生的求职环境发生了巨大变化。逐年增长的高校毕业生人数、严峻的就业形势等困境，让许多大学生的择业观也发生了深刻的变化。因此对大学生，特别是大学新生进行系统、科学的职业观引导和职业美德教育在当前来讲是十分必要的。[①]

职业道德是伴随人类社会劳动分工而产生和发展起来的高度社会化的角色道德，是社会整体道德体系的重要组成部分。职业道德同社会整体道德体系一样，具有历史继承性和时代开拓性。不同时代、不同行业有着不同的职业道德内容和行为规范。中共中央、国务院印发的《新时代公民道德建设实施纲要》明确把"爱岗敬业、诚实守信、办事公道、热情服务、奉献社会"等作为当代职业道德的主要内容。这些规范从职业角色和职业内在发展要求对从业人员提出了相应的道德要求，既体现了当今的时代精神，也同我国社会主义核心价值观相契合，是实现企业发展及经济发展的思想灵魂，对于践行社会主义核心价值观也具有极其重要的价值。[②]

（一）爱岗敬业

爱岗敬业是中华五千年传统文化的积累与沉淀，也是社会主义职业道德的本质要求。爱岗与敬业关系紧密，二者互为前提、相辅相成，敬业以爱岗作为根本基础，爱岗则是敬业的进一步升华。爱岗敬业精神的核心内涵，在于要求劳动者具备较高的职业道德，拥有忠于职守的信念与事业精神，热爱自己的工作岗位与本职工作，并且以严肃认真的态度对待本职工作。

在新时代背景下，爱岗敬业要求劳动者在本职活动中扎实进取、敬业奉献，并不断提升专业知识技能，实现全面发展。这也与新时代高校人才培养目标相一致。大学新生要在大学良好的教育环境中，树立起敬业奉献的新风尚。同时，大学新生可以主动通过各种形式深化对"爱岗敬业"的理解和认同，积极向敬业模范学习，正确认识时代责任，自觉承担历史使命。

（二）诚实守信

诚实守信不仅是人和人交往中必须遵循的一条准则，也是社会主义职业道德的一条重要规范。在社会主义市场经济条件下，诚实守信就是要求各行各业的劳动者在职业活动中要讲实话、做实事，反对任何形式的欺诈活动和行为。

---

① 吕晶. 新时代大学生职业观引导策略研究［D］. 长春：东北师范大学，2021.
② 黄钊. 当代职业道德建设应从中华传统美德中吸取营养［J］. 思想理论教育，2016（05）：40—44.

在发展市场经济的今天，强化诚实守信观念，对于每个企业、每项职业活动都是十分重要的。

（三）办事公道

任何一个劳动者在职业活动中都必须奉行办事公道的基本原则，在处理国家、集体和个人的关系时，要做到公私分明、公平公正。对于大学新生而言，办事公道是提升自身道德品质的基本内容，在校学习期间以及未来职业工作中，在办事情、处理问题时，要站在公正的立场上，不偏不倚，严格按照标准办事。

（四）服务群众、奉献社会

服务群众、奉献社会是社会主义职业道德的核心内容，既是劳动者每一个职业活动的出发点，也是每一个职业活动的落脚点，主要强调的是一种忘我的全身心投入。然而，在发展社会主义市场经济过程中，也出现了一些职业道德问题。就大学生而言，有部分学生的奉献意识缺乏，求职时抱有"事少钱多离家近，位高权重责任轻"的心态，不问付出多少，过分强调自己能得到多少，在职业美德方面表现得并不理想。

对大学新生进行以"服务群众、奉献社会"为核心的职业道德教育，意在使大学新生认识到在未来的职业活动中，一定要带着责任感工作，要做到服务群众、奉献社会，一切从群众利益出发，为群众着想，为群众办事，在自己的工作岗位上树立奉献社会的职业精神，通过兢兢业业地工作，为社会和他人做贡献。[①]

三、家庭美德教育

家庭是社会的细胞，是最基本的社会单元，也是道德养成的起点，家庭美德的主要内容有尊老爱幼、男女平等、夫妻和睦、勤俭持家、邻里互助。家庭美德对于个体人格塑造、家庭和谐幸福与社会稳定发展极其重要，具有传统继承性的同时又体现出鲜明的时代性特征。对于大学生而言，对家庭美德的认同与践行既深受中华传统家庭美德的影响，又体现出注重平等、包容、多元的现代性特点。这些特点由大学生的年龄阶段、身心特点、受教育程度等因素所决定，也与家庭、社会、学校等环境密切相关。《新时代公民道德建设实施纲要》提出"要弘扬中华民族传统家庭美德，倡导现代家庭文明观念，推动形成爱国

---

① 兰莹莹. 大学生职业道德教育研究［D］. 大连：大连理工大学，2011.

爱家、相亲相爱、向上向善、共建共享的社会主义家庭文明新风尚，让美德在家庭中生根、在亲情中升华"。这为新时代大学生家庭美德培育明确了方向。

（一）孝老爱亲

"老吾老，以及人之老，幼吾幼，以及人之幼"是中华民族的传统美德。孝顺是前提，要孝敬长辈，尊敬亲人。少数大学新生在进入大学后，常因为没有规划而过度消费，却从未理解父母挣钱的艰辛与不易，只知道一味地索取。而父母也往往有求必应，即使自己省吃俭用，也会满足孩子。合格的大学生应该理解父母，感激父母为养育和教育自己付出的努力，不应该把父母无怨无悔的付出认为是理所应当的。

（二）男女平等

改革开放以来，人们的思想观念也发生着深刻变化，呈现多样化的状态。但是，少数人仍秉持男尊女卑思想，成为制约构建先进性别文化和社会主义核心价值体系的不良文化因素，对大学生也产生了一定的影响。

家庭美德教育在大学生性别观念和态度方面的影响就显得尤为重要，特别是在生育观上。要真正做到"生男生女都一样"，当然需要男性的理解、支持和尊重，女性也应当努力做到"自尊、自爱、自信、自立、自强"，去学习、去拼搏、去创造，实现自我。通过加强男女平等价值观的理论研究和广泛宣传，不断提高社会公众对男女平等价值观的认同，在就业、教育、婚姻家庭、大众传媒、法律政策等领域营造良好的男女平等氛围。

（三）夫妻和睦

大学生正处于由青少年阶段逐渐过渡到成人阶段的过程中，对于恋爱与婚姻的看法在这一关键的人生转折点上显得尤其重要。少数大学生对婚恋的理解不到位，对婚姻家庭道德标准认知较为模糊，道德心理不够成熟，在恋爱中过度自我、婚恋行为随意化等有违传统婚恋道德的行为时常出现。因此，对于新时代大学生的婚恋教育就显得尤为重要。

（四）友善和睦

友善是社会主义核心价值观的重要内涵。学者黄明理指出："友善是基于善良之心对他人的宽容友好的态度和助人为乐的行为。"[1] 友善教育并不是直接向大学生传播家庭美德观念，也不是直接针对其家庭层面的人际关系进行教

---

[1] 黄明理. 友善之为社会主义核心价值观论析[J]. 广西大学学报（哲学社会科学版），2015(05).

化，而是培养大学生的关爱意识、包容意识、团结意识，引导大学生在同学间和睦相处、互相帮助，建立起良好的友爱关系。这种友善和谐的人际氛围也会进一步渗透到家庭生活层面，从而构建出友善和谐的亲情关系、邻里关系。

四、个人品德教育

人而无德，行之不远。做人第一位便是立德修身。个人品德是社会道德建设的基石，对于一个人的成长成才也十分重要。才智等其他素质的完善和成就，离不开品德力量的支撑。在新时代公民道德建设的四个维度中，社会公德、职业道德、家庭美德是个人品德的外在表现，个人品德是社会公德、职业道德、家庭美德的内在基础。中国古人讲"三不朽"——立德、立功、立言，将德居于首位，就是为了强调德对于人、事、物等的基础性与前提性作用。因此，要提高新时代大学生思想道德素质，就需要将个人品德教育和中华传统美德教育相融合，从自强不息、宽容仁爱、见义勇为、勤俭节约等方面着手开展教育引导。

（一）自强不息

"天行健，君子以自强不息。"它要求人们要自觉地努力向上，永不松懈。自强不息具有很重要的时代价值，从古至今，成就伟业的人都具备自强不息的特质。一个人只有自立，才能走向自强；只有自强不息，才能获得成功。无论在任何时代，自强不息都激励着中华儿女克服重重困难，奋力前行。

自强不息是中华民族精神源泉之一，也是中华民族传统美德之一。新时代的大学新生，生于和平年代，生活条件大大改善。有一部分学生从小娇生惯养，缺乏吃苦耐劳的精神，必须深刻理解自强不息的精神含义，自觉培养自强不息的精神；必须树立远大的理想，勇敢地直面挫折，与时代同频共振。

（二）宽容仁爱

宽容仁爱是中华优秀传统文化的重要内容，也是中华传统美德教育的重要组成部分。它要求人们胸怀宽广，遇事少计较，对世间万物有同情和爱护之心。宽容仁爱是一种与人为善的观念，对别人宽容仁爱也是对自己的宽容仁爱。

从现实来看，长辈的过分宠爱让一部分大学生存在不会宽容待人，不会设身处地为别人着想的缺点，进而出现网络暴力、虐待老人或动物等行为。对他们进行宽容仁爱教育显得非常迫切。新时代大学新生应努力做到心胸宽广、宽容待人、乐于助人、与人为善。

(三) 见义勇为

见义勇为是中华民族的传统美德，也是当前党和政府大力倡导与弘扬的时代精神。大学生作为祖国未来的接班人，对见义勇为的态度直接影响着社会风气，也关系到中国的精神文明建设。因此，可以把弘扬见义勇为精神作为构建和谐校园、加强高校精神文明建设的一项重要内容，大力表彰和宣传大学生见义勇为的先进事迹，鼓励和引导大学生见义勇为，使见义勇为精神在当代大学生中发扬光大。

(四) 勤俭节约

勤俭节约要求人们要辛勤地劳动工作，在生活上要节俭，反对铺张浪费。艰苦奋斗、勤俭节约是中华民族的传统美德，铺张浪费则背离优良传统文化，败坏党风、政风和社会风气。当前，我国经济水平高速发展，综合国力显著增强，物质生活极大丰富，人们的生活水平显著提高，也导致当代部分大学生存在攀比心理，一味追求生活品质，缺乏自控力和忧患意识，怕苦怕累。新时代大学生作为祖国的栋梁，更应该继续弘扬勤俭节约的美德，拒绝享乐主义，勤奋努力、积极向上；要学会合理地安排生活，拒绝铺张浪费，在工作学习上要积极勤快，为祖国的建设贡献出自己的一份力量。[1]

五、人际美德教育

根据中华民族传统美德和社会主义核心价值观的本质要求，结合社会公民交际交往需要，还应当对大学生进行人际美德教育，主要涵盖平等互助、孝老爱亲、团结友善等内容。

(一) 平等互助

平等待人是维持正常交往的前提。在大学生群体中，同学之间必须彼此平等相待，切忌处处表现出优越感。不管是学习优秀的学生还是学习相对较差的学生，经济条件好的学生还是经济条件较差的学生其实都一样，只有维持同学之间的平等，良好的关系才能建立和保持。

从中学到大学，学生会更加独立。在逐步走向独立、逐步在社会中站稳脚跟的过程中，大家或多或少都会得到来自他人的帮助，"投我以木桃，报之以琼瑶"，我们不应在接受帮助时觉得理所应当，也不应在施以援助时高高在上，要互相体贴、互相照顾、互相帮助。

---

[1] 杜娟. 新时代大学生中华传统美德教育研究 [D]. 太原：山西师范大学，2020.

（一）尊敬师长

尊敬师长是中华传统美德，已沉淀为中华民族共同的价值取向。这不仅是对老师辛勤、无私奉献的感恩，更是对知识的敬重。大学新生应当努力做到尊重老师的劳动成果，虚心学习，认真上进；尊重老师的教学习惯，不要对老师的衣着和表达方式等评头论足。此外，在与师长的交往中，大学新生也应保持礼貌的态度，虚心请教。

（二）团结同学

同学之间的深厚友谊是大学生活中难忘的回忆。注意与同学的交往礼仪，维持良好的同学关系，可以获得珍贵的同窗情谊。大学新生与同学交往时要讲究基本的礼貌和尊重，做到谦恭有礼、真诚友爱、热情诚恳、谦虚随和；要学会尊重他人、与人为善，对他人多一些理解和关爱；在集体生活中，要顾全大局、团结友爱、遵守公约、互帮互助，自觉维护集体的利益和形象；要加强同学之间的交流与沟通，进一步增强相互之间的了解和信任，减少不必要的矛盾和误会。

（三）礼貌待人

大学校园里除了老师和同学，还有食堂、宿管、保洁、保卫等各类后勤服务的保障人员。他们对于学校的发展和学生的成长都具有非常重要的作用。他们默默无闻，不求名，不求利。大学新生要理解和尊重普通的后勤保障人员，感恩他们的辛勤付出，要注意对他们使用"您好""请""谢谢""您辛苦了"等文明用语。对后勤工作人员的尊重，是具有教育修养的体现。

第三节　理性消费

理性消费是指在消费能力允许的条件下，按照追求效用最大化原则进行的消费。新时代大学新生要正确认识大学生中存在的消费误区，要树立正确的消费观和生活观，理性消费，科学消费，自觉抵制不良网贷和不理性的超前消费，发扬艰苦奋斗、勤俭节约的优良传统，做理性消费的优秀大学生。

一、大学生消费误区

（一）缺乏理性消费规划

许多大学新生对"理财"的概念认识模糊。少数大学新生初入大学后，第一次可以自由支配生活费，会缺乏规划，只顾一时享乐，沉迷于消费的快感。这种状态往往导致超前消费，在一定程度上给自己带来心理压力和不必要的困扰，不仅不利于自身的健康成长，也为家庭带来了巨大的负担。有的学生会走上网贷之路，甚至产生信用危机。

（二）信奉享乐重攀比

新时代的大学生大多数是在比较富足的条件下成长起来的。长期生活在安逸的环境里，让他们的享受心理得到满足。大学生的本职工作本该是学习，但是，有不少信奉享乐消费的大学生会过分重视享受，逐渐丧失学习动力。近年来，越来越多的大学生偏爱名牌，将名牌等同于个人的品位。这种消极的消费观给大学生带来的不是真正的生活质量的提高，而是一种虚幻的满足感。许多大学生注重物质轻精神，在物质、娱乐以及人际交往方面的投入多于在精神发展方面的投入。有些大学生还会为了能够在物质消费方面有更多的可支配金额而缩减自己在精神文化方面的消费。[1]

二、树立正确消费观

许多研究表明，正确的消费观有助于大学生合理地将消费行为控制在自身经济能力承受范围之内，做到消费有计划、购物有比较，有效地减少日常消费过程中的浪费，养成良好的消费习惯。大学新生群体要形成良好的消费风气，具体要做到以下四个方面的要求：

（一）强化节约意义

大学新生应该从进校起，就养成勤俭节约的习惯，无论是学习生活开支还是娱乐开支，都要强化节约意识，旗帜鲜明地反对铺张浪费。

（二）增强消费自律及责任意识

要增强消费自律，强化自身的合理消费意识，学会适当地调整自己的心态，切忌与他人攀比，自觉抵制不良网贷和不理性的超前消费。大学新生在做好自我消费教育的同时，也不可以忽视自己所肩负的社会责任，应该为形成良好的消费风气做出自己的努力。

（三）自觉进行消费评价

大学新生要自觉进行消费评价，发现消费过程中不必要的开支项目或超出预算的开支项目，要及时进行调整并改正不良消费习惯，建立合理消费观念。

---

[1] 赵季秋. 大学生消费观研究［D］. 大连：辽宁师范大学，2018.

(四) 增强理财能力

大学新生可以学习一些理财知识，把握物价变化趋势，了解市场运行规律。通过学习理财的知识和技能，对于消费做到心中有数，同时学会科学预算和合理管理财务，提高自己的理财能力。

第四节　科学使用互联网

互联网具有交互、即时、延展和融合的特征。互联网用户既是信息的接收者，又是信息的提供者和发布者。互联网正深刻地改变着人们的生活。作为网民群体中的重要组成部分，高校大学生对于网络的使用与适应能力较其他网民群体要强很多，网络也已成为新时代大学生生活方式的重要载体。所以让大学生了解如何正确使用互联网是十分重要的一课。

一、正确认识互联网

21世纪是互联网的时代。网络已经融入大学生的学习、生活和工作之中，也深刻改变着大学生的各种行为，影响他们的生活、学习和交友方式。一方面，互联网为大学生的生活提供了许多便利：他们可以打开微博、公众号和新闻网站，了解最新的新闻动态；可以通过手机导航，前往不熟悉或陌生的地方；可以通过微信、微博搜索附近的人，寻找新朋友；等等。另一方面，网络已经完全渗透到大学生的生活中，随之而来的各种问题也不断显现出来，将大学生卷入网络诈骗、网络成瘾、网络暴力等风险漩涡。所以，要清楚地认识到互联网为人类社会带来了便捷和机遇，也带来了威胁和挑战。

互联网存在不可忽视的弊端。首先，互联网信息量虽大，但大多是碎片化信息，长时间阅读无用信息，会降低人的感知能力，造成心理压力和思维混乱。其次，互联网的匿名属性让大家误以为可以在虚拟世界里畅所欲言，但过度放纵会导致自由主义的泛滥。事实上，很多大学生心智还不是很成熟，无法分辨很多网络信息的真伪，看不透"表里不一"的现象。美国学者拉扎斯菲尔德和莫顿都曾指出：大众传播媒介是一种既可以为善服务，又可以为恶服务的强大工具，如果不加以适当控制，它为恶服务的可能性更大。[①] 在多姿多彩的

---

① 邓名瑛.传播与伦理——大众传播中的伦理问题研究[M].长沙：湖南师范大学出版社，2007：126.

虚拟世界里，也暗藏着许多陷阱。面对网络这把双刃剑，大学生在享受便利资讯和多元互动的同时，不可避免地会出现偏离、失范、依赖甚至成瘾的行为。[①]

大学生的网络安全意识相对薄弱，主要表现为对姓名、性别、身份证号、手机号、地址等隐私内容的保护意识不足。近年来，大学生群体成为电信诈骗的"重灾区"。尤其是刚步入校园的大学新生，由于缺乏社会经验，遇到一些诈骗信息也很难分辨，更容易被诈骗分子盯上。为了防止损失更大，最好的办法就是加强自身防范意识，学习防范电信诈骗的相关知识。

另外，自控能力薄弱也是当前大学生在使用网络过程中面临的另一个重要问题。部分大学生每天花费大量的时间在网络上，浏览与学习无关的内容，甚至沉迷网络游戏，即使明知道这会影响学习，但网络依赖成瘾，无法自拔。

二、科学使用互联网

随着信息技术的飞速发展，以互联网为代表的新媒体已成为大学生获取信息、相互交流、自娱自乐的重要途径之一。大学阶段是青年群体价值观形成的关键时期，同时受现代互联网的巨大影响。如何将这些影响由负面消极变成正向积极呢？这就要培养大学生辨别好坏的能力，科学使用互联网，获取有用、健康、有效的知识，不被负面的信息所束缚，从而让互联网更好地为自己的学习和生活服务。

（一）认识网络优缺点

通过网络，大学新生可以接触到各种价值观、生活方式和社会思潮，对个人价值标准的树立产生了强烈的影响。在各种信息的冲击下，大学生的个人价值观有时会变得模糊。部分学生在物质消费、感官刺激和享乐主义的影响下，丧失了判断能力，脱离生活实际，容易形成具有个体享乐主义和物质消费主义特征的价值观。因此，大学新生要有意识地提高自己的媒介素养，提高识别各种信息的能力，尤其是面对网络中各种纷繁复杂的信息，要有理性分析的能力，根据生活和学习的需要使用有用的信息，避免不良信息的影响。

（二）加强自我管理

大学新生应该逐渐学会在没有父母指导的情况下合理管理上网时间。在现实生活中建立自己的人际网络，学会与他人沟通；有效利用网络的积极因素，

[①] 武文颖. 大学生网络素养对网络沉迷的影响研究［D］. 大连：大连理工大学，2017.

为健康、方便、快捷的生活服务；合理安排作息时间，形成良好的作息习惯，积极参加适当的体育锻炼和文娱活动。同时，建议安装防沉迷插件，纠正或预防沉迷网络游戏等不良网络习惯；多读一些传统的纸质书来锻炼自己的逻辑思维和专注力；等等。

（三）提升专业素养

大学新生也要利用网络获取更多有利于自身学习和成长的知识和信息，构建合理的知识结构。在合理利用网络提供信息的前提下，培养自己独立思考和解决问题的能力；注意不要过于依赖网络提供的复杂信息，而要专注于真正的学习；积极参与真实课堂中的讨论交流，将网络中的相关观点与课堂中的真实讨论相结合，形成有益、合理的思维方式。同时，大学新生还要将网络交流中形成的敢于说话、敢于交流的习惯，延伸到现实学习中，积极发言和交流。另外，还可以通过网络及时了解行业的就业需求，据此及时调整个人知识体系，提升专业素养。

第五节 安全防范

加强大学生的安全教育，提升大学生的安全意识，培养大学生在紧急情况下的应急处置能力，不仅是保障大学生人身安全的需要，也是全面维护高校安全稳定的需要。

一、正确认识安全隐患

高校安全教育工作遇到了不少新情况，也面临着未知的新挑战。开放的办学模式使大学生与社会的联系十分密切，大学生生活社会化程度越来越高。这些必然会对大学生学习生活的各个方面产生不同程度的影响，随之而来的安全隐患就会增多。因此，新时代的大学生必须学习和了解当前与自身息息相关的安全隐患。

（一）国家安全隐患

国家安全关系着国家命运与民族存亡。作为一个发展中的大国，我国当前所面临的安全形势始终严峻。不少大学生缺乏国家安全保护意识，觉得国家安全这种重大问题不需要自己这样一个学生来思考。有的学生认为我国人民生活富足，国家长治久安，不用杞人忧天。有的大学生阅历不深并且容易受金钱诱惑，容易掉进利益的陷阱，做出危害国家安全的不法行为……①教育部原部长陈宝生曾指出："敌对势力对我们渗透首先选定的是我们教育系统，是校园。"②

（二）生命健康安全隐患

大学生生命健康一直都是社会广泛关注的重点。危害大学生生命健康的隐患主要包括4类。

1. 消防安全隐患

在社会生活中，火灾是威胁公共安全、危害人们生命财产安全的灾害之一。俗话说："水火无情，贼偷一半，火烧全光。"高校容易发生在宿舍里使用违章电器、违规搭电、使用明火、乱丢烟头等易引发火灾的情况。而更令人担忧的是，很多大学生对消防知识掌握不多，逃生、自救技能极度欠缺，一旦发生火灾，不仅不能在第一时间控制险情，反而有可能由于错误的行为而加重险情。因此，大学新生一定要养成良好的生活习惯，掌握防火、用火安全常识，自觉维护公共消防安全，发现火灾迅速拨打119报警。另外，发现火灾隐患和消防安全违法行为可向学校安全保卫部门、学院老师或者当地公安消防部门举报。

2. 交通安全隐患

现在的大学已经不再是一个封闭的环境。高校内车辆不断增多，增加了高校内交通安全事故发生的概率。外出时，大学生也需要提高警惕，遵守交通法律法规。有很多学生明知道黑车存在安全隐患，但仍会乘坐。这充分表明，大学生普遍存在侥幸心理，忽视交通安全隐患。

3. 实验安全隐患

2019年，教育部发布的《关于加强高校实验室安全工作的意见》中强调，安全是教育事业不断发展、学生成长成才的基本保障。近年来，高校实验室安全事故时有发生，暴露出实验室安全管理仍存在薄弱环节，突出体现在实验室安全责任落实不到位、管理制度执行不严格、宣传教育不充分、工作保障体系不健全等方面。③作为高校实验室使用主体，大学生特别是大学新生在进行实验操作时，存在对于实验管理规定不了解、应急处理思路不清晰的现象，都为实验安全埋下了很大的安全隐患。

---

① 马文慧. 新时代背景下大学生安全教育问题及对策研究［D］. 黑龙江大学，2019.
② 董栓柱，路海军. 加强高校国家安全教育任重道远［N］. 中国国防报，2016-12-21（01）.
③ 教育部网站. 教育部关于加强高校实验室安全工作的意见［EB/OL］. http://www.moe.gov.cn/srcsite/A16/s3336/201905/t20190531_383962.html.

4. 心理安全隐患

初入大学，大学新生会接收到来自各方面的新信息。对新环境的不适应、独立生活的焦虑、学习生活模式的改变等，都可能导致部分心理问题。大学新生必须努力适应新的生活学习环境，积极主动调整个体心态，维护自己的心理健康。

心理问题按照其严重程度可分为一般心理问题、心理障碍和心理疾病。通常情况下，心理问题可以通过自我疏导和倾诉得到缓解，而心理障碍和心理疾病是需要通过专业人士和专业药物进行治疗的。目前在大学校园里，因心理问题而导致的伤人、出走、自杀等行为偶有发生，引起了社会的关注和对大学生心理健康的担忧。大学生心理健康问题不仅不利于大学生的成长成才，也威胁到了高校校园的和谐稳定。

（三）财产安全隐患

近年来，针对大学生的网络电信诈骗等违法行为频频发生，对大学生人身财产安全造成危害。

常见的网络电信诈骗有以下几类：诈骗分子冒充学校或者教育部门发放奖学金、助学金；冒充公检法三大机关要求协助调查；冒充航空公司要求航班改签或取消退款；冒充银行提示刷卡消费核实；冒充电信运营商发布积分兑换礼品信息；发布虚假爱心传递；网络购物诈骗；电视电话欠费诈骗；高薪招聘诈骗；扫二维码入会入群诈骗；办理信用卡诈骗；取消贷款额度诈骗；等等。凡是涉及提供银行账号和密码信息或涉及转账等建议的一律先判断为诈骗，待和辅导员、老师、家长或者公安机关核实后再做进一步的处置。

常见的校园贷有以下几类：一是专门针对大学生的分期购物平台，如趣分期、任分期等，部分还提供较低额度的现金提现服务；二是P2P贷款平台，用于大学生助学和创业，如投投贷、名校贷等；三是阿里、京东、淘宝等传统电商平台提供的信贷服务。

（四）信息安全隐患

现在以网络为渠道实施违法犯罪行为的方式越来越多。带病毒的网站链接、带木马的应用程序，都是不法分子获取手机和电脑中私密信息的惯用手段。大部分学生知道如何保护自己的信息安全，但是仍有不少学生因为打开陌生网页或是程序而损失财物、泄露信息，这就是由于他们平时缺乏信息安全意识，没有意识到打开陌生网页和程序的危害性，放松了警惕。①

二、科学开展安全教育

大学生安全教育目前主要采取家庭、高校、社会"三位一体"的教育联动机制，开展形式多样的安全教育课程和活动。大学新生尤其要高度重视安全教育，做好以下三个工作。

（一）树立主动安全意识

主动安全意识，是指对潜在的风险具有较强的预见性，能够最大限度地规避和控制风险及危害的发生。大学新生首先要对自己所处的学习和生活环境所存在的安全隐患有一定的认识；其次，要积极参与学校提供的安全培训，学习相关的防范措施，让这些安全意识不断地提醒自己，筑牢自我保护的长城。

（二）自主学习安全知识

大部分大学新生刚步入独立的校园生活，对安全方面的知识关注不多，主动学习意识不强。但为了有效地保障自身生命财产安全，不给不法分子可乘之机，大学新生必须把安全知识学习作为日常学习和生活的一个重要内容，端正学习态度，主动学习掌握，并运用于实践中。

（三）积极参加安全实践活动

"知识就是力量"，但知识本身是没有力量的，知识必须被人所掌握并运用于社会生活，才会发挥力量的作用。大学新生通过安全培训和对安全知识的自主学习，能在行为上、技术上做到预防，消除安全隐患。同时，还要积极参与学校和社会组织的安全应急演练，使自己不再是"旁观者"，掌握实用的安全操作技能，在发生安全事件时，才能及时正确应对，减轻损失。

第六节　国防教育

习近平总书记指出："地方各级党委和政府要关心支持国防和军队建设。加强国防教育，增强全民国防观念，使关心国防、热爱国防、建设国防、保卫国防成为全社会的思想共识和自觉行动。"② 高校国防教育是落实中央立德树

---

① 刘星言. 大学生安全意识状况分析及教育对策研究 [D]. 南京：南京邮电大学，2016.
② 习近平. 习近平谈治国理政 [M]. 北京：外文出版社，2014：221.

人根本任务的重要举措，是大学生思想政治教育的重要组成部分，在培养青年大学生国家安全观、爱国主义、民族主义、国防安全意识上起着重要作用。同时，在青年大学生中开展国防教育，是实现国防现代化的必经之路，是人才培养的有效途径，是发展后备军事力量的重要环节，是提高学生全面素质的重要手段，有利于引导大学生树立全新的国家安全观，有利于国防建设和国防人才培养，有利于我国社会的和谐稳定发展。

一、正确认识国防教育

（一）习近平强军思想

党的十九大确立习近平强军思想在国防和军队建设中的指导地位并写入党章。习近平强军思想是党的军事指导理论最新成果，是坚持走中国特色强军之路、全面推进国防和军队现代化的行动纲领。其主题是强军兴军，根本着眼点是以强军支撑强国复兴伟业，核心要求是实现党在新时代的强军目标、把人民军队全面建成世界一流军队，实践指向是走中国特色强军之路。习近平总书记指出："全面加强我军革命化现代化正规化建设，构建中国特色军事法治体系，加快治军方式根本性转变，提高国防和军队建设法治化水平。"①

（二）总体国家安全观

2014年4月15日，习近平总书记在中央国家安全委员会第一次全体会议上，正式提出总体国家安全观。"五大要素"和"五对关系"是总体国家安全观的重要内容，是高校进行国防教育的重要理论依据。② 各高校要贯彻落实习近平总书记提出的"总体国家安全观"，创新高校国防教育。在开展军事理论课教学时，可以将国家安全内容和时事热点引入课堂，以此作为切入点，培养大学生国家安全意识及素养，让学生深刻认识到"既重视传统安全，又重视非传统安全，构建集政治安全、国土安全、军事安全、经济安全、文化安全、社会安全、科技安全、信息安全、生态安全、资源安全、核安全等于一体的国家安全体系；既重视发展问题，又重视安全问题，发展是安全的基础，安全是发展的条件，富国才能强兵，强兵才能卫国"③ 这句话的含义。

---

① 习近平. 习近平谈治国理政（第四卷）[M]. 北京：外文出版社，2022：386.
② 马文璐. 新时代大学生国防教育研究[D]. 沈阳：沈阳农业大学，2020.
③ 中共中央党史和文献研究院. 习近平关于总体国家安全观论述摘编[M]. 北京：中央文献出版社，2018：5.

（三）学习实践以爱国主义为灵魂的国防教育

国防教育是一项与爱祖国爱人民、自觉维护国家利益有密切联系的教育活动。爱国主义就是千百年来，人民不断积累起来的对自己祖国的一种浓厚感情，是中华民族在艰苦环境下还能战胜强大敌国的力量来源。高校是对大学生开展爱国主义教育的重要平台，国防教育活动又是爱国主义教育的重要载体，爱国主义是精神、是认识，国防教育是实践，两者相互作用，才能更好地发挥力量。① 只有将爱国主义渗透到国防教育各个环节和因素中，才能确保高校的国防教育不偏离方向，才能在学生心中培养深入骨髓的爱国主义情感，引导学生以不同的方式为国家做贡献、为民族做贡献、为社会做贡献。

二、有效开展军事课教育

根据《中华人民共和国国防法》《中华人民共和国兵役法》《中华人民共和国教育法》，为适应立德树人根本任务和强军目标根本要求，服务军民融合发展战略实施和国防后备力量建设，增强学生国防观念、国家安全意识和忧患危机意识，提高学生综合国防素质，教育部、中央军委国防动员部联合制订了《普通高等学校军事课教学大纲》。②

（一）课程定位

军事课是普通高等学校学生的必修课程。军事课要以习近平强军思想和习近平总书记关于教育的重要论述为遵循，全面贯彻党的教育方针、新时代军事战略方针和总体国家安全观，围绕立德树人根本任务和强军目标根本要求，着眼培育和践行社会主义核心价值观，以提升学生国防意识和军事素养为重点，为实施军民融合发展战略和建设国防后备力量服务。

（二）课程目标

普通高等学校通过军事课教学，让学生了解掌握军事基础知识和基本军事技能，增强国防观念、国家安全意识和忧患危机意识，弘扬爱国主义精神、传承红色基因、提高学生综合国防素质。

---

① 王峥. 广东省普通高校国防教育实效性研究［D］. 广州：华南理工大学，2017.
② 教育部网站. 教育部中央军委国防动员部关于印发《普通高等学校军事课教学大纲》的通知［EB/OL］. http://www.moe.gov.cn/srcsite/A17/moe_1061/s3289/201902/t20190201_368799.html.

（三）课程要求

军事课纳入普通高等学校人才培养体系，列入学校人才培养方案和教学计划，实行学分制管理，课程考核成绩记入学籍档案。

军事课由《军事理论》《军事技能》两部分组成。《军事理论》教学时数36学时，记2学分；《军事技能》训练时间2~3周，实际训练时间不得少于14天112学时，记2学分。课程内容含"必讲（必训）"内容（以"*"标识）和"选讲（选训）"内容（其他未标识者），各学校可根据本校实际情况在确保完成"必讲（必训）"内容的基础上，灵活选择"选讲（选训）"内容，但必须完成总学时。

普通高等学校要严格按纲施教、施训和考核，严禁以任何理由和方式调减、占用教学、训练内容和时数。

（四）课程内容

1.《军事理论》教学内容、教学目标与教学时数（见表4-1）

表4-1 《军事理论》教学内容、教学目标与教学时数

	教学内容		教学目标	建议学时	备注
中国国防	*国防概述	国防的内涵、国防类型、国防历史与启示、现代国防观	理解国防内涵和国防历史，树立正确的国防观；了解我国国防体制、国防战略、国防政策以及国防成就，激发学生的爱国热情；熟悉国防法规、武装力量、国防动员的主要内容，增强学生国防意识	10	
	*国防法规	国防法规体系、公民的国防权利与义务			
	*国防建设	国防体制、国防战略、国防政策、国防成就、军民融合			
	*武装力量	中国武装力量性质、宗旨、使命及武装力量构成，人民军队的发展历程			
	*国防动员	国防动员内涵、国防动员主要内容及意义			

续表

	教学内容		教学目标	建议学时	备注
国家安全	国家安全概述	国家安全的内涵、原则、总体安全观	正确把握和认识国家安全的内涵，理解我国总体国家安全观，提升学生防间保密意识；深刻认识当前我国面临的安全形势。了解世界主要国家军事力量及战略动向，增强学生忧患意识	8	
	*国家安全形势	我国地缘环境基本概况、地缘安全、新形势下的国家安全、新兴领域的国家安全			
	*国际战略形势	国际战略形势现状与发展趋势、世界主要国家军事力量及战略动向			
军事思想	军事思想概述	军事思想的内涵、发展历程以及地位作用	了解军事思想的内涵和形成与发展历程，了解外国代表性军事思想，熟悉我国军事思想的主要内容、地位作用和现实意义，理解习近平强军思想的科学含义和主要内容，使学生树立科学的战争观和方法论	6	
	外国军事思想	外国军事思想的主要内容、特点以及代表性著作			
	*中国古代军事思想	中国古代军事思想的主要内容、特点以及代表性著作			
	*当代中国军事思想	毛泽东军事思想、邓小平新时期军队建设思想、江泽民国防和军队建设思想、胡锦涛国防和军队建设思想、习近平强军思想			
现代战争	战争概述	战争的内涵、特点、发展的历程	了解战争内涵、特点、发展历程，理解新军事革命的内涵和发展演变，掌握机械化战争、信息化战争的形成、主要形态、特征、代表性战例和发展趋势，使学生树立打赢信息化战争的信心	6	
	*新军事革命	新军事革命的内涵、发展演变、主要内容			
	机械化战争	机械化战争的基本内涵、主要形态、特征和代表性战例			
	*信息化战争	信息化战争的基本内涵、主要形态、特征、代表性战例，战争形态发展趋势			

续表

教学内容		教学目标	建议学时	备注
信息化装备	信息化装备概述	信息化装备的内涵、分类、对现代作战的影响以及发展趋势	了解信息化装备的内涵、分类、发展及对现代作战的影响，熟悉世界主要国家信息化装备的发展情况，激发学生学习高科技的积极性，为国防科研奠定人才基础	6	
	*信息化作战平台	各国主战飞机、坦克、军舰等信息武器装备的发展趋势、战例应用			
	综合电子信息系统	指挥控制系统、预警系统、导航系统等装备的电子信息系统发展趋势、战例应用			
	信息化杀伤武器	新概念、精确制导、核生化武器装备等武器装备的发展趋势、战例应用			

注：带*的为必讲课目，其余为选讲课目。

2.《军事技能》训练内容、教学目标与教学时数（见表4-2）

表4-2 《军事技能》训练内容、教学目标与教学时数

训练内容		教学目标	建议学时	备注
共同条令教育与训练	*共同条令教育	《内务条令》《纪律条令》《队列条令》教育	了解中国人民解放军三大条令的主要内容，掌握队列动作的基本要领，养成良好的军事素养，增强组织纪律观念，培养学生令行禁止、团结奋进、顽强拼搏的过硬作风	40—56	
	*分队的队列动作	集合、离散、整齐、报数、出列、入列、行进、停止、方向变换			
	现地教学	走进军营，学唱军营歌曲，走进爱国主义教育基地			

续表

训练内容		教学目标	建议学时	备注
射击与战术训练	*轻武器射击	轻武器性能、构造与保养，简易射击学理，武器操作、实弹射击	20—28	在训练条件不满足时，可采取模拟训练
	*战术	单兵战术基础动作、分队战术		
防卫技能与战时防护训练	*格斗基础	格斗常识、格斗基本功，捕俘拳等	32—48	
	*战场医疗救护	救护基本知识、个人卫生，意外伤的救护、心肺复苏、战场自救互救		
	*核生化防护	防护基本知识和技能，防护装备使用		
战备基础与应用训练	*战备规定	战备规定主要内容、要求	20—36	
	*紧急集合	紧急集合要领、紧急集合训练		
	*行军拉练	行军拉练基本要领、方法，徒步行军实践，宿营		
	野外生存	识别和采集野生食物，寻找水源和鉴别水质，野炊		
	识图用图	地形图基本知识、地图使用训练		
	电磁频谱监测	电磁频谱监测基本知识、方法训练		

注：带 * 的为必训课目，其余为选训课目；训练日按每天 8 学时计算。

（五）教学方法

坚持课堂教学和教师面授在军事课教学中的主渠道作用，重视信息技术和慕课、微课、视频公开课等在线课程在教学中的应用和管理。

79

军事理论教学进入正常授课课堂，严禁以集中讲座等形式替代课堂教学。军事技能训练应坚持按纲施训、依法治训原则，积极推广仿真训练和模拟训练，严禁违规开展商业化运营和市场化运作。

（六）课程考核

军事课考核包括军事理论考试和军事技能训练考核，成绩合格者计入学分。学校要建立健全军事课考核规章制度，对考核组织实施程序、方法、标准、要求等进行规范。军事理论考试由学校组织实施，考试成绩按百分制计分，根据卷面成绩、平时作业、考勤情况和课堂表现综合评定。军事技能训练考核由学校和承训教官共同组织实施，成绩分优秀、良好、及格和不及格四个等级。根据学生参训时间、现实表现、技能掌握程度综合评定。军事课成绩不及格者必须进行补考，补考合格后取得相应学分。

（七）军事技能训练注意事项

大学新生军训是学生进入新的学习阶段的第一次蜕变。新生要认真对待，需注意的军训事项包括不迟到、不早退、团结互助、吃苦耐劳、不顶撞教官、服从命令、有事喊报告、允许方行动、有组织纪律性和集体荣誉感。同时，新生还要重点注意以下内容：做好必要的心理思想准备；合理膳食，加强营养；注意防晒，预防中暑，注意补充水分；预防晕厥，注意防病；合理安排作息时间；凡患有心血管、肝脏等疾病，近期动过大型手术及因特殊原因不适宜参加军训的新生，应主动告知辅导员，遵医嘱在训练场所见习或者作为通讯员参与连队通讯报道工作，不可强撑。

第七节　典型案例

一、案例主题

重庆理工大学两江校区高层公寓消防疏散演练。

二、案例概述

重庆理工大学两江校区现有学生公寓 7 栋，每栋均为高层公寓，可容纳万余名学生居住生活。以高层公寓为主的学生社区，消防安全是整个公寓管理的重中之重。为增强师生的消防安全意识，提高师生防范应急能力，重庆理工大学两江校区每年会在新生入校后开展新生全覆盖式的高层公寓消防疏散演练及安全教育活动。

消防疏散演练分为消防安全培训与应急疏散演练两个环节。通过体验式演习，帮助新生在入校后及时掌握消防安全技能；通过人人参与，帮助新生树立校园主人翁意识，强化安全责任意识，时刻绷紧安全弦。同时，通过参与消防疏散演练，新生能增强安全技能，主动参与到学生公寓自我管理之中，形成"自我管理、自我服务、自我成长"的"三自"社区管理氛围。

三、实施方法

（一）演练前：制订科学全面的消防应急疏散预案，开展消防知识培训，筑牢安全"防火墙"

两江校区成立由校区管委会领导班子、保卫、后勤、学工等多部门构成的校区应急指挥部，并结合两江校区实际，制订详细的消防应急疏散预案。结合校区学生公寓高层建筑的特点和消防安全实际，对师生进行详细培训，明确各岗位工作职责，强调全体工作人员要遵从安全有序的原则，确保演练活动平稳、安全进行。培训中需重点介绍灭火器的使用方法、高层公寓疏散注意事项等，确保人人掌握演练要求。

（二）演练中：开展学生公寓消防疏散演练，全程仿真式演练，提升师生逃生自救能力

在应急逃生演练环节，模拟学生公寓高层发生火灾，校区应急指挥部立即启动消防应急疏散预案，将全体新生分为2个演习小组分时段进行应急疏散及援救。各楼栋相继发出火情信号。接到疏散逃生指令后，各楼层准备就绪的工作人员手持引导棒，引导学生有序撤离，并用对讲机向总指挥及时汇报各楼层撤离情况，疏散演练按1栋、4栋、2栋、5栋、3栋、6栋、21栋的顺序有序开展。参加演练的全体新生在辅导员和工作人员的引导下用湿毛巾捂住口鼻，弯腰、列队，沿着消防安全通道有序、迅速地到达应急集合点，完成新生消防安全演练。

（三）演练后：趁热打铁，及时点评和总结演练成效，并开展新生安全教育专项培训

演练结束后，学校对本次演练进行及时点评和总结，进一步增强新生消防安全意识，提升消防技能，掌握高层逃生自救技巧。同时，结合消防疏散演练，可围绕新生消防安全、防诈骗安全、防盗安全、电梯安全、交通安全、网

络安全、卫生防疫安全、人身安全等的相关防范知识对新生开展常态化安全培训教育，引导新生树立安全意识，共同营造安全和谐的校园环境。

四、主要成效

（一）强化新生安全责任意识

新生入校前接受前置化安全教育，入校后通过实地演练、主题班会、专题讲座等多种形式，使消防安全教育常态化，成为新生在大学一年级的"必修课"。

（二）提升消防安全管理成效显著

长期以来，重庆理工大学两江校区对于新生消防安全教育尤为重视，自校区建立以来，每年都会开展新生公寓消防疏散演练及安全教育培训活动，未有中断。校区启用以来无一起重大安全事故发生，有力推动了平安校园的建设。

（三）创新消防安全教育方式方法

根据"00后"新生的特点和喜好，创新安全教育的形式和路径很重要。重庆理工大学两江校区开展的消防疏散演练是典型的体验式教育。学生人人参与，现场感知，了解高层公寓起火后的整体处置流程和自救技巧。

五、思考启示

（一）普及消防安全教育，加大消防宣传力度

高校要积极通过大学新生入学教育加强对学生的消防安全教育，利用平时的班团会、课余时间以及学校广播、宣传栏、专题板报进行一些消防知识的科普及消防法律法规的宣传，积极组织消防知识竞赛、校园安全创意作品大赛等活动，举办消防知识讲座，开展消防警示教育，带领学生参观消防站和消防器材，让广大新生充分认识到火灾的严重性和防火的重要性，学习和掌握防火和灭火的基本常识和技能，并能做到"三懂、四会"，增强安全教育育人实效，帮助大学新生在入校后就养成受益终身的安全习惯。

（二）开展消防安全检查，排除消防安全隐患

"隐患险于明火，防范胜于救灾，责任重于泰山"一针见血地指出做好安全工作的关键在于预防，而检查和整改则是两个不可缺少的重要环节。高校要重点做到消防安全"三个结合"，即日常检查与重点检查相结合、平时小检查和节假日大检查相结合、检查和整改相结合。

（三）加大消防经费投入，完善消防设备设施

高校在教育经费紧缺的情况下，也不能减少消防经费的投入，既要配齐消防器材，做好消防设施的检测、维护和保养工作，确保其完好有效，又要加强消防监控室的管理工作。消防监控室是接收、显示、处理火灾报警信号的重要场所，管理和维护好监控室内的设备设施，能起到预防火灾的作用，同时监控室应配备有上岗证、熟悉业务且责任心强的人员 24 小时值班，确保能够及时有效地处理突发火情。

第五章　新生发展教育

高校通过开展大学新生发展指导教育，促进新生群体思想道德素质、科学文化素质和身体素质的提高和协调发展，引导新生勤于学习、善于创造、甘于奉献、自立自强，从而全面提升新生综合能力，促进新生全面发展。

第一节　评先评优

评先评优是表彰优秀学生和先进典型的重要手段，是高校加强学风建设的重要方式之一。通过表彰先进、树立榜样，在大学新生群体中形成"鼓励先进、鞭策后进"的积极向上的学习生活氛围。大学新生应及时了解评先评优的要求和条件，提前做好大学规划，树立适合自己的学习目标，充分调动学习积极性，挖掘自身潜力，缩短入校后的"迷茫期"，尽快适应大学学习和生活。

一、评先评优概述

习近平总书记在《之江新语》中讲过："学所以益才也，砺所以致刃也。"[1] 青年大学生要向先进典型学习，补齐自己的短板，在学习中完善自己，在小事小节上修炼自己，切实做到学习先进、保持先进、赶超先进。学习榜样越勤，心灵共鸣就越强；对照模范越多，行事作风就越正。以人为镜，以鉴己身，求真理、悟道理、明事理，在学业生涯中"博学之，审问之，慎思之，明辨之，笃行之"。

评先评优归根结底就是在大学生群体里树立先进典型，予以表彰，用以激励获奖者本人和整个学生群体。它既是风向标，又是晴雨表，也是温度计，让学生自我审视，引导学生提高自身素质，促进学生全面发展；它又像一面镜

---

[1] 习近平. 之江新语［M］. 杭州：浙江人民出版社，2007：218.

子，使学校、家长、社会从中看清学生在校发展情况和综合素质现状。

正处于成长重要时期的大学生，朝气蓬勃、好学上进、视野宽广、大方自信，但同时整体知识体系搭建尚未完成，价值观塑造尚未成形，情感心理尚未成熟，需要加以正确引导。通过先进典型奖励与表彰，一方面是对先进学生在校学习、参与学校和社会实践活动的出色表现的认可和肯定，进一步调动其自主学习和积极上进的积极性；另一方面选树学生群体榜样，形成群体精英优势，通过培育金字塔顶层少数精英，发挥大学生的朋辈激励教育作用。

对于大学新生而言，学校选树的先进群体和榜样模范往往是高年级优秀学子，贴近大学新生生活，特别能引起新生情感共鸣，激励新生以此为目标，主动效仿先进典型。通过评比优秀、表彰先进，可以强化大学新生在思想、专业、素养等多方面的协调发展，从而促进学生德智体美劳全面发展、健康发展、个性化发展。

二、评先评优的内容

（一）评先评优的级别

高校评先评优级别有国家级、省部级、校级等。此类评优主要是综合类的评优，如三好学生、优秀学生干部等，主要考查学生的学业发展、实践能力、生活素养等。学生需要取得非常突出的成绩才能获评。

1. 国家级和省部级

国家级和省部级的各类评优属于"精英评选"，要求非常高，名额限制严格。在庞大的高校学生群体中，能在这类评优中获奖的学生可谓凤毛麟角。因此，国家级、省部级的评优照顾到的是"点"，其激励作用也是最强大的，在学生发展过程中的含金量也是较大的。

2. 校级及以下

校级评优照顾到的面相对能宽一些，但是对学生的要求同样很高，而且同样有着名额的限制。除此之外，为扩大表彰评优的覆盖面，还有学院级评优。

（二）评先评优的类别

评先评优一般包括个人奖项和集体奖项。校级评优中既有综合类奖项，也有为鼓励学生专项发展的单项奖。这样既可丰富评先评优项目，也可扩大激励面，促进个体单项能力发展，进而有效促进学风建设。下面介绍高校通常会设置的评先评优奖项和评选条件。

1. 个人奖项

（1）三好学生。

思想品德好，自觉遵守学校的各项规章制度，无违纪行为。尊敬师长，团结同学，关心集体，爱护公物，积极参加精神文明建设活动。成绩优异，学习态度端正，学习目的明确，热爱所学专业，学年考试成绩无不及格，学年各科成绩平均学分绩点不低于 3.5。德智体美劳全面发展，综合测评量化考核名次在班级前 5 名。三好学生人数一般不超过参评学生总人数的 5%。

（2）优秀学生干部。

有较高的思想政治素质，政治立场坚定，在学校各级学生组织中担任学生干部满一年且考核合格。热心承担社会工作和为同学服务，能认真履行所承担的社会工作职责，善于团结同学，按照学校各级组织的要求开展工作，较好地完成组织交给的各项任务。能正确处理工作与学习的关系，在工作、学习和生活中能起模范带头作用。成绩优良，学习态度端正，学习目的明确，热爱所学专业，学年考试成绩无不及格，学年各科成绩平均学分绩点不低于 3.0。德智体美劳全面发展，综合测评量化考核名次在班级前 10 名。优秀学生干部人数一般不超过参评学生干部总人数的 5%。

（3）优秀团干部。

具备较高的思想政治素质，政治立场坚定，能在校风学风建设和各项工作中发挥示范表率作用。能积极追求进步，具备中共党员、中共预备党员或入党积极分子等政治面貌。工作能力和业绩突出，综合表现优秀。群众基础良好，能协调好校、院、班工作关系以及班、团工作关系。积极参加志愿服务工作，争做志愿服务精神的践行者，本学年志愿服务时长不少于 30 小时。能协调处理工作和学习关系，工作扎实，成绩优良，无不及格现象，综合测评量化考核排名在全班前 30%。优秀团干部人数一般不超过参评优秀团干部总人数的 5%。

（4）优秀团员。

有良好思想品德，坚决拥护党的路线、方针、政策，能自觉遵守学校的各项规章制度，积极参与校园文化建设，学习成绩优秀，无不及格现象，积极参加组织生活，自觉增强团员意识，积极参加青年志愿者活动和各类校园文化活动，本学年志愿服务时长不少于 20 小时。在学习、生活、工作中有典型事迹，模范带头作用发挥充分。优秀团员人数一般不超过参评优秀团员总人数的 5%。

（5）精神文明建设先进个人。

具有较好的政治素养和思想品德，积极参与校园精神文明建设和学校各项重大活动，并做出突出贡献，能够积极主动为校园精神文明建设提出建设性意见，学习目的明确，学习态度端正，学年内上课无迟到、早退现象，学年考试成绩无不及格，学习成绩优良。同时在以下方面有突出表现：①积极组织各项工作和集体活动，并能起到骨干带头作用；②办事公道，原则性强，敢于同不良现象做斗争，在同学中有一定威信，在自己负责的工作范围内做出一定成绩；③在各级文体比赛中取得好成绩，或在文体活动中表现积极，做出一定贡献；④为保护国家和人民财产及人身安全做出贡献。精神文明建设先进个人人数一般不超过参评学生总人数的3%。

（6）共青团工作积极分子。

具有优良道德品质，规范执行学校规章制度，在共青团工作中骨干作用发挥充分，各项工作成效显著，能为共青团工作积极贡献力量。入选人数不超过参评学生总人数的3%。

（7）科学技术创新先进个人。

能坚持党的基本路线，遵纪守法，品行良好，无任何违纪行为，学习成绩优良，科技创新活动成果显著。如有以下获奖情况将予以优先考虑，且名额不受限制：①全国性科技竞赛获奖者；②公开发表高质量学术论文或申请专利者；③荣获市级学术科技竞赛三等奖以上者。

（8）文艺活动先进个人/体育活动先进个人。

能坚持党的基本路线，遵纪守法，品行优良，无任何违纪违规行为。学习成绩优良，文艺体育成绩显著。如获以下个奖励将予以优先考虑，且名额不受限制：①校内竞赛（比赛）一等奖；②市（省）级竞赛（比赛）三等奖及以上奖励；③全国竞赛（比赛）相应奖励。如是以下集体奖励获得团队的主要成员将予以优先考虑：①校内竞赛（比赛）一等奖；②市（省）级竞赛（比赛）三等奖及以上奖励；③全国竞赛（比赛）相应奖励。

（9）自立自强先进个人。

具有良好的思想政治素质，思想进步，严守校规校纪，无违纪违规行为。热爱集体，关心帮助他人，群众基础良好，能够在学习、工作、生活中起到模范作用。家庭困难，符合贫困生的评定标准。生活中勤俭节约，艰苦朴素，具有顽强的意志和拼搏精神。勤奋学习，能力突出，成绩优异，无不及格现象，综合测评量化考核排名在全班前30%。自立自强先进个人入选人数一般不超过参评学生总人数的3%。

（10）青年志愿者先进个人。

思想积极向上，政治素养高；刻苦学习，成绩优秀，上一年度考试无不及格现象；热心公益事业，从事志愿服务一年以上且服务时长不少于50小时。有典型事迹和突出贡献，如在国际交流、政府组织的大型活动、重大灾难救助、社区建设、城市环境卫生建设等社会实践服务方面的志愿服务活动中有突出贡献。入选人数不超过参评学生总人数的3%。

(11) 优秀社团干部。

思想积极向上，政治素养高；学习成绩良好；热心社团工作且从事社团工作半年以上，并在工作中有典型事迹和突出贡献。优秀社团干部评选范围为社团正副会长、社联正副主席、社联下设中心正副主任。入选人数不超过参评学生干部总人数的5%。

2. 集体奖项

(1) 先进班集体。

①班级成员普遍思想政治素质好；拥护党的路线、方针和政策；认真学习政治理论，关心国家大事，具有坚定正确的政治方向；严格遵守国家的法律、法规和学校的各项规章制度，学年内无人受任何纪律处分，组织纪律强，在尊敬师长、团结互助、文明礼貌、助人为乐等方面表现突出，有良好的道德风尚。

②班级成员普遍学习风气好；学习目的明确，热爱所学专业，能刻苦钻研科学文化知识，遵守课堂纪律，无考试作弊等违纪现象，大多数同学成绩优良。具体要求：单科优良（百分制80分及以上为优良，等级制"良"及以上为优良）率不低于60%；班级成员学年考试考查平均绩点不低于2.5；总及格率不低于95%；一年级四级通过率不低于30%，二年级四级通过率不低于45%，三年级四级通过率不低于60%。

③班级文体活动开展好。班级成员坚持体育锻炼，身体素质普遍较好。课外活动丰富多彩，班级成员积极踊跃参与并取得优良成绩；积极参加争创文明寝室等争先创优活动，成绩显著。

④班级社会实践活动开展好。班级成员积极主动参加校、院组织的社会实践活动，坚持走与工农相结合、与生产和社会实践相结合的道路，逐步建立起社会实践活动基地，并取得了一定的成绩。

⑤先进班集体入选数量一般按不超过参评学生班级总数的15%。

(2) 先进团支部。

班级团支部配备完备，且政治坚定、以身作则、团结协作，能做到密切联系同学。支部具有遵纪守法、积极上进、热爱集体、乐于助人、文明健康、朝气蓬勃的良好风气，无人受纪律处分。支部积极带领支部成员开展社会实践活动和文化科技活动并取得突出成果；积极认真组织支部成员参加校、院各项活动；有较高质量的团组织生活且效果好。支部成员学习风气好，学习目标明确，无考试作弊现象，学习成绩优良，总评成绩名列前茅。入选数量一般不超过参评学生团支部总数的15%。

(3) 文明寝室。

①思想进步。寝室成员认真学习贯彻党的方针和政策，思想上要求进步，主动向党组织靠拢，有正确的世界观、人生观、价值观，积极传播正能量。

②学风优良。寝室成员勤奋学习，成绩优良，积极参加各类学术科研实践活动、文体运动及竞赛，形成比、学、赶、帮、超的良好氛围，有成员获得各级各类奖学金、先进表彰。

③文明和谐。寝室成员自觉践行《新时代公民道德建设实施纲要》，有较强的责任意识和集体荣誉感，积极参加学校思想政治、素质教育、志愿服务等各项活动，有团队精神，互帮互助，共同进步。室长尽职尽责，起模范带头作用，有号召力和向心力。

④健康高雅。寝室布置整洁美观、大方优雅，体现专业特色，文化氛围浓厚。寝室成员精神文化生活健康、文明、丰富，自觉抵制各种不健康思想和低俗文化的侵蚀，道德情操高尚，言谈举止文明、礼貌、得体；坚持文明上网、文明用网，积极营造有序的网络文明。

⑤安全有序。寝室成员遵纪守法，自觉爱护寝室公共生活设施，无违规使用大功率电器、存放危险物品、私拉乱接电线网线、晚归、夜不归宿、赌博、酗酒、打架、饲养宠物等违规现象或不文明行为。寝室无火灾、刑事案件或治安案件发生。

⑥卫生整洁。室内整洁、空气清新，寝室成员积极参与寝室劳动，自觉维护环境卫生，在学院寝室卫生评比中名列前茅。

⑦文明寝室入选数量一般为参评寝室数量的5%。

三、评先评优的程序

校内评先评优一般由学校党委学生工作部、团委负责优秀表彰的评审组织工作，各学院负责具体组织实施。省部级、国家级荣誉由学校根据具体的评选流程和要求组织评选推荐。集体奖项和个人奖项的评选均遵循以下程序。

(一) 了解奖项类别和评选条件

高校一般会在每学年固定时段组织学校层面的评奖评优工作及省部级、国家级优秀个人、优秀集体的评选推荐工作。大学新生入校后可通过《学生手册》、学校官网、主题班会等渠道掌握了解校级荣誉、省市级荣誉和国家级荣誉的获评条件及流程。从大一起，就可以有针对性地做好学习和实践的积累。

（二）个人（集体）向所在学院申请

学生结合不同奖项的评选条件及申报流程，充分梳理个人申报材料，积极参与评选。申报材料尽量翔实，包括总积分排名情况、获奖证书、社会实践证明、个人事迹等材料。

（三）各学院审核推荐

各学院在核实学生申报材料的基础上，通过学院党委会会议对申报学生材料进行审议，再提交学院党政联席会议研究决定候选人，根据要求向学校推荐候选人，同时报送统一格式的候选人（集体）登记表，并附相应的事迹材料。

（四）相关部门组织评审

相关部门负责审查、复核后，初步确定拟表彰个人（集体）名单，并向全校师生公示。公示无异议后提交学校审批。

（五）学校审批

学校学生工作领导小组办公室对各相关部门拟表彰名单审定后，向校长办公会汇报审核通过。

（六）表彰奖励

学校组织年度表彰大会对获奖的集体和个人表彰并奖励。表彰方式一般包括授予荣誉称号、通报表扬、颁发证书、颁发奖金或奖品等。

四、正确认识评先评优

（一）明确目标，提前规划

不少大学新生入校后容易进入迷茫期。迷茫感的产生多源自缺乏目标牵引，动力不足。大学新生可以在进入大学后第一时间了解和掌握大学期间评先评优的种类和要求，根据自身个性特长，尽早确立大学期间的学习目标，制定合理的学习规划，制定自我"创争"的成长规划，过程中可以提出更高的要求，促进自身个性发展，提高综合素质。班级、团支部、学院等学生集体是培育人才的基层组织。大学新生要将个人与集体紧密相连，在评先评优过程中将个人荣誉和集体的成长发展联系起来。"优秀的集体才能培养出优秀的个人"，评先评优也是增强班级凝聚力、培养学生集体荣誉感和责任感的平台。

（二）端正思想，理性看待

荣誉奖项对学生而言是大学期间努力奋斗的目标和进步的动力，更是学校及老师给予学生在校表现的肯定和鼓励。新时代的大学新生，在评先评优这项工作上，应尽力争取，而非"躺平"；将评先评优作为奋斗目标，而非心理负担。同时，大学新生要理性、客观地看待奖项和结果，避免恶性竞争，要在大学中形成积极向上、良性竞争的良好氛围。评先评优是对昨天的总结，更是对明天的指引。优秀离不开坚持，为之须恒，不恒则不成；卓越必然要求突破，突破才能增加竞争优势，不断发展；未来需要激情澎湃，先进个人和集体需继续保持激情，不断前进，落选的个人和集体也不必失落沮丧，要重新整装，怀着激情再度出发。

（三）持之以恒，全面发展

新时代的高校中各种优秀人才不断涌现。大学新生要努力向身边典型人物学习，通过校内各种媒体、表彰大会、先进事迹报告会等及时学习典型人物的先进事迹、学习方法、成才经验和创造精神。大学新生要勇于争当先进，以先进典型为榜样，激发锐意创新的勇气、敢为人先的锐气、蓬勃向上的朝气，自强不息，让自己成为先进典型。

第二节　奖学金

奖学金是高校针对大学生在校期间的优秀表现给予奖励的一种方式，旨在通过提供资金支持表彰和鼓励优秀大学生，调动其学习积极性，帮助和激励优秀学生完成学业，促进个人发展。

一、奖学金概述

奖学金作为一种激励手段，被用以激活和唤起学生内在动力并转化为学习行动，使学生个体的思想和行为得到有效规范。

我国的奖学金制度由20世纪50年代的"人民助学金"发展而来。各高校根据教育部颁布的《国家助学奖学金管理办法》（财教〔2005〕75号）的相关要求，制定奖学金评定细则和办法，详细规定设立目的、参评对象、评定依据、评定程序以及发放要求。经过多年的发展与完善，奖学金制度已成为我国高校"奖、助、贷、勤、补、减（免）"多元化资助政策体系中的重要组成部

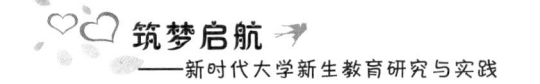

分，除了具有资助功能和激励功能之外，还具有引导学生德智体美劳全面发展的功能，对高校的人才培养、大学生的思想政治引领等发挥着十分重要的作用。

二、奖学金的内容

高校奖学金一般包括国家奖学金、国家励志奖学金、综合奖学金、社会类奖学金。其中前两类依照国家统一要求组织评定，后两类由各高校结合实际制定相应的评定标准并组织评定。

（一）国家奖学金

为激励大学生勤奋学习、努力进取，德智体美劳全面发展，财政部、教育部印发了《普通本科高校、高等职业学校国家奖学金管理暂行办法》（财教〔2007〕90号），规定各高校结合实际情况在在校大学生中开展国家奖学金评定工作，按照每人每年8000元的奖励标准进行奖励，实行等额评审，每学年评审一次。评审对象为高校在校生中二年级以上（含二年级）的学生。国家奖学金获得者中的家庭经济困难学生还可以同时申请当年的国家助学金，但不能同时获得国家励志奖学金。

（二）国家励志奖学金

按照财政部教育部《关于印发普通本科高校、高等职业学校国家励志奖学金管理暂行办法的通知》（财教〔2007〕91号）要求，各高校要结合实际情况在在校大学生中开展国家励志奖学金的评定工作，并按照每人每年5000元的奖励标准进行奖励。国家励志奖学金实行等额评审，并由高校组织实施。评审对象为高校在校生中二年级以上（含二年级）的学生。国家励志奖学金的获得者可以同时申请并获得当年的国家助学金，但不能同时获得国家奖学金。

（三）各高校综合奖学金

为全面实施素质教育，激励学生勤奋学习，培养德智体美劳全面发展的社会主义事业建设者和接班人，高校会结合办学特色和人才培养方向，开展校内综合奖学金评定，用以奖励先进。

综合奖学金的分类和发放标准一般由高校自行制定，一般分为三类，甲等、乙等、丙等，也有的高校称为一等、二等、三等，金额不等。

（四）社会类奖学金

社会类奖学金是指由企事业单位或个人出资在高校设立的奖学金，评定办法（包括奖项类别、面向专业、申请条件、人数设定、奖励金额等细则）按出资人签订的奖学金捐设协议执行。社会类奖学金具有奖学金所拥有的资助、激励、导向三个共同功能，包括慈善公益型和互利共赢型两种类型。慈善公益型奖学金主要是践行公益；互利共赢型奖学金，一般会以建立学生实习实践基地、人才供需、科研项目合作、教育以及产业转化等方面的互惠互利关系为目的。因设奖单位和目的不同，社会类奖学金的评选条件和金额也有所不同，但都是以奖励优秀学生、培育合格人才为目标。

三、奖学金评定的程序

奖学金评定工作要坚持公开、公平、公正原则，各个环节要细致和透明，确保评定结果的真实性、权威性和说服力。

1. 基础信息整理收集

在正式评定之前，各学院、各班级会开展奖学金评定基础支撑材料收集工作，整理汇总各项考评信息。

国家奖学金、国家励志奖学金须提供智育测评成绩或综合测评成绩，以及在道德风尚、学术研究、学科竞赛、创新发明、社会实践、社会工作、体育竞赛、文艺比赛等方面的成果资料；综合奖学金反映学生"德智体美劳"综合发展情况，通过测算本班级（专业）所有学生的德智体美劳总积分开展评选；社会类奖学金根据奖项设置标准对学生的智育成绩及在校期间综合表现都有具体考评要求。

2. 成立评定小组组织评选推荐

在评定过程中要成立班级评定小组，由辅导员、班干部、学生代表组成。根据奖学金评定条件和规则确定获奖学生名单和档次并在班级（专业）内进行公示，无异议后上报学院审核。

3. 学院审核并公示

学院学生工作办公室对各班级上报的获奖学生材料进行审核，再报学院学生资助工作领导小组审议后确定获奖学生初步名单，在学院范围内公示获奖学生初步名单，无异议后报送学校学生资助管理中心。

4. 相关部门审核

学校学生资助管理中心汇总审核获奖学生初步名单后，上报学校学生资助工作领导小组审议，校长办公会审定，在全校范围内公示5个工作日，无异议后确定获奖学生名单。

5. 奖学金发放

财务处根据最终确定的获奖学生名单和奖学金级别发放奖学金。

四、正确认识奖学金

(一) 学习奖学金评定政策

高校会在大学新生入学教育中开展评奖评优工作的宣传和教育,正式开始评定奖学金的时候也会对评定文件、评定流程、评定细则进行公示,下达到学生班级,信息透明公开,辅导员、班导师、班委等召开主题班会,对奖学金评定政策进行详细讲解、答疑。大学新生要按照《学生手册》,充分了解评奖体系和要求,深入理解评奖政策的真正意义。

(二) 以德修身,提高思想政治素质

奖学金评定是高校德育教育的有效途径,评定的基本条件之一是要具备良好的思想政治素质。作为大学生中的先进榜样,应该把热爱祖国,拥护党的路线、方针和政策,诚实守信,积极上进等作为提升和完善自我综合素养的基础目标,并以实际行动弘扬社会正能量。奖学金评定工作一方面是对学生的一场考验,当自己成为参评人,面临考验时,能否坚守诚信底线;另一方面是一堂诚信教育课程,让参评学生的内心认同诚信,共建诚信校园。

(三) 学会感恩回馈,发挥朋辈引导作用

大学里获得奖学金的学生不仅道德素质高,而且专业技能强,其优秀事迹在学生群体中非常有影响力和感染力。获奖学生在提升自我的同时要以一颗感恩之心,回馈集体、回馈班级,主动参与朋辈引导活动,主动帮助课业成绩较差、自我管理能力较弱的同学,使整个大学生群体受到潜移默化的影响,在督促他人的同时也实现了自我激励和监督。

(四) 科学使用奖学金

奖学金是对品学兼优学生的物质奖励,用以改善学生日常生活,使其以更好的精神风貌和身体状态投入大学学习和生活。学生在评定工作中了解奖学金评定细则、评定程序,根据评定细则进行自我评估,认识自己,摒弃"唯学习论""安逸论",在今后的学习生活中管理自己、教育自己、展示自己、发展自己,发展长处,补齐短板,提高自身的综合素质,促进自己的全面发展;同时通过了解评定程序,融入班集体,为同学、为班集体服务,在班级发挥模范带头作用。对于存在不正确使用奖学金行为的学生,情节严重者可取消其荣誉;若为分期发放的奖学金,可考虑中止发放后期奖金。新时代大学生要树立合理的消费观,正确使用奖学金,避免铺张浪费、使用不当,让奖学金真正发挥奖学效能。

第三节 大学生资助

高校资助工作主要是面向家庭经济困难的学生开展，旨在帮助他们解决经济上的困难，确保其顺利完成学业，是高校人才培养服务保障体系的重要内容。[①]

一、大学生资助概述

在党的十九大报告中，习近平总书记强调"健全学生资助制度"。[②] 2017年，教育部在《高校思想政治工作质量提升工程实施纲要》中，明确提出"十大育人"体系，其中包含"资助育人"，强调资助育人的重要作用。[③] 2018年，教育部原部长陈宝生在《进一步加强学生资助工作》一文中再次强调要"切实发挥学生资助育人功效"。[④] 新时代对高校资助育人工作提出新标准、新要求，必须将育人作为高校资助育人工作的出发点和落脚点，积极探索适应时代要求的高校资助育人工作模式。

在高校中，部分学生因经济困难引发学业困难、能力困难、心理问题等。高校帮助这些家庭经济困难学生解决现实困难，让他们顺利完成学业的同时，助力他们成长成才。

二、大学生资助的内容

高校资助工作建立了国家奖助学金、国家助学贷款、学费补偿贷款代偿、勤工助学、学费减免等多种方式并举的资助政策体系，主要包括奖、勤、助、贷、补、免等方式，并为家庭经济困难新生入学开通"绿色通道"。

（一）国家助学金

国家助学金由中央和地方政府共同出资设立，用于资助家庭经济困难的全

---

① 张远航．郭驰．"三全育人"视域下高校资助育人的逻辑建构［J］．思想理论教育，2020（07）：107-111．

② 习近平．决胜全面建成小康社会，夺取新时代中国特色社会主义伟大胜利——在第十九次全国代表大会上的报告［N］．人民日报，2017-10-28（01）．

③ 教育部．教育部发布《高校思想政治工作质量提升工程实施纲要》［EB/OL］．http://www.moe.gov.cn/jyb_xwfb/xw_fbh/moe_2069/xwfbh_2017n/xwfb_20171206/mtbd/201712/t20171207_320838.html．

④ 陈宝生．进一步加强学生资助工作［N］．人民日报，2018-3-1（09）．

日制普通高校本专科（含高职、第二学士学位）在校学生，并按照在校学生总数的20％予以资助，分为甲、乙、丙三等，其中甲等每年4300元，乙等每年3300元，丙等每年2300元。申请并获得国家助学金的学生，可同时申请并获得当年的国家奖学金或国家励志奖学金。教育部直属师范院校试行免费教育的师范类专业学生，不再同时获得国家助学金。

（二）国家助学贷款

国家助学贷款是为帮助解决大学生在校期间的学习和生活费用，在政府的主导下，由金融机构向家庭经济困难学生提供的信用助学贷款。贷款学生在校期间的贷款利息全部由财政支付，毕业后的利息由贷款学生全额支付，并执行中国人民银行同期公布的同档次基准利率，不会上浮。国家助学贷款是信用贷款，不需要办理贷款担保或抵押，但贷款学生需要承诺按期还款，并承担相关法律责任。国家助学贷款分为校园地国家助学贷款与生源地信用助学贷款两种。

1. 校园地国家助学贷款

家庭经济困难的全日制普通高校本专科生（含高职生）、第二学士学位学生和研究生，可以通过本校学生资助部门向经办银行申请国家助学贷款，原则上每生每学年最高申请金额不超过6000元。学生根据个人毕业后的就业和收入情况，选择在毕业后的1~2年开始偿还本金，六年内还清贷款本息。

2. 生源地信用助学贷款

家庭经济困难的全日制普通高校本专科生（含高职生）、第二学士学位学生和研究生，向户籍所在县（市、区）的学生资助管理机构提出贷款申请（有的地区直接到相关金融机构申请）。贷款学生每学年申请的贷款金额原则上不超过12000元。生源地信用助学贷款最长贷款期限为剩余学制加15年，最长不超过22年。学制超过4年或继续攻读硕士、博士学位，第二学士学位的，相应缩短学生毕业后的还贷期限。学生在校及毕业后两年为宽限期，宽限期后由学生和家长（或其他法定监护人）按借款合同约定，分期偿还贷款本息。

（三）退役士兵教育资助

从2011年秋季学期开始，对退役一年以上、考入全日制普通高等学校（包括全日制普通本科学校、全日制普通高等专科学校和全日制普通高等职业学校）的自主就业退役士兵，政府会根据本人申请，给予教育资助。资助内容包括三个方面：一是学费资助；二是家庭经济困难退役士兵学生生活费资助；三是其他奖助学金资助。学费资助金额，依照省级人民政府制定的学费标准，原则上退役士兵学生应交多少学费中央财政就资助多少，最高不超过年人均

6000元。生活费资助及其他奖助学金资助标准，按国家现行高校学生资助政策的有关规定执行。

（四）高等学校毕业生基层就业学费补偿贷款代偿

国家对中央部门所属全日制普通高等学校应届毕业生，自愿到中西部地区和艰苦边远地区基层单位就业、服务期达到3年以上（含3年）的，实施学费补偿和国家助学贷款代偿。毕业生在校学习期间每年实际缴纳的学费或获得的国家助学贷款低于6000元的，按实际缴纳的学费、获得的国家助学贷款两者就高的原则，实行补偿或代偿；在校期间每年实际缴纳的学费或获得的国家助学贷款高于6000元的，按照每年6000元的金额实行补偿或代偿。每年补偿或代偿总额的1/3，分3年补偿代偿完毕。地方高校毕业生学费补偿贷款代偿由各地参照中央政策制定执行。

（五）应征入伍服义务兵役学费补偿贷款代偿及学费资助

从2011秋季学期起，国家对应征入伍服义务兵役的高等学校在校生在校期间缴纳的学费或获得的国家助学贷款实施一次性补偿或代偿，补偿或代偿最高金额不超过6000元；对退役后复学的原高校在校生实施学费资助，学生每学年实际缴纳学费高于6000元的按6000元资助，低于6000元的按实际缴纳的学费资助。

（六）勤工助学

勤工助学是指学生在学校的组织下利用课余时间，通过自己的劳动取得合法报酬，用于改善学习和生活条件的社会实践活动。学生参加勤工助学不应当影响学业，原则上每周不超过8小时，每月不超过40小时。学生参加校内固定岗位的勤工助学，其劳动报酬由学校按月计算，每月40个工时的酬金原则上不低于当地政府或有关部门制定的最低工资标准或居民最低生活保障标准，可以适当上浮。学生参加校内临时岗位的勤工助学，其劳动报酬由学校按小时计算，每小时酬金原则上不低于12元。学生参加校外勤工助学的酬金标准不低于学校所在地政府或有关部门规定的最低工资标准，具体数额由用人单位、学校与学生协商确定，并写进聘用协议。

（七）师范生免费教育

从2007年秋季学期起，国家在北京师范大学、华东师范大学、东北师范大学、华中师范大学、陕西师范大学和西南大学六所教育部直属师范大学实行师范生免费教育。免费教育师范生在校学习期间，免除学费，免缴住宿费，并补助生活费。

（八）学费减免

国家对公办全日制普通高校中家庭经济特别困难、无法缴纳学费的学生，特别是其中的孤残学生、少数民族学生、烈士子女、优抚家庭子女等，实行减免学费政策。具体减免办法由学校制定。

（九）绿色通道

为切实保证高校家庭经济困难学生顺利入学，教育部、发改委、财政部规定各全日制普通高校都必须建立"绿色通道"制度，即对被录取入学、无法缴纳学费的家庭经济困难的新生，学校一律先办理入学手续，然后再根据核实后的情况，分别采取不同办法予以资助。

（十）其他

各高校利用自有资金、社会组织和个人捐赠资金等，设立奖学金、助学金；对发生临时困难的学生发放特殊困难补助等。

三、大学生资助的程序

学生资助工作由学校学生处（学工部）牵头。学院成立学生资助工作小组负责家庭经济困难学生的认定和审核，组长由分管学生工作的院领导担任，成员包括学生工作办公室主任（副主任）、辅导员和班导师代表。班级（专业或年级）成立民主评议小组负责家庭经济困难学生的认定工作，组长由辅导员担任，成员包括班导师和学生代表。学生代表应具有代表性，代表人数不少于班级（专业或年级）人数的20%。学生代表名单应在班级（专业或年级）进行公示，公示时间不少于2个工作日。资助的具体流程如下：

（一）提前了解资助政策

学校通过校园网通知、召开班会等多种途径和方式做好资助政策宣传、告知工作。学生要充分知晓家庭经济困难学生认定工作事项和流程，以免因不清楚政策、不熟悉申请流程错过集中认定时间。

（二）个人申请

学生本人如实在线上或线下填写《家庭经济困难学生认定申请表》。学生本人或监护人应对所填信息的真实性负责。学生本人或监护人可自愿主动提交适当佐证资料，如医疗单据、低保证、残疾证等的复印件。

（三）学校认定

各高校根据教育部、财政部等六部门发布的《关于做好家庭经济困难学生认定工作的指导意见》(教财〔2018〕16号),结合实际情况,在大学新生入学后进行家庭经济困难学生的认定工作。认定的对象是指本人及其家庭的经济能力难以满足在校期间的学习、生活基本支出的学生。认定主要依据家庭因素、特殊群体因素、地区经济社会发展水平因素、学生支出与消费因素、突发状况因素及其他因素。学院学生资助工作小组根据学校统一安排和要求,组织开展本学院家庭经济困难学生认定工作。民主评议小组根据学生提交的《家庭经济困难学生认定申请表》,综合采用民主评议、身份识别、家访、个别访谈、信函索证等方法进行认定。

(四)结果公示

班级(专业或年级)家庭经济困难学生名单及困难等级须在班级(专业或年级)内进行公示,公示无异议后报学院学生资助工作小组进行审核。学院学生资助工作小组审核通过后,将家庭经济困难学生名单及困难等级在学院范围内公示,公示无异议后报学校资助管理部门进行审核。学校资助管理部门将审核后的家庭经济困难学生名单及困难等级在学校范围内公示,公示时间为3日。如师生有异议,可通过公示中告知的方式向相应公示单位提出疑点,公示单位应在接到异议材料的3日内予以回复。如对回复仍有异议,可通过有效方式向学校资助管理部门提请复议,学校资助管理部门在接到复议提请的3日内予以回复。公示期满后及时删除公示信息。

(五)建档备案

学院将公示无异议的学生汇总名单连同学生的《家庭经济困难学生认定申请表》等资料进行整理建档,并报学校资助管理部门备案。学校资助管理部门建立电子档案,并按要求将认定结果录入全国学生资助管理信息系统。

四、正确认识大学生资助

(一)讲感恩

育人先育心,要满怀一颗感恩之心回馈社会。国家的资助政策主要是为了保证和支持在校大学生顺利完成学业,鼓励大学生树立崇高理想,厚植爱党、爱国、爱社会主义的情怀,将"小我"的发展融入"大我"的发展之中,毕业之后到祖国需要的地方去,学会感恩,回馈社会,报效国家,为社会主义现代化建设努力奋斗。特别是受资助学生要积极参加爱心奉献、服务社区等多种形式的社会公益活动,在活动中提高个人能力、增强社会责任感。同时,家庭经济困难的学生还要坚持"扶困""扶志""扶智"相结合,要努力形成积极健康、自强自立的良好品格，提升社会实践能力和综合技能。

（二）讲诚信

在资助工作认定过程中，高校都会建立标准化的认定体系，坚持"自愿申请、客观公正、统一规范、公开透明"的原则，但在实际认定过程中也存在弄虚作假的行为。新时代大学新生应强化诚信意识，避免因功利心出现"不要白不要"的自私心理，从而产生"等、靠、要"等不良思想。

（三）强素质

家庭经济困难的学生要积极利用好"第二课堂"平台，积极参加各级各类校园竞赛活动，帮助自己树立自信心，增强能力；主动参加就业辅导讲座，提升就业创业实践技能，培养自我适应社会、融入社会的能力，以便顺利就业、充分就业；同时，也要积极通过校内外各类勤工助学岗位，发挥自身专业技能，积极参与勤工俭学活动，既提升综合素质，获取必要的报酬，也可以在工作锻炼中提高就业竞争力，为步入社会打下坚实基础。

第四节 大学生党员发展

做好高校学生党建工作，把大学生培养成党和国家事业合格的建设者和接班人，对于确保我们党胜利完成执政兴国和民族振兴的历史使命意义重大而深远。"00后"大学生已成为高校党员队伍的新生力量。如何做好高校大学生的入党启蒙和培养教育，选拔政治坚定、品学兼优的学生入党，使大学生党员真正发挥先锋模范作用，是高校面临的一项重要课题。

一、端正入党动机

入党动机是指一个人要求入党的主观原因。思想是行动的指南，有什么样的入党动机，就会有什么样的行动表现。据调查，绝大多数"00后"大学生会积极向党组织靠拢，入党意愿强烈。但是由于受到社会、学校、家庭以及个人等因素的影响，"00后"大学生入党动机呈现出多元化倾向，并由此产生了一些不良的入党动机。如何端正"00后"大学生入党动机，成为高校党建工作的一项重要研究课题。入党动机事关大学生自身能否树立正确的价值观，事关中国共产党能否永葆先进性和纯洁性，更关系到国家的前途和命运。

（一）注重学习，坚定信仰

读书学习是学生的天职。党和国家交给大学生的任务就是学习。这一特定任务决定了大学生党员的先锋模范作用主要应在学习上得以体现。大学生党员要在学习的各个方面严格要求自己，处处起到表率作用，刻苦钻研，勤于思考，争取取得较好的学业成绩。

一名要求入党的大学生，注重学习，加强学习，才是立足校园成才进步的根本。注重学习，即是在学习科学文化知识的同时，加强对党的基本理论和党的基本知识的深入学习。端正动机，即是要明确为什么要入党。学习专业知识，可以使我们的专业技能和业务素质得到提升；学习党的重要指导思想，加强理论修养，可以使我们对党有更深入的认识，进而完善自己的世界观、人生观和价值观。我们只有懂得了党的性质、纲领、路线和方针政策，懂得了党的指导思想、宗旨，懂得了党对党员的基本要求，懂得了党员的义务和权利，懂得了党的组织原则和纪律才能对党有正确的认识，才能真正树立正确的入党动机。

（二）勇于实践，躬身亲行

一名要求入党的大学生要明白正确的入党动机是在争取入党的实践中逐步树立起来的。大学生只要年满18周岁，即可明确自己的目标，向党组织递交入党申请书。自此，他们便要时刻用党员的标准来检查自己平时的一言一行。严格要求自己，规范自己的言行；积极主动担任学生干部，在学习专业知识之余，做好服务同学的各项工作；坚持学习身边的先进党员的事迹，时刻坚持用党员的先进事迹鞭策自己，激励自己，在实践中不断深化自己的认识。在坚持学习党的理论知识的同时，还应该意识到入党仅有迫切的主观愿望是不够的，更重要的是必须见诸行动，在实践中磨砺，在实践中成长，真正地去炼化正确的入党动机，不断用自己的行动和切身体验来强化自己的入党动机。

（三）严于律己，联系群众

一名要求入党的大学生，要积极培养良好的道德品质，牢记全心全意为人民服务的宗旨。中国共产党始终坚持从群众中来到群众中去的群众路线，大学生应该努力将自己培养成一个严于律己、宽以待人、密切联系群众、虚心向群众学习的积极分子，这也是共产党员应具备的基本思想和作风。作为一个时刻坚持用党员标准严格要求自己的入党积极分子，应真诚地欢迎老师、同学的批评和帮助，正确对待在党组织考验中出现的不同意见；不要因为有不同意见而动摇自己向组织靠拢、争取入党的决心；要善于从各种意见中，吸取营养，完善自我，主动与身边的同学交心、谈心，努力与同学们打成一片，相互取长补短，共同进步。

（四）坚定信念，经受考验

党的组织工作是严格的，党组织对积极分子有着完善的培养体系。在接受党组织考察期间，应注重理论学习，坚定信念；坚信党组织对自己的考验和帮助；主动自觉接受党组织的教育、培养和帮助。我们党为了维护组织的先进性和纯洁性，切实保证新党员的质量，就必须严格、全面地考察每一个要求入党的人。一个争取入党的积极分子如果经过较长时间都没有被组织吸收，就要努力去正视这个问题。首先，应该从自己的思想上、工作上找原因、找差距；其次，应该认识到接受党组织考验的过程，也是自己提高觉悟、不断进步的过程。每一个要求入党的学生一定要正确对待党组织的考验，做好经受考验的准备。

二、大学生入党的程序

2014年5月28日，中共中央办公厅印发《中国共产党发展党员工作细则》，对于深入贯彻党中央关于党员队伍建设的新部署新要求，保证发展党员质量，建设一支规模适度、结构合理、素质优良、纪律严明、作用突出的党员队伍，具有十分重要的意义。下面，对高校发展大学生党员程序作简要介绍：

（一）申请入党

1. 递交入党申请书

年满十八岁的中国公民，承认党的纲领和章程，愿意参加党的一个组织并在其中积极工作、执行党的决议和按期交纳党费的，可以向学习所在单位党支部提出入党申请。入党申请由本人以书面形式（手写）提出。

2. 党组织派人谈话

党支部在入党申请人提出书面申请一个月内，安排书记、副书记或组织委员同入党申请人谈话，了解入党申请人基本情况，介绍入党条件和程序，加强教育引导。

（二）入党积极分子的确定和培养教育

1. 推荐和确定入党积极分子

在入党申请人中确定入党积极分子，应当采取党员推荐、群团组织推优等方式产生入党积极分子人选，并在支部所属范围内进行公示。党支部在认真听取有关方面意见（含公示）的基础上，召开支委会（不设支委会的由支部大会）充分讨论，研究确定入党积极分子。

2. 上级党委备案

党支部要将入党积极分子的基本情况、党员推荐和群团组织推优情况、支部委员会或支部大会研究确定入党积极分子的情况等一并报上级党委备案。设党总支的，党总支应召开会议对党支部确定的入党积极分子进行审议，然后向党委组织部备案。上级党委接到党支部报送的入党积极分子有关备案材料后，应进行认真审查，主要看入党积极分子是否具备条件、确定入党积极分子的手续是否完备，并研究提出意见。

3. 指定培养联系人

党支部应当指定一至两名正式党员作入党积极分子的培养联系人。培养联系人的主要任务是：向入党积极分子介绍党的基本知识；了解入党积极分子的政治觉悟、道德品质、现实表现和家庭情况等，做好培养教育工作，引导入党积极分子端正入党动机；至少每季度向党支部汇报一次入党积极分子情况；向党支部提出能否将入党积极分子列为发展对象的意见。

4. 入党积极分子培养

二级学院党组织、党支部应当按照入党积极分子培养的要求开展培养教育，使他们懂得党的性质、纲领、宗旨、组织原则和纪律，懂得党员的义务和权利，帮助他们端正入党动机，坚定为共产主义事业奋斗终身的信念。

二级学院党组织（分党校）对本单位的入党积极分子进行初级培训。在此基础上，学校党委党校每学期举办一期入党积极分子培训班。入党积极分子入党前，必须有地市级及以上党校或普通高等学校党校的培训合格证书。上述培训合格证书自颁发之日起三年内有效。入党积极分子原所在党组织应当及时将培养教育等有关材料转交至现所在党组织，以证明其入党积极分子的有效身份。仅满足单项要求的，须重新参加所在大学党委党校入党积极分子培训班学习。党支部每半年对入党积极分子进行一次考察，将考察情况记入《入党积极分子培养教育考察登记簿》。

（三）发展对象的确定和考察

1. 确定发展对象

入党积极分子经过一年以上培养教育和考察、基本具备党员条件后，在听取党小组、培养联系人和党内外群众意见的基础上，经支委会（或支部大会）讨论同意被确定为发展对象人选。

2. 报上级党委备案

党支部要将发展对象人选的基本情况、听取各方面意见的情况、支部委员会或支部大会讨论情况、公示情况等一并报上级党委备案。上级党委备案同意后，可将其列为发展对象。

3. 确定入党介绍人

发展对象应当有两名正式党员作入党介绍人。入党介绍人一般由培养联系人担任，也可由党组织指定。受留党察看处分、尚未恢复党员权利的党员，不能作入党介绍人。

入党介绍人的主要任务是：向发展对象解释党的纲领、章程，说明党员的条件、义务和权利；认真了解发展对象的入党动机、政治觉悟、道德品质、工作经历、现实表现等情况，如实向党组织汇报；指导发展对象填写《中国共产党入党志愿书》，并认真填写自己的意见；向支部大会负责地介绍发展对象的情况；发展对象被批准为预备党员后，继续对其进行教育帮助。

4. 进行政治审查

党组织对发展对象进行政治审查应当形成结论性材料，政治审查必须严肃认真，实事求是，注重本人的一贯表现。凡没有经过政治审查的或政治审查不合格的不能发展入党。

政治审查的主要内容是：对党的路线、方针、政策的态度；政治历史和在重大政治斗争中的表现；遵纪守法和遵守社会公德的情况。对发展对象进行政治审查时，发展对象本人的政治情况、发展对象的直系亲属和与其关系密切的主要社会关系的政治情况不可缺少。

政治审查的基本方法是：同本人谈话，查阅有关档案材料，找有关单位和人员了解，以及必要的函调或外调。在听取本人介绍和查阅有关材料后，情况清楚的，可填写《政治审查报告表》，可不再函调或外调，否则，须向发展对象的原工作、学习或生活所在地党组织发出《函调证明材料信》《函调回信》《入党政审函调提纲》等进行函调或派员前往上述党组织进行外调。在了解发展对象的直系亲属和与其关系密切的主要社会关系的政治情况时，必须通过函调或外调方式进行。

5. 开展集中培训

二级学院党组织（分党校）应当对发展对象进行短期集中培训。培训时间一般不少于3天（或不少于24个学时）。未经培训的，除个别特殊情况外，不能发展入党。发展对象要定期向党组织进行书面思想汇报。

（四）预备党员的接收

1. 支部委员会审查

支部委员会在支部大会讨论发展对象入党问题前，对发展对象进行严格审查。在广泛征求党员和群众对发展对象意见，同发展对象谈话，进一步了解其对党的认识、入党动机以及其他需要了解情况的基础上，召开支部委员会，集体讨论发展对象是否具备入党条件，手续是否完备。

2. 上级党委预审

二级学院党组织成立由党组织书记、副书记、党支部书记及其他相关人员组成的预审小组，对发展对象进行预审，主要审查入党材料是否齐备、规范，手续是否完备、符合要求，条件是否成熟。审查结果填入《入党积极分子培养教育考察登记簿》，书面通知党支部。党总支所辖支部发展党员时，由党总支初审后报学校党委进行预审。

预审后，二级学院党组织要对发展对象进行5到7天的公示，进一步接受群众监督，广泛听取意见。在公示期间，对公示对象反映出的问题，党支部要认真、及时进行调查、核实，并将调查情况报告二级学院党组织。二级学院党组织认为符合条件的，可及时办理党员发展手续；确有问题的，应暂缓办理党员发展手续，并提出处理意见。

发展对象预审合格后，二级学院党组织审查结果以书面形式通知党支部，并向审查合格的发展对象发放《中国共产党入党志愿书》。

发展对象未来三个月内将离开工作、学习单位的，一般不办理接收预备党员的手续。

3. 填写入党志愿书

党支部负责人和入党介绍人应向发展对象详细说明填写《中国共产党入党志愿书》的目的和意义、填写内容和要求，指导发展对象严肃认真如实填写。

4. 支部大会讨论

经预审合格的发展对象，由支部委员会提交支部大会讨论。召开讨论接收预备党员的支部大会，有表决权的到会人数必须超过应到会有表决权人数的半数。

支部大会讨论接收预备党员的主要程序是：发展对象汇报对党的认识、入党动机、本人履历、家庭和主要社会关系情况，以及需向党组织说明的问题；入党介绍人介绍发展对象有关情况，并对其能否入党表明意见；支部委员会报告对发展对象的审查情况；与会党员对发展对象能否入党进行充分讨论，并采取无记名投票方式进行表决。赞成人数超过应到会有表决权的正式党员的半数，才能通过接收预备党员的决议。因故不能到会的有表决权的正式党员，在支部大会召开前正式向党支部提出书面意见的，其表决结果应当被统计在内。

5. 上级党委派人谈话

在审批前，基层党委要指派专人（党委委员或组织员）对《中国共产党入党志愿书》和有关材料进行审查，并同发展对象谈话，做进一步的了解，并帮助发展对象提高对党的认识。

安排入党前审批谈话要及时，一般在支部大会通过后的2个星期内。谈话时间一般掌握在2个小时以内。谈话主要针对以下内容进行：入党动机；对党的认识；对党的基本理论和基本知识的掌握情况；对重大政治斗争的看法或表现情况；日常工作、学习中的表现情况及主要优缺点；需对党组织说明的问题。谈话人应将谈话的情况和自己对申请人能否入党的意见，如实填写在《中国共产党入党志愿书》中，并向上级党委汇报。

6. 上级党委审批

预备党员必须由二级学院党组织或学校党委审批。党总支不能审批预备党员，但应当对支部大会通过接收的预备党员进行审议。除另有规定外，临时党组织不能接收、审批预备党员。

党委主要审议发展对象是否具备党员条件、入党手续是否完备。发展对象符合党员条件、入党手续完备的，批准其为预备党员。党委审批意见写入《中国共产党入党志愿书》"基层党委审批意见"栏，注明预备期的起止时间。党总支审查意见填入《中国共产党入党志愿书》"党总支审查意见"栏，报学校党委审批。审批后，二级学院党组织填写《发展党员通知书》，通知报批的党支部。党支部应当及时通知本人并在党员大会上宣布。对未被批准入党的，应当通知党支部和本人，做好思想工作。党委会审批两个以上的人入党时，应逐个审议和表决。预备党员的审批工作应当在3个月内完成。

7. 再上一级党委组织部门备案

审批结束后，基层党委应将预备党员审批情况及时报上级党委组织部备案。

（五）预备党员的教育考察和转正

1. 编入党支部和党小组

党组织应当及时将上级党委批准的预备党员编入党支部（党小组），使预备党员通过参加党的组织生活，更好地接受党组织的教育和考察。支部大会通过接收的预备党员，只有经过上级党组织批准才能生效。新接收的预备党员在上级党组织批准之前不能参加党的组织生活，但可以被吸收参加党组织的某些活动。

2. 入党宣誓

预备党员必须面对党旗进行宣誓。入党宣誓仪式，由二级党组织按相关要求及时组织开展。入党宣誓仪式不可与接收预备党员大会一并进行。

3. 继续教育考察

党支部要通过党的组织生活、听取本人汇报、个别谈心、集中培训、实践锻炼等方式，加强对预备党员的教育和考察。党支部每季度要讨论一次预备党员的考察情况，发现问题要及时同本人谈话。党支部每半年要将预备党员的考察情况如实填入《预备党员教育考察登记簿》。

4. 提出转正申请

一般情况下，预备党员应在预备期满前一至两周主动向所在党支部提出转为正式党员的书面申请。因特殊情况，不能按时提出转正申请的，应当在其预备期满后的一个月内向党组织提出书面转正申请。

5. 支部大会讨论

党小组研究：本人提出转正申请后，预备党员所在党小组要对预备党员预备期间的现实表现情况进行研究讨论，提出初步意见（如未设立党小组，不开展此环节工作）。

支委会审查：党支部收到预备党员转正申请后，支委会要在听取党小组提出的意见、征求支部党员和群众意见建议的基础上，召开支部委员会议，对预备党员预备期间有关现实表现情况、教育和考察情况以及预备期时间等进行严格审查，提出能否转正的意见，并形成会议记录。会议结束后公示5个工作日，填写公示结果登记表。

支部大会讨论研究：预备党员预备期满，党支部收到其转正申请后，根据支委会的提议，在一个月之内召开支部大会讨论预备党员转正问题。如遇特殊情况，可以适当延迟，但最长不超过三个月。预备党员本人必须参加讨论其转正的支部大会。支部大会进行讨论，与会党员充分发表意见，并采取无记名投票的方式进行表决，作出预备党员按期转正、延长预备期或取消预备党员资格的决议，将支部大会决议写入《中国共产党入党志愿书》。决议主要包括：预备党员在预备期间的主要表现，支部大会讨论情况，党员应到、实到会议人数，表决结果，通过决议的日期，支部书记签名。

预备党员的预备期只能延长一次，延长预备期的时间不能少于半年、最长不超过一年。不履行党员义务、不具备党员条件的，应当取消其预备党员资格。

6. 上级党委审批

党支部应当及时将《中国共产党入党志愿书》、转正申请书、现实表现情况、培养教育考察、支部征求党员和群众意见情况、支部大会表决情况、公示情况等材料依次报党总支、上级党委审核。同时，一并向上级党委呈报审批预备党员转正的请示。党总支审议但不能审批党员。

党委指定专人对党支部报送的预备党员转正有关材料进行认真审查。审查内容包括：预备党员预备期间有关现实表现情况、党支部教育和考察情况、支部征求党员和群众意见情况、支部大会开会票决情况。

党委对党支部上报的预备党员转正的决议，应当在三个月内召开党委会集体讨论和表决。审批两个以上的预备党员转正决议时，应当逐个审批。

根据党委会议决议，基层党委将审批意见填入《中国共产党入党志愿书》，写清楚党龄的起算时间，同时通知党支部。党支部接到上级党委对预备党员转正的批复后，应及时在党员大会上宣布党委审批结果。党支部书记、副书记或组织委员要找本人谈话。对批准为正式党员的，要教育其按照党章规定的党员标准严格要求自己，继续加强党性锻炼，发挥先锋模范作用。对未被批准转为正式党员的，应向其说明未被批准的原因，指出存在的主要问题和今后的努力方向，鼓励其克服缺点，继续进步，接受组织教育。

7. 材料归档

基层党委指导建立党员档案，预备党员转正后要及时整理归档有关材料并进行审核。党员档案由所在党委或党委组织部保存。预备党员转正后，有人事档案的，党支部应当及时将其《中国共产党入党志愿书》、入党申请书、政治审查材料、转正申请书和培养教育考察等材料，交党委存入本人人事档案，其他入党材料由党委组织部指导，由所在党委根据实际保存。

第五节　其他发展指导事务

新生的日常发展指导事务是大学新生入校后遇到的一系列看似琐碎而又事关新生切身利益的日常事务。这些工作直观反映高校对新生教育服务的质量，直接影响新生对学校和老师的印象，直接影响新生对辅导员的了解和信任。建立和健全新生发展指导事务服务体系，有利于帮助新生融入新的环境，增强新生集体观念和爱校情怀，提升新生的安全感和幸福感。

一、大学生医保

大学生医保是国家组织实施的一项重要民生工程。为做好大学生基本医疗服务保障，减轻患病大学生家庭经济负担，我国从2008年开始将大学生纳入城乡居民合作医疗保险体系，利用城乡居民合作医疗保险实惠、可靠、保障力度大的优点，切实减轻患病学生及家庭的经济负担，同时本着自愿参保、属地管理的原则，重点保障基本医疗需求，逐步提高保障水平。大学生要客观认识健康风险，保护自己在校期间的健康和安全。

学生的大学生医保费用由自缴和补助两部分组成，以个人自缴为基础，各高校根据属地关系，由各级财政按规定标准对大学生医保费用实行分类补助。在校大学生均可参保。新参保大学生凭居民身份证、学生证原件等相关资料到所属高校办理参保登记手续；城乡困难大学生还需持低保证、五保证、残疾证等相关证件办理参保登记手续。大学生医保的参保周期是当年9月1日至次年8月31日，一般分为一档和二档两个参保档次，学生可根据需要自主选择自己的参保档次。

（一）大学生医保就医管理

1. 日常就医管理

各高校原则上以其校医院作为大学生医保就医管理机构，没有校医院的高校，可就近指定一家城乡居民合作医疗保险定点医疗机构作为其就医管理机构（以下统称校医院）。大学生原则上应在本校校医院就医，在校外医院就医需在本校校医院办理转院手续，凡在校外医院住院治疗的，须在入院后3个工作日内向校医院报备。未按规定办理手续的，不予支付相关费用。各高校须为大学生建立健康档案。

2. 休学、退学医疗费用的管理

学生休学期间，按规定缴纳了参保费用的休学者可享受相应医保待遇支付。休学者离校前须到校医院办理相关手续。若学生退学，则不再享受大学生医保待遇支付，且个人参保费用不予退还，可转入学校所在地城乡居民合作医疗保险参保并享受相应待遇支付。

（二）商业医疗保险、城乡居民合作医疗保险和大学生医保的区别

大学生医保由在校大学生通过学校来购买。参保学生在参保后，如发生疾病可按照要求选择相关定点医院进行住院治疗。大学生医保覆盖面更广，不需要事先体检，符合参保条件的各类学生均可参加大学生医保，即使是因病休学但仍保留学籍的大学生，也可继续参保。没有等待期，在规定时间内参保后，从当年9月1日起就开始享受待遇。大学生医保优惠力度更大，同时对城乡低

保、农村五保、享受国家助学金的大学生，一二级重度残疾大学生等困难群体给予参保资助和医疗救助。

大学生医保和家里购买的城乡居民合作医疗保险不可重复购买，不然账户无法使用，学生可自行选择退掉一种。如果选择退大学生医保，可联系学校由学校联系参保地医保部门办理；如果选择退城乡居民合作医保，可在城乡居民合作医保参保地相关部门办理。

2020年，国家出台并实施了城市定制普惠型商业补充医疗保险。商业补充医疗保险作为居民医疗保险的有效补充，充分发挥了商业医疗保险在多层次医疗保障体系中的重要作用，满足了人民群众多层次多元化的医疗保障需求，减轻了人民群众医疗费用的负担。商业保险是城乡居民合作医疗保险的补充险种，和大学生医保不冲突，学生可自行选择购买。

二、学生证办理

学生证是大学生身份的象征，是大学生参加校内考试的重要证件。此外，大学生可凭学生证在乘坐火车时享受减免折扣，在许多旅游景点可以享受打折优惠。

一般而言，学生在新生入校后即开始办理学生证，如有遗失，后续可到学校相应部门进行补办。下面，介绍一下新生学生证的一般办理流程。

（一）学生基本信息登记

学生填写学生信息表，需填信息：班级、学号、姓名、学制、入学时间、购票区间、身份证号、学院、是否需要办理学生优惠卡等。

（二）学生证信息填写

学生领取空白学生证，按照填写模板填写本人信息并粘贴一寸证件照。因学生证是大学生在校期间的身份证件，里面涉及的信息要填写标准、准确。

（三）学校审核

填写好的学生证以学院为单位交回学校学生管理部门审核。

（四）办理火车优惠卡

寒暑假回家有乘坐火车需求的学生，可申请办理火车优惠卡。铁道管理部门对大学生会给予寒暑假各两次的乘车优惠。学生管理部门根据家庭住址审核学生乘车区间，并予以火车优惠卡信息审核、录入并粘贴磁条。

（五）学生证盖章

信息填写完成的学生证由学校学生管理部门统一盖章后生效。

第五章　新生发展教育

三、新生户口办理

大学新生到异地读大学，往往面临户口迁移的问题。现在多数高校对新生户口迁移没有强制性要求。新生本着自愿原则，可根据自己未来的规划和发展需求决定是否办理户口迁移并落户到所在高校的集体户口。

入校前办理户口迁移要做好两个方面的准备：一是弄清楚所在高校集体落户的地址，可以提前联系学校招生办公室或者辅导员了解；二是了解户口迁移的途径。在信息化时代，很多便民服务都可以通过网上办理，户口迁移也是如此。以重庆市为例，重庆市高校新生可通过自行注册登录重庆市"警快办"公众号进行线上信息填报，上传落户材料手续，简化了办理流程，缩短了办理周期。

四、新生学籍档案办理

大学新生要求带纸质学籍档案到校报到。学籍档案含有学生姓名、家庭住址、身份证号、学号、入学时间、学籍情况等个人信息，有利于学校或其他部门直接获取该学生基本信息，确保学生学业和职业的延续性。

学籍档案除了纸质的档案，还有电子的学生档案。高中生的电子档案材料有高考报名表、高考体检表、高考志愿表、诚信承诺书、高级中等教育学校应届毕业生的基本信息、思想政治品德考核鉴定或评语。

新生入学时，学籍档案须及时转入大学。纸质档案可由本人凭高校录取通知书到县（区）招办领取后自行带到学校，也可由县（区）招办统一寄发。学生自带的个人档案到校后须及时交给班级辅导员；招办统一寄发给学校的，由学校相关部门统一签收。

新生入校后，学校学生管理部门会按照程序组织清查学生学籍档案，核验档案信息和学生本人身份信息是否相符。学籍档案是学生在校读书的重要档案资料，学生要对自己的学籍档案情况清楚把握，如遇遗失，需要到相关学校进行补办。

五、新生党籍、团籍办理

入学的新生凡是中共党员（含预备党员）、共青团员（含保留团籍党员），其党员组织关系、团员组织关系须及时转入相应高校，以便实现党员和团员管理和发展的延续性和规范性。下面以重庆理工大学为例作说明。

（一）新生党组织关系转接要求

党员所在原单位若已联入"12371党建信息平台"（含市内和市外），可通过"12371党建信息平台"接收组织关系。具体网上转接组织关系的流程为：中共重庆市委教育工作委员会—重庆理工大学—新生所在学院党委—新生所在学院学生党支部（转接前新生与学院联系确定具体支部名称）。

党员所在原单位若尚未接入"12371党建信息平台"（含市内和市外），必须出具纸质的《中国共产党党员组织关系介绍信》，抬头为中共重庆市委教育工作委员会组织干部处，去向为重庆理工大学。报到后本人持纸质《中国共产党党员组织关系介绍信》到新生所在学院党委进行组织关系转接工作。

新生报到后，学院会安排专人统一收取并审核学生党员档案。若党员材料由学生本人自带，必须密封并加盖公章。

（二）新生团组织关系转接要求

1. 新生团员转接团员组织关系

新生团员入学后一周内将团员证、团员档案、团组织关系介绍信等相关材料交到所在基层团组织。团员档案若随学籍档案转移的，开学只需携带团员证、团组织关系介绍信。团员证、团员档案、团组织关系介绍信去处统一写明"共青团重庆理工大学委员会"。团员档案内至少包括入团志愿书、入团申请书等材料，同时团员档案必须加盖公章密封。

2. 团组织关系介绍信

共青团员要由学校、工厂、乡镇以上单位的团组织开具组织关系转移介绍信转出至共青团重庆理工大学委员会。

3. "智慧团建"系统团组织关系转入

根据共青团重庆市委要求，由学校团组织在新生团员入学一个月内在"智慧团建"系统上创建新生所属的团支部，并在"智慧团建"系统上发起转接。通过原就读学校团组织或本人登录"智慧团建"系统，申请将团组织关系转入新生所属团支部，审批同意后即完成新入学的学生团员团组织关系转入。

六、新生应征入伍

随着国防和军队现代化建设的需要，一大批有责任、敢担当的有志青年携笔从戎、报效祖国。部队成为大学生增强意志、锻炼品格、成长成才的"大学校"。为鼓励广大青年大学生应征入伍，国家出台了一系列保障政策。

（一）应征地

高校新生入学前可在户籍所在地应征入伍，高校应届毕业生和在校生可在学校所在地应征入伍。

（二）保留入学资格

新生入伍，高校可保留其入学资格，退伍后2年内可入学。

（三）国家资助学费

国家对应征入伍服义务兵役的高校学生，实行一次性补偿其学费或代偿其国家助学贷款的制度。应征入伍服义务兵役前正在高等学校就读的学生（含按国家招生规定录取的高校新生），退役后自愿复学或入学的，实行学费减免。学费补偿、国家助学贷款代偿以及学费减免的标准为，本专科生每生每年最高不超过12000元，研究生每生每年最高不超过16000元。

（四）升学优惠政策

在部队荣立二等功以上，符合全国硕士研究生招生考试报考条件的，可申请免试（初试）攻读硕士研究生。高校学生应征入伍服现役退役，达到全国硕士研究生招生考试报考条件后，3年内参加全国硕士研究生招生考试，初试总分加10分，同等条件下优先录取。国家设立"退役大学生士兵"专项硕士研究生招生计划，专门面向退役大学生士兵招生，该计划由清华大学、北京大学等400余所普通高校承担。

第六节　典型案例

一、案例主题

重庆理工大学"奖励+资助"育人体系。

二、案例概述

在新时代背景下，奖励育人和资助育人作为立德树人的重要抓手，既是大学生思想政治教育的重要内容，具有深厚的德育价值，也是推进教育公平，促进社会和谐稳定的重要举措，具有重要的社会价值。基于此，重庆理工大学积极构建新时代"奖励+资助"育人体系，并将"三全育人""五育并举"深度融入学校"奖励+资助"育人体系中，充分发挥新时代奖励和资助工作的育人作用，有力支撑高校大学生思想政治教育工作。

三、实施方法

（一）以弘扬"争先创优"精神为主线，发挥奖励育人的价值引领作用

高校大学生评奖评优工作是通过正向激励方式实现育人的有效途径，是加强校园文明建设，促进学生全面发展的重要渠道之一。重庆理工大学构建了"纵向到底、横向到边"的奖励育人体系，在横向上，搭建了多元化的奖励类别，既表彰奖励综合性人才，又鼓励学生个性化发展；在纵向上，针对学生发展不同阶段，结合各年级学生发展特点，设置各类奖励类别。同时，学校不断调整奖励对象结构，优化综合评选标准，规范评选流程，注重多边诚信体制建设，公开审查流程和进度，科学设计"三全育人"的长效奖励育人机制，有效促进大学生德智体美劳全面发展。重庆理工大学针对本科学生的奖励育人项目见表5-1。

表5-1 重庆理工大学针对本科生的奖励育人项目一览表

奖励类型	奖励名称	级别	评选对象	开展时间	奖励内容和标准
奖学金	国家奖学金	国家级	大二、大三、大四全日制本科学生	每学年9月	每人每年奖励8000元，颁发国家统一印制的荣誉证书，获奖情况记入学生档案
	国家励志奖学金		大二、大三、大四全日制本科学生中品学兼优的家庭经济困难的学生		每人每年奖励5000元，颁发国家统一印制的荣誉证书，获奖情况记入学生档案
	本科生综合奖学金	校级	大二、大三、大四全日制本科学生	每学年9月	甲等奖学金：每人每学年奖励1500元；乙等奖学金：每人每学年奖励1000元；丙等奖学金：每人每学年奖励500元

续表

奖励类型	奖励名称	级别	评选对象	开展时间	奖励内容和标准
荣誉称号	全国最美大学生	国家级	大二、大三、大四全日制本科学生	每学年9月—12月	授予荣誉称号；通报表扬；颁发证书、奖金或奖品
	大学生年度人物				
	向上向善好青年	国家级/省部级	全日制本科学生	每学年第一学期/第二学期	
	中国大学生自强之星				
	双城青才校园先锋	省部级			
	先进班集体	省部级/校级			
	文明寝室				
	三好学生				
	优秀学生干部				
	优秀毕业生				
	精神文明建设先进个人				
	安全稳定工作先进个人				
	就业服务工作先进个人				
	优秀团干部				

续表

奖励类型	奖励名称	级别	评选对象	开展时间	奖励内容和标准
荣誉称号	优秀团员	省部级/校级	全日制本科学生	每学年第一学期/第二学期	
	共青团工作积极分子				
	先进团支部				
	科学技术创新先进个人及十佳标兵				
	文艺活动先进个人及十佳标兵				
	体育活动先进个人及十佳标兵				
	自立自强先进个人及十佳标兵				
	青年志愿者先进个人及十佳标兵				
	优秀社团干部				
	十佳大学生	校级	大二、大三、大四全日制本科学生	每学年9月—12月	
	十大学霸			每学年3月—5月	
	校园记者风云人物		全日制本科学生	每学年9月—12月	
	优秀学生记者				
	五育"星"青年		大一本科新生	每年5月—6月	

（二）以涵育"感恩成才"精神为中心，发挥资助育人的价值引领作用

高校要充分发挥资助工作对家庭经济困难大学生的"扶志"与"扶智"作用，积极构建"解困—育人—成才—回馈"资助育人体系，并将感恩成才教育深度融入育人体系中。重庆理工大学构建了以国家助学金、助学贷款为主体，新生入学"绿色通道"、勤工助学、困难补助、学费减免、社会捐助等方式为补充的学生资助体系，确保家庭经济困难学生能够顺利完成学业。同时，积极组织开展主题教育和实践活动，突出资助育人工作的思想引导、精神激励、品

格塑造、心理疏导、能力锻炼等育人功能，帮助家庭经济困难学生树立正确的"三观"，增强诚信、责任和感恩意识，树立自立自强品格，提升实践能力，实现全面发展。重庆理工大学针对本科生的资助育人项目见表5－2。

表5－2　重庆理工大学针对本科生的资助育人项目一览表

资助项目名称	开展对象	开展时间	资助标准
国家助学金	家庭经济困难学生	每学年9月底－10月初	甲等4500元/年，乙等3300元/年，丙等2500元/年
困难补助	家庭遭到自然灾害，直系亲属病故，学生本人身患重病，在参加学生集体活动遭意外事故需特殊治疗，遭遇其他突发性、特殊性经济困难，不能承受学习期间基本生活费用的学生	全学年	困难补助补助金额根据学生实际情况而定，分为一次性补助和按月补助两种。一次性补助主要用于资助面临突发性、临时性困难的学生，原则上一次性补助最高不超过5000元。按月补助主要用于资助家庭经济特别困难需长期资助的学生，按月补助标准最高不超过500元/月（每年不超过10个月）
校园地助学贷款	家庭经济困难，不足以支付完成学业所需的基本费用的学生	每学年9月	全日制普通本科生每人每年申请贷款额度不超过12000元，贷款期限原则上按全日制本科学制加15年，最长不超过22年。其中，在校生按剩余学习年限加15年
生源地信用助学贷款	家庭经济困难，不足以支付完成学业所需的基本费用的学生	新生入学前	全日制普通本科生每人每学年申请的贷款金额原则上不超过12000元。生源地信用助学贷款最长贷款期限为剩余学制加15年，最长不超过22年。学制超过4年或继续攻读研究生学位、第二学士学位的，相应缩短学生毕业后的还贷期限。学生在校及毕业后两年期间为宽限期，宽限期后由学生和家长（或其他法定监护人）按借款合同约定，分期偿还贷款本息

117

续表

资助项目名称	开展对象	开展时间	资助标准
勤工助学	接受普通高等学历教育的本科学生	全学年	校内临时岗位按小时计酬，每小时劳动报酬不低于12元，在临时性工作完成后发放；校内固定岗位根据岗位具体工作情况核定劳动报酬，每月不得低于300元，每学期按5个月发放。校外勤工助学酬金标准不应低于学校所在地政府或有关部门规定的最低工资标准，由用人单位、学校与学生协商确定
服兵役学生国家教育资助	服兵役学生	全学年	学费补偿、国家助学贷款代偿以及学费减免的标准为本科生每生每年最高不超过12000元；学费补偿、代偿、减免金额，按学校实际收取学费金额执行，超出标准部分不予补偿、代偿或减免

四、主要成效

（一）形成一套相对成熟的"奖励+资助"育人体系

重庆理工大学创新"奖励+资助"育人新理念和新模式，将"三全育人""五育并举"理念融入学校育人实践，在奖励育人和资助育人方面形成了以育人为核心，以"奖励+资助"为手段，优化奖励和资助体系，将看似普通的日常事务管理工作打造成"育心智、帮学业、促就业、扶创业"的全过程育人模式，进一步提升了学校对人才的全方位培养能力。

（二）营造一种向上向善的校园育人氛围

重庆理工大学通过培育校园榜样群体，发挥先进典型和励志先锋等榜样群体在大学生思想政治教育中的示范引导、正面激励和负面矫正等的重要作用，通过为学生树立看得见、摸得着、学得到、有吸引力的身边榜样，将先进典型的培育与宣传融入日常学生思想引领工作。

（三）培育一批德智体美劳综合发展的优秀学子

重庆理工大学以奖励为牵引，以资助为保障，通过科学化的育人体系，培育了一批又一批德智体美劳全面发展的优秀学子。通过设置不同阶段、不同年级、不同群体、不同类别的奖励奖项和资助项目，引导学生全面发展。

五、思考启示

（一）评优工作要注重奖励和育人相结合

高校要以表彰评优为契机，把评奖评优工作与思想道德教育紧密地结合起来。此项工作的终极目标并不是让优秀的大学生得到各种奖励，而是在争优、评优的过程中让更多的学生感受其氛围，发现别人的亮点，查找自己的不足。高校要在奖励的过程中去激励更多的大学生，以思想引领的方式，引导其他学生明确和完成自己的学习目标。

（二）资助工作要"扶贫"与"扶志"相结合

大学期间的资助对大学生的教育意义不仅在于"扶贫"，更在于"扶志"；不仅是"解困"，更是"育人"。要积极引导和教育受资助的学生，加强他们对祖国现状及人才需求的了解，引导他们不断提升社会责任感，到祖国需要的地方和行业中去，把实现自己的人生价值同国家的需要结合起来，推动自身的学习发展。

（三）资助工作要科学化与精准化相结合

大学生奖励和资助体系要客观、公正、科学，以实现受奖、受助学生精准化。奖励和资助项目和标准的设置、评定程序及奖励资助后的思想教育引导的工作成效是一所学校教育理念和管理水平的体现。高校要促进奖励对象的多样化和资助群体的精准化，促进创新型人才的培养，鼓励大学生德智体美劳全面发展。

第六章　新生理想信念教育

习近平总书记在同各界优秀青年代表座谈时明确指出："广大青年一定要坚定理想信念。理想指引人生方向，信念决定事业成败。没有理想信念，就会导致精神上'缺钙'。"[1] 这句话形象地指出了理想信念对于人的精神追求的重要意义。作为党和国家事业发展的生力军，新时代中国青年要以实现中华民族伟大复兴为己任，要胸怀"国之大者"、传承奋斗担当。新时代大学生要坚定理想信念，做到常修常炼、常悟常进，从内心深处厚植对党的信赖、对中国特色社会主义的信心、对马克思主义的信仰，在思想洗礼、在实践锻造中不断增强做中国人的志气、骨气、底气，努力创造无愧于党、无愧于人民、无愧于时代的新业绩。

第一节　理想信念教育

青年的理想信念关乎国家未来。青年理想远大、信念坚定，是一个国家、一个民族无坚不摧的前进动力。[2] 一百年前，一群中国新青年高举马克思主义思想旗帜，在攻坚克难中用热血与激情点燃了"用青春之我创造青春之中国、青春之民族"的火焰，开启了觉醒年代的壮阔篇章。迈入新时代，青年唯有以坚定的理想信念筑牢精神之基，坚信中国道路，坚守价值追求，坚定文化自信，才能成为驱动中华民族加速迈向伟大复兴的磅礴力量，才能顺利完成党和人民赋予的历史使命和时代重托。

---

[1] 习近平. 习近平谈治国理政 [M]. 北京：外文出版社，2014：50.
[2] 张瑞兰. 习近平关于高校思想政治教育重要论述的战略定位分析 [J]. 思想政治课研究，2020（01）：39—43.

一、正确认识理想信念教育

开展新时代理想信念教育,首要是引导大学新生把理想信念建立在对习近平新时代中国特色社会主义思想的深刻认识上,建立在对社会主义革命和建设历史规律的正确认识上,建立在对我国基本国情和新时代社会主要矛盾的准确把握上。

(一) 坚定青年大学生对马克思主义的信仰

习近平总书记曾强调:"马克思列宁主义、毛泽东思想一定不能丢,丢了就丧失根本。"[①] 马克思主义理论不断与中国当时的实际情况相结合,发展出中国化的马克思主义,指导中国人民取得了新民主主义革命、社会主义建设和改革开放的伟大成就。这充分证明了马克思主义理论的正确性,也证明了马克思主义理论和中国实际相结合的必要性。只有在对发展中的马克思主义的学习过程中,大学生才能真正弘扬理论联系实际的学风,能够跟上时代发展的步伐,成为马克思主义理论的坚定信仰者和忠实实践者。

中国特色社会主义进入新时代。新时代需要新思想来统一认识、凝聚力量,在新的起点上把中国特色社会主义事业推向前进。习近平新时代中国特色社会主义思想是马克思主义中国化最新成果,是中国特色社会主义理论体系的重要组成部分,是当代中国的马克思主义、是党和国家必须长期坚持的指导思想,是实现中华民族伟大复兴的行动指南。引导教育广大青年大学生深入学习贯彻习近平新时代中国特色社会主义思想是实现中华民族伟大复兴的历史性需要。

(二) 坚定青年大学生对中国特色社会主义的信念

中国共产党领导中国人民推翻了封建主义、帝国主义和官僚资本主义,建立了新中国。新中国成立后,以毛泽东同志为核心的党的第一代中央领导集体带领全党全国各族人民对适合中国特点的社会主义建设道路进行了艰辛探索,取得了重要成就。20 世纪 80 年代以来,中国坚定不移走中国特色社会主义道路,极大地改变了中国历史的发展进程,与此同时,对世界历史的进程也产生了重大影响。它不仅为中国实现社会主义现代化和民族伟大复兴找到了正确模式,而且为人类文明探索出一种新的发展模式,为国际共产主义运动带来了新的活力和希望,为发展中国家摆脱贫穷落后提供了重要借鉴,为维护世界和

---

① 习近平. 习近平谈治国理政 [M]. 北京:外文出版社,2014:9.

平、建立国际政治经济新秩序提供了新的价值理念。

历史告诉我们,每个人的前途命运都与国家和民族的前途命运紧密相连。国家好,民族好,大家才会好。改革开放以来,中国共产党领导中国人民,立足于我国的基本国情,坚定不移走自己的路,不断解放和发展生产力,实现了从计划经济向社会主义市场经济、从封闭半封闭到全面开放的伟大转变,成功地探索出中国特色社会主义这条实现中华民族伟大复兴的康庄大道。可以说伟大正确的道路来之不易。引导教育广大青年大学生坚定对中国特色社会主义道路的信念是实现中华民族伟大复兴的必然要求。

(三)坚定青年大学生对实现中华民族伟大复兴中国梦的信心

实现中华民族伟大复兴的中国梦是中国人民的共同愿望。中华民族伟大复兴的中国梦是以习近平同志为核心的党中央提出的重大战略思想,是党和国家面向未来的政治宣言。它着眼于坚持和发展中国特色社会主义,体现了中国共产党高度的历史担当和使命追求。

2012年11月29日,习近平总书记在参观《复兴之路》展览时提出中国梦的概念,此后,又在一系列重要讲话中深刻阐述了中国梦的定义、基本内涵、奋斗目标和实现路径,逐步使中国梦成为一项系统的战略思想。习近平总书记在第十二届全国人民代表大会第一次会议上指出:"实现全面建成小康社会、建成富强民主文明和谐的社会主义现代化国家的奋斗目标,实现中华民族伟大复兴的中国梦,就是要实现国家富强、民族振兴、人民幸福,既深深体现了今天中国人的理想,也深深反映了我们先人们不懈追求进步的光荣传统。"[①]

在实现中华民族伟大复兴的征程中,广大青年大学生只有坚定理想信念,才能在推进"五位一体"总体布局、"四个全面"战略布局和全面深化改革中有所作为,才能在党的领导下成功应对伟大复兴的过程中面临的各种问题和挑战。只有牢牢抓住理想信念这个根本,不断强化实现中华民族伟大复兴中国梦的重要意义与根本要求的教育,不断加强为实现共同理想而树立信心的教育,才能引导青年奠定坚实的思想基础,并"扣好人生第一粒扣子"。广大青年大学生只有坚定信仰、信念、信心,在党的领导下奋发图强,才能不断实现人民对美好生活的向往。使广大青年大学生树立实现中华民族伟大复兴的中国梦的信心,是理想信念教育的重点内容。

当前,我们党正带领人民为实现"两个一百年"奋斗目标、实现中华民族

---

① 中共中央文献研究室.十八大以来重要文献选编(上)[M].北京:中央文献出版社,2014:234.

伟大复兴的中国梦团结拼搏、砥砺奋进。青年大学生更应成为共产主义远大理想和中国特色社会主义共同理想的坚定信仰者和忠实实践者。心中有信仰，脚下有力量。我们必须把马克思主义的崇高信仰扎入青年大学生的灵魂深处，使其崇尚信仰、坚守信仰、践行信仰，让信仰之光始终照耀在中华儿女民族复兴之路上。

（四）坚定青年大学生对中国共产党的政治忠诚

在中华民族五千年的文明历史进程中，忠诚始终是被提倡的美德，是中华民族传统美德的重要组成部分，被视为立身之本和为政之基。"天下至德，莫大于忠。"政治忠诚是青年大学生理想信念教育的关键内容，要引导广大青年大学生树立对中国共产党坚定的政治忠诚，树立对共产主义坚定的政治信仰。

对中国共产党的政治忠诚是指基于对党组织所坚持的理想信念、指导思想的认同和信仰，而产生的对党组织坚定的政治立场、稳定的情感态度和持久的责任意识，并将党的理想信念和价值目标内化为个人的理想信念和价值追求，进而具体表现为对党与国家制定的大政方针、政策措施的认可与执行，对人民群众的根本利益的保障与维护。在行为层面上，青年大学生的政治忠诚即广大青年大学生以党的理论作为个人的行动指南，深刻领悟"两个确立"的决定性意义，坚定拥护"两个确立"，增强"四个意识"，坚定"四个自信"，坚决做到"两个维护"，听党话，跟党走。

（五）预防和抵制各种错误思潮对青年大学生的侵蚀

党和政府十分重视青年大学生的意识形态工作。一方面，我们要看到青年大学生意识形态工作取得了较为理想的成绩，但另一方面，也要看到青年大学生的意识形态工作的任务仍然很繁重，与敌对势力的斗争丝毫不能放松。意识形态工作是党的一项重要的工作。意识形态工作一旦松懈，各种错误的思潮就会乘虚而入，动摇青年的信仰、信念和信心。

从当前国内的情况来看，经过四十多年的改革开放，经济利益多元化、思想文化多样化的趋势明显，各种思潮涌现，一些错误的思潮也浮出水面。西方国家常打着"言论自由"的旗帜，推动和促进各种错误思潮的传播。他们的目的很明确，就是动摇我国人民群众对马克思主义的信仰、对中国特色社会主义的信心和对中国共产党的忠诚。面对这种复杂的局面，青年大学生一定要坚定理想信念，有效预防和抵制各种错误思潮的侵蚀，捍卫马克思主义理论的指导地位。

（六）加强青年大学生"四史"学习，坚定共产主义必胜信念

中国共产党党史、新中国史、改革开放史、社会主义发展史是一个整体，构成一部近现代中国的大历史。习近平总书记在庆祝中国共产党成立100周年大会的讲话中指出："初心易得，始终难守。以史为鉴，可以知兴替。我们要用历史映照现实、远观未来，从中国共产党的百年奋斗中看清楚过去我们为什么能够成功、弄明白未来我们怎样才能继续成功，从而在新的征程上更加坚定、更加自觉地牢记初心使命、开创美好未来。"①

中国共产党党史、新中国史、改革开放史、社会主义发展史是一部社会主义、马克思主义的发展史，也是一部马克思主义中国化史。新的形势下，青年大学生要把学习贯彻党的创新理论作为思想武装的重中之重，并同学习中国共产党党史、新中国史、改革开放史、社会主义发展史结合起来；要深入开展"四史"学习，深刻认识马克思主义政党的执政规律、中国特色社会主义事业建设规律、人类社会发展的趋势，从而坚定共产主义必胜的信念。

二、筑牢理想信念根基

理想信念指引人生方向，引领价值追求。新时代大学新生要学会客观分析和把握当前国内和国际形势的发展趋势，深刻认识新时代大学生的历史使命，坚持不懈用习近平新时代中国特色社会主义思想武装头脑，打牢理想信念的思想理论根基，牢固树立走中国特色社会主义道路的坚定信仰，牢固树立实现中华民族伟大复兴的中国梦的坚定理想信念。

（一）继续强化思政课主阵地的作用

2019年3月18日，习近平总书记在主持召开学校思想政治理论课教师座谈会时指出："我们办中国特色社会主义教育，就是要理直气壮开好思政课，用新时代中国特色社会主义思想铸魂育人，引导学生增强中国特色社会主义道路自信、理论自信、制度自信、文化自信，厚植爱国主义情怀，把爱国情、强国志、报国行自觉融入坚持和发展中国特色社会主义事业、建设社会主义现代化强国、实现中华民族伟大复兴的奋斗之中。"② 新时代大学新生要认真学习领会思政课的内容，用扎实的理论知识来武装自己的头脑，用习近平新时代中国特色社会主义思想来指导自己的行动。

---

① 习近平. 在庆祝中国共产党成立100周年大会上的讲话［M］. 北京：人民出版社，2021：10.
② 习近平. 习近平谈治国理政（第三卷）［M］. 北京：外文出版社，2020：329.

（二）加强校园文化建设，营造理想信念教育的氛围

校园是开展社会理想信念教育的有效载体。要通过潜移默化的文化熏陶去影响学生，帮助青年大学生树立崇高的理想信念。要创新校园文化载体，在校园中营造浓厚的理想信念教育氛围，在学生经常出入的场所、宣传栏、橱窗和文化墙等地，张贴相关标语、海报，让社会主义理想信念的内容随处可见。比如，在校园宣传栏内，将马克思等人关于理想信念的经典论述及优秀共产党员的事迹进行展示与宣传。通过这种方式潜移默化地影响大学生的理想信念，从而达到提高理想信念教育实效性的目的。

开展各种类型的校园文化活动，使理想信念教育持续深入地开展。将社会主义理想信念融入演讲比赛、文艺演出等校园文体活动中，以重大事件、重要节庆纪念日为契机，开展爱党爱国爱校教育，从而提升理想信念教育的影响力。新时代大学新生要积极参观历史纪念馆、祭扫烈士墓，接受爱国主义教育，培养感恩、爱国情怀。

（三）利用网络新媒体占领大学生理想信念教育的阵地

随着现代信息技术的不断发展，网络新媒体技术的作用愈加凸显。高校要充分利用网络新媒体加强思想政治教育，引导青年大学生树立崇高的理想信念。新时代大学新生要贴近实际，积极参加丰富多彩的网络主题教育活动，要积极通过网络学习平台、QQ、微博、微信、微视频等多种方式接受正面教育引导，形成崇高的理想信念。

（四）加强实践育人，巩固理想信念教育的成果

社会实践是新时代大学生理想信念教育的重要途径之一，也是大学生理想信念形成的重要基础。高校要重视实践在帮助学生树立崇高理想信念过程中的作用，通过实践不断巩固理想信念教育的成果。青年大学生要积极参加基层调研活动，走出校门，深入基层，深入群众；要积极到农村进行实地考察，感受近年来农村社会生活的发展变化，坚定中国特色社会主义的理想信念；要积极参与大学生志愿服务、文化下乡等活动，切身感受祖国和人民的殷切需要，提升自己的奉献意识和吃苦耐劳精神。

（五）注重红色文化的挖掘

红色文化蕴含着丰富的革命精神和历史内涵，是爱国主义情怀和中国传统优秀文化的结晶。红色文化能够引领青年大学生明辨是非善恶、明确道德选择、强化国家认同、坚定理想信念。新时代大学新生要通过参观红色实践基地、革命纪念馆、名人故居、烈士陵园，观看红色影片等来强化理想信念；要

充分利用我国丰富的红色文化资源并挖掘其内涵价值，不断创新青年大学生理想信念教育的内容、形式和方法，使大学生理想信念教育真正落到实处。

（六）注重榜样引领作用的发挥

榜样的力量是无穷的，树立榜样尤其是当代的榜样是激励大学生奋发向上的重要手段。中央组织部推出的"两优一先""两学一做"系列特别节目《榜样》，高校评选出的"十佳大学生""优秀共产党员"等模范代表等都是当代榜样树立的重要例证。新时代大学新生要读懂榜样、学习榜样、争当榜样，传好接力棒，扎实筑牢信仰之基、凝聚奋斗之力，在新时代"长征路"上书写新辉煌。

第二节　社会主义核心价值观教育

党的十八大提出，要倡导富强、民主、文明、和谐，倡导自由、平等、公正、法治，倡导爱国、敬业、诚信、友善，积极培育和践行社会主义核心价值观。2022年4月25日，习近平总书记在中国人民大学考察时指出：广大青年要做社会主义核心价值观的坚定信仰者、积极传播者、模范践行者，向英雄学习、向前辈学习、向榜样学习，争做堪当民族复兴重任的时代新人，在实现中华民族伟大复兴的时代洪流中踔厉奋发、勇毅前进。[①] 大学新生学习社会主义核心价值观，总的目标就是通过学习做到"扣好人生第一颗扣子"。通过学习，在思想和情感上形成强烈的爱国主义热情和开拓进取的时代精神，在行动上树立勤学修德明辨笃实的良好品格和行为范式，从而把自己培养成为马克思主义理论的坚定信仰者、中国特色社会主义事业的合格建设者，使自己成为品德优良、知行统一的高素质人才。

一、正确认识社会主义核心价值观

社会主义核心价值观融合国家、社会、公民三者的价值诉求为一体，既符合社会主义本质，又继承优秀传统文化，既吸收世界文明的有益成果，更体现时代精神，深刻而又科学全面地回答了我们要建设什么样的国家、建设什么样的社会、培育什么样的公民等重大问题。

---

① 万资姿. 打好堪当民族复兴重任时代新人的"底色"[N]. 光明日报，2022-05-24（06）.

富强、民主、文明、和谐,这一价值追求准确回答了我们要建设什么样的国家,深刻揭示了当代中国经济发展、政治文明、文化繁荣、社会进步等方面的价值目标,从国家层面标注了社会主义核心价值观的时代维度。自由、平等、公正、法治,这一价值追求深刻反映了中国人民对美好社会的期望和憧憬,回答了我们要建设什么样的社会,契合实现国家治理体系和治理能力现代化的要求,深刻揭示了社会主义社会发展的价值取向,从社会层面标注了国家治理目标的时代维度。爱国、敬业、诚信、友善,这一价值追求回答了我们要培育什么样的公民,涵盖了社会公德、职业道德、家庭美德、个人品德等各个方面,并从个人层面标注了如何更好地处理个人与国家、社会、他人的关系的时代维度。

(一)强化政治信仰和理论修养

大学新生进行理想信念学习,首要任务是学习掌握社会主义核心价值观的丰富内涵和实践要求,树立走中国特色社会主义道路的坚定信心。大学新生要站在国家、民族的发展目标大局上进行系统学习,使学习目标与国家民族目标具有高度一致性,才能深刻掌握和领会其要义。"建设富强民主文明和谐的社会主义现代化国家,实现中华民族伟大复兴,是鸦片战争以来中国人民最伟大的梦想,是中华民族的最高利益和根本利益。"①

大学新生学习掌握社会主义核心价值观,首要的是确立、强化正确的政治方向,以及社会主义和共产主义的远大理想,在党的领导下积极为建设祖国、实现民族复兴而贡献力量。只有具备理论素养才能坚定正确的政治方向,只有深刻理解中国特色社会主义理论体系的最新成果才能保持清醒的头脑,只有在实践中始终保持理论的先进性和科学性,积极做到与时俱进、开拓创新,才能在根本上坚定社会主义方向。

(二)坚定理想信念和价值追求

大学生是祖国的希冀和未来,是建设社会主义的新生力量。大学新生加强理想信念的学习,应首先切实培养爱党爱国的情感,帮助自己确立健康向上的个人理想信念,并将个人理想信念与国家社会理想信念统一起来,将个人价值的实现与国家发展统一起来,既强调共同理想,也尊重个人理想的差异,充分发挥主观能动性。

---

① 习近平. 青年要自觉践行社会主义核心价值观——在北京大学师生座谈会上的讲话[N]. 人民日报, 2014-05-05(02).

同时，大学新生应深入践行社会主义核心价值观，将中华民族传统美德和时代精神结合起来，切实做到以热爱祖国为荣，以危害祖国为耻，以服务人民为荣，以背离人民为耻，确立全心全意为祖国和人民服务的道德信念。青年人在大学阶段开始与社会广泛接触，并在实践中不断修正调整价值认知，个体思想体系和价值目标逐步趋于丰满，也更为符合社会实际。在这个时期，青年人的理想信念和价值追求也逐渐趋于稳定。是否确立坚定的社会主义理想和正确的价值追求，决定了大学生能否在社会主义建设事业道路上实现个体价值以及人生目标。[1] 坚定理想信念，提升价值追求，应该成为大学新生学习社会主义核心价值观的重要目标。

（三）激发民族精神和时代精神

民族精神和时代精神是社会主义核心价值体系的精髓。大学新生要积极学习和激发以爱国主义为核心的民族精神和以改革创新为核心的时代精神，这是大学新生学习社会主义核心价值观的关键内容。当前，我国正处于改革发展的关键时期，需要广大青年大学生投入极大的爱国热情。刚进校的大学新生要做到把爱祖国、爱社会主义、爱中国共产党、爱人民统一起来；把对中华民族的强烈自豪感和对中华悠久历史传统文化和传统美德的高度自信统一起来；学会研究分析现实国情，担起民族复兴、祖国建设的任务，甘于奉献，勇于牺牲；自觉学习践行时代精神，为建设中国特色社会主义不断添砖加瓦。

中共中央、国务院 2019 年 10 月印发的《新时代公民道德建设实施纲要》提出："以爱国主义为核心的民族精神和以改革创新为核心的时代精神，是中华民族生生不息、发展壮大的坚实精神支撑和强大道德力量。要深化改革开放史、新中国历史、中国共产党历史、中华民族近代史、中华文明史教育，弘扬中国人民伟大创造精神、伟大奋斗精神、伟大团结精神、伟大梦想精神，倡导一切有利于团结统一、爱好和平、勤劳勇敢、自强不息的思想和观念，构筑中华民族共有精神家园。"[2] 大学新生要以该纲要的精神内容为基础，崇尚创新、竞争、合作、平等、自由、探索等观念，在学习和实践中不断创造出丰富的成果。

（四）提升道德品质和综合素养

大学新生学习践行社会主义核心价值观，基本目标是提升自己的道德品质

---

[1] 王旭. 大学生社会主义核心价值观教育的目标、内容及方法研究[D]. 长春：东北师范大学，2015.

[2] 新华社. 中共中央 国务院印发《新时代公民道德建设实施纲要》[EB/OL]. https://www.gov.cn/zhengce/2019-10/27/content_5445556.htm.

和综合素养，这不仅关系到自身人格的完善和人生价值的实现，更加关系到整个社会的物质文明、精神文明的发展。大学新生学习践行社会主义核心价值观，关键要学习并遵守社会公德、职业道德、家庭美德，继承弘扬中华民族传统美德。大学新生要以能力提升为基础，在新时代新环境中，用新思想新观念武装头脑，掌握新知识，开创新实践，全方位提升自身的综合素养。

二、培育和践行社会主义核心价值观

大学新生培育和践行社会主义核心价值观，既要坚持科学的学习规律，以先进的学习理念为指导，又要反映教育的本质和时代特征。新时代背景下，想要强化大学新生的社会主义核心价值观学习，就必须坚持以人为本、平等尊重、全面发展和立德树人的科学理念，用正确的理念指引大学新生的学习。

（一）坚持以人为本

以人为本是指我们在学习践行社会主义核心价值观的过程中，要坚持从合理需要、个性发展出发，以德智体美劳全面发展为目的的一种学习理念。大学新生刚刚实现角色和生活场景的转换，要尽快适应新环境，植入新概念，这显得尤为重要。进行社会主义核心价值观学习，就是要通过学习来感知科学理论的人本情怀。

首先，要充分彰显主体意识，主动激发自身主体意识的苏醒，主动参与，主动学习，主动将自己从社会主义核心价值观的被动学习者角色，转变成学习者、宣传者、实践者的集合体，充分激发自身的主体意识。

其次，要找准以人为本的切入点，让社会主义核心价值观在学生当中"润物无声"。大学新生刚进校，充满好奇，但也会遇到许多思想上的混沌和迷茫。因此，着力解决好大学新生的思想问题，是我们宣传弘扬社会主义核心价值观的最好切入点。如通过新生大礼包、专家导学、导生制、学业规划、职业生涯规划、党团课教育、学子百家讲坛、红色文化体验、校史教育等形式多样、内涵丰富的思想教育活动，引导新生积极思考，积极转变。

最后，要解决好大学新生的各种实际问题。每个新生都是带着一个家庭的故事和自己的过往进校的。每个个体都是特殊的，会有家庭、经济、交友、学业、兴趣、生理、情感的很多问题和困难。甚至还有很多新生在对自己高考结果的情感认同上也存在很多问题。解决好这些实际问题，能让新生安得下心，找得到方向，规划好生活节奏，融入得了集体，心态阳光和美，积极探索大学生活。新生要积极参加新生破冰活动、谈心谈话等融入集体，通过情感驿站、资助工作、学生干部培养、党团活动、学长笔记、新老生交流会、十佳大学生交流会、优秀学生干部交流会等树立学习目标，合理安排大学生活。

（二）坚持平等尊重

科学的理论是高大的，同时又是平易近人的。开展社会主义核心价值观教育，切莫高高在上，只有用平等与尊重的钥匙才能打开新生的心扉，要以平等的姿态和诚恳的态度与大学新生交流对话，换取大学生的真心、信任和信服。

在开展大学新生社会主义核心价值观学习教育时，要树立"来自生活，回归生活"的理念，既要在理论上"高大上"，又要学会"弯下腰"，不能"拒人于千里之外"，要把对社会主义核心价值观的经典要义融入新生的行为养成、社会实践当中，生活化、实践化、体验式地开展社会主义核心价值观教育，在学生的学习、交往、生活空间中下功夫，营造良好的实践环境和学习氛围，让大道化于无形，让经典要义入脑入心。

（三）坚持全面发展

人的全面发展是马克思主义理论的核心理念。党的十八大以来，习近平总书记多次强调，必须坚持以人民为中心的发展理念，深刻指出要"不断促进人的全面发展"。2018年，习近平总书记在全国教育大会上提出"培养德智体美劳全面发展的社会主义建设者和接班人"，这是新时代党和国家教育方针的具体概况，为高校围绕"五育并举"主张开展育人实践和人才培养指明了正确方向。

大学新生进行社会主义核心价值观学习，就要坚持以"五育并举，全面发展"为基本理念，着力强化优秀品德学习，树立科学理想信念、世界观、人生观、价值观，要把自己价值观念的树立融入生活目标的实现中。同时，大学新生着力学习科学的社会规范，提倡"五讲四美"，强化公德学习和私德学习；着力强化对社会主义核心价值体系的学习，加强科学文化知识学习，力争做到"知行合一"；着力生命健康维护，掌握健康知识，提升健康意识；着力强化审美学习，积极树立正确的审美观念、审美情趣和审美素养，做到以美育人、以文化人，培育美好心灵；着力强化劳动习惯的养成，弘扬劳动精神，培养劳动意识，做到自觉参与劳动，自觉动手实践，并在劳动中获得快乐和价值，磨炼意志，培育正确的劳动价值观和良好的劳动品质。

（四）坚持立德树人

党的十八大以来，党中央高度重视高校思想政治教育工作，提出"立德树人"的基本理念，坚持育人为本、德育为先。通过社会主义核心价值观教育来引导学生的思想，使学生能够树立正确的理想信念，争取成为一个健康的人、一个全面的人、一个德才兼备的人。这一理念贯彻得好不好，直接关系到"培养什么人""怎样培养人""为谁培养人"的根本问题。由此，大学新生在参与社会主义核心价值观的学习中，必须要做到以下几点：

首先，是要学习和把握好正确的政治方向，始终坚持党的领导，坚持以马克思主义为指导，提升政治素养，树立正确的世界观、价值观、人生观，厚植爱党爱国爱人民的情怀，积极抵御各种错误思想。

其次，是要尊重时代性，自觉遵循"因事而化、因事而进、因事而新"的学习理念，积极回应时代命题，积极回应时代变革，牢牢抓住时代主流。

再次，是要讲究规律性，遵循好思想政治理论学习的规律及成长成才规律，既学习又实践，注重知识体系搭建和价值观塑造相结合，注重情感和心灵的培育，注重学习的针对性。

最后，是要把握好学习的系统性，要将社会主义核心价值观的学习，贯穿到课堂学习和大学生活全程之中，形成学习合力，增强自身对社会主义核心价值观的认同，并积极践行社会主义核心价值观。

第三节 中华优秀传统文化教育

党的十八届三中全会强调，要进一步加强新形势下中华优秀传统文化教育。加强中华优秀传统文化教育，是深化中国特色社会主义教育和中国梦宣传教育的重要组成部分，对于引导青年学生更加全面准确地认识中华民族的历史传统、文化积淀，认清中国特色社会主义的历史必然性，坚定走中国特色社会主义道路、实现中华民族伟大复兴中国梦的理想信念，具有重大而深远的历史意义。

一、正确认识中华优秀传统文化

（一）准确把握中华优秀传统文化的内涵

中华优秀传统文化，是中华民族历史上道德传承、文化思想、精神观念的总体。中华优秀传统文化包括讲仁爱、重民本、守诚信、崇正义、尚和合、求大同等核心思想理念，包括自强不息、敬业乐群、扶危济困、见义勇为、孝老爱亲等中华传统美德，包括社会和谐、向上向善的人文精神。[①] 这些思想文化精神是中华民族最深沉的精神追求，是中华民族独特的精神标识，为中华民族生生不息、发展壮大提供丰厚的滋养，是中国特色社会主义先进文化的根基，是中华文明屹立于世界文明之林并在激荡的文化竞争中站稳脚跟的根基。[②] 习近平总书记在中共中央政治局第三十九次集体学习时强调："我们坚持把马克思主义基本原理同中国具体实际相结合、同中华优秀传统文化相结合……推进了中华优秀传统文化创造性转化、创新性发展。要坚持守正创新，推动中华优秀传统文化同社会主义社会相适应，展示中华民族的独特精神标识，更好构筑中国精神、中国价值、中国力量。"[③] 新时代承载新使命，新时代的青年大学生要传承弘扬中华优秀传统文化，进一步激发中华优秀传统文化的生机与活力，为中华民族伟大复兴筑牢深厚文化根基、提供强大精神力量。

（二）充分认清中华优秀传统文化的时代价值

新时代的青年大学生要深刻认识到，中华优秀传统文化是中华民族的根和魂，是中华文明的智慧结晶和精华所在，是我们最深厚的文化软实力，是我国的独特优势。青年大学生只有深刻理解其当代价值和时代意蕴，才能更好地构筑自身的精神世界和价值体系，汇聚起磅礴的中国力量，不断铸就中华文化新辉煌。

首先，新时代的青年大学生要倍加珍视中华优秀传统文化这一中华民族的突出优势。在五千年文明发展中孕育而来的中华优秀传统文化，建构着中华民族的民族特质、精神特点，其核心思想为中华民族提供了强大的生命力和营养源泉，是中华民族区别于其他民族的根本标识。中华优秀传统文化在当下，获得了创造性转化和创新性发展，取得了突破性进展和历史性成就，为中华民族伟大复兴注入了强大文化驱动力。

其次，新时代的青年大学生要倍加珍视中华优秀传统文化赋予我们的文化自信。历史和现实表明，一个国家和民族的文化自信是更基础、更广泛、更深厚的自信。中华优秀传统文化在其漫长的形成过程中，积淀了独一无二的理念、智慧、气度、神韵，强化了中国人民内心深处的自信和自豪。中华文明是

---

① 新华社. 中共中央办公厅 国务院办公厅印发《关于实施中华优秀传统文化传承发展工程的意见》[EB/OL]. http://www.gov.cn/zhengce/2017-01/25/content_5163472.htm.

② 韩玉胜. 中国共产党百年传统文化观的历史逻辑 [J]. 广西大学学报（哲学社会科学版），2021（06）：15—22.

③ 新华社. 习近平主持中共中央政治局第三十九次集体学习并发表重要讲话 [EB/OL]. http://www.gov.cn/xinwen/2022-05/28/content_5692807.htm?type=bgxz.

世界上唯一没有中断、发展至今的文明，这一事实是青年大学生树立文化自信的强大底气，也是其坚持文化自信、道路自信、理论自信、制度自信的强大底气。

最后，新时代的青年大学生要倍加珍视中华优秀传统文化对中华民族进步和人类文明进步的重大促进作用。中华优秀传统文化蕴涵着和平、发展、公平、正义、民主、自由的人类共同价值。"远人不服，则修文德以来之"，以理服人、以文服人、以德服人的生命禀赋和生存耐性，不仅为中华民族的赓续发展注入强大生命力，同时也为全人类文明进步贡献了中华民族的智慧。进入新时代，习近平总书记深刻揭示了中华优秀传统文化与当代文化、世界文化之间的关系，指出："要使中华民族最基本的文化基因与当代文化相适应、与现代社会相协调……把跨越时空、超越国度、富有永恒魅力、具有当代价值的文化精神弘扬起来，把继承传统优秀文化又弘扬时代精神、立足本国又面向世界的当代中国文化创新成果传播出去。"①

（三）科学认识中华优秀传统文化的个体价值

新时代的青年大学生要深刻认识到，学习和掌握中华优秀传统文化及其各种思想精华，对塑造正确思想价值理念，成长成才具有非常重要的现实意义。

首先，中华优秀传统文化可以帮助青年大学生树立崇高理想信念。数千年来，中华民族团结奋斗、自强不息，创造出灿烂的中华优秀传统文化。新时代的理想信念根植于这一民族共识和精神家园，是各族人民共同的理想和追求。青年大学生只有深刻理解中华优秀传统文化，才能更加深刻地把握新时代理想信念的由来和归宿，才能更加坚定对新时代理想信念的执着和信心，才能做到"心中有理想，脚下有力量"，才能在伟大复兴中国梦的伟大征程中奋发有为。

其次，中华优秀传统文化可以帮助青年大学生树立强大的人格自信和文化自信。中华优秀传统文化是中华民族区别于其他族群的根本标识，是中国人的"基本基因"。中华优秀传统文化是中国人树立人格自信和人格魅力的关键。同样，在世界文明发展史中，优秀的文化才能得以发展，文化的消亡终会引致一个民族的消亡。中华文明延续了五千年，且正在新时代焕发勃勃生机，更加彰显了中华优秀传统文化的生命力。新时代的青年大学生，学习掌握好中华优秀传统文化，必将坚定自信，以更加昂扬的姿态迎接新时代。

最后，中华优秀传统文化可以帮助青年大学生完成"立德树人"根本任

---

① 习近平. 习近平谈治国理政［M］. 北京：外文出版社，2014：161.

务。中华传统美德是中华优秀传统文化的瑰宝，是中华民族优秀道德品质的集合，蕴含着巨大的"德育"价值。[①] 中共中央办公厅、国务院办公厅印发的《关于实施中华优秀传统文化传承发展工程的意见》指出："传承发展中华优秀传统文化，就要大力弘扬自强不息、敬业乐群、扶危济困、见义勇为、孝老爱亲等中华传统美德。"[②] 在新时代，弘扬中华优秀传统文化，要以青年大学生喜闻乐见的传播方式将中华传统美德内化于青年人的心中，提升他们的思想道德素养，使其以"德"作为为人处世的第一准则，成长为德智体美劳全面发展的社会主义建设者和接班人。

（四）认真学习中华优秀传统文化的学习内容

新时代的青年大学生要思路清晰，准确把握中华优秀传统文化及其各种思想的重点内容，准确理解中华优秀传统文化的精髓要义。

教育部印发的《完善中华优秀传统文化教育指导纲要》明确指出：高校大学生要以提高对中华优秀传统文化的自主学习和探究能力为重点，培养文化创新意识，增强传承弘扬中华优秀传统文化的责任感和使命感；要深入学习中国古代思想文化的重要典籍，理解中华优秀传统文化的精髓，深刻认识中华优秀传统文化是中国特色社会主义植根的沃土，辩证看待中华优秀传统文化的当代价值，正确把握中华优秀传统文化与中国化马克思主义、社会主义核心价值观的关系；要完善人格修养，关心国家命运，自觉把个人理想和国家梦想、个人价值与国家发展结合起来，坚定为实现中华民族伟大复兴的中国梦不懈奋斗的理想信念。[③]

作为新时代青年大学生，要以自豪、自信的态度对待中华优秀传统文化，深入学习文化经典、历史遗存、文物古迹承载的丰厚道德资源，积极弘扬古圣先贤、民族英雄、仁人志士的高尚品德，让中华文化基因更好植根于青年大学生思想意识和道德观念；要深入宣扬中华优秀传统文化所蕴含的仁爱、民本、诚信、正义、和合、大同等思想理念，深入学习弘扬中华民族自强不息、敬业乐群、扶正扬善、扶危济困、见义勇为、孝老爱亲等传统美德，结合新时代、新使命的实践要求，充分彰显其时代价值和永恒真谛，使之与现代青年、当代文化、现实生活融通互鉴，成为青年大学生精神生活、道德实践的鲜明标志。

---

① 罗利玉. 高校怎样弘扬中华优秀传统文化 [J]. 中国高等教育，2021（Z1）：66—68.
② 中国政府网. 中共中央办公厅 国务院办公厅印发《关于实施中华优秀传统文化传承发展工程的意见》[EB/OL]. http://www.gov.cn/zhengce/2017-01/25/content_5163472.htm.
③ 教育部网站. 教育部关于印发《完善中华优秀传统文化教育指导纲要》的通知 [EB/OL]. http://www.moe.gov.cn/srcsite/A13/s7061/201403/t20140328_166543.html.

二、弘扬中华优秀传统文化

2019年10月,党的十九届四中全会指出:"发展社会主义先进文化、广泛凝聚人民精神力量,是国家治理体系和治理能力现代化的深厚支撑。必须坚定文化自信,牢牢把握社会主义先进文化前进方向,激发全民族文化创造活力,更好构筑中国精神、中国价值、中国力量。"[①] 中华优秀传统文化是发展和繁荣社会主义文化的根基,要弘扬中华优秀传统文化、革命文化、社会主义先进文化,促进全体人民在思想上精神上紧紧团结在一起的显著优势。这些论述和文件精神,为新时代青年大学生学习中华优秀传统文化指明了方向,提供了行动遵循。

(一)坚持马克思主义的指导地位

马克思主义是中华先进文化的鲜明底色,是我们继承弘扬优秀传统文化的指导思想和鲜明旗帜。中华优秀传统文化是中华民族的精神灵魂和生存根基。青年大学生要正确认识马克思主义与中华优秀传统文化的关系,这涉及中华民族文化发展走什么路、向何处去的重大实践问题。马克思主义与中华传统文化,不是非此即彼、截然对立的关系。中华优秀传统文化是马克思主义与中国实践相结合的文化土壤。同时,马克思主义改变了中华传统文化的发展方向,为中华传统文化注入了新的生机和活力,使中华传统文化沿着民族的、科学的、大众的方向发展。新时代的青年大学生要坚持以习近平新时代中国特色社会主义思想为指导,贯彻习近平总书记关于文化发展的一系列论述,担负起继承弘扬中华优秀传统文化的历史责任。

(二)树立继承和弘扬中华优秀传统文化的正确态度

当前,面对各种历史虚无主义、文化虚无主义、文化复古主义、文化保守主义等思潮,青年大学生的思想受到很大冲击。中体西用论、全盘西化论、儒学复兴论等观点影响着青年大学生的思考。为此,青年大学生必须处理好尊重传统与反省传统的关系,在坚定不移地继承弘扬优秀传统文化的进程中,防止文化复古主义的沉渣泛起。青年大学生既要坚持文化自信,又要坚持文化自省;既要尊重传统,又要理性面对传统;既要强调继承弘扬优秀传统文化,又要秉持历史唯物主义的原则。青年大学生要在继承弘扬中实现转化创新,对优

---

① 中国政府网. 中国共产党第十九届中央委员会第四次全体会议公报[EB/OL]. http://www.gov.cn/xinwen/2019-10/31/content_5447245.htm.

秀传统文化进行创造性转化和创新性发展，不断使其适应新时代新实践的需要，更好为人民群众服务，为伟大复兴中国梦的实现服务。青年大学生要按照新时代的特点和要求，对优秀传统文化的内涵加以补充、拓展、完善，赋予其现代表达形式，激活其生命力，增强其影响力和感召力，同时在不断汲取各种文明养分中丰富和发展中华文化。另外，青年大学生还要立志做一名忠实的中华优秀传统文化继承者、传承者、弘扬者和践行者，不断推动中华优秀传统文化发扬光大。

（三）珍惜课堂学习，提升学习质量

大学新生进校后，中华优秀传统文化课程学习就成为学习传统文化的主渠道。青年大学生要充分利用课堂学习，切实提升学习效果。大学有很多关于中华优秀传统文化的课程，比如思政课、传统文化的选修课、MOC课程等。大学生要发挥相关课程的作用，不仅要学好专业知识，还要学好传统文化知识，要充分利用图书馆、网络等资源学习探究传统文化。

（四）积极参与校园文化活动

学校开展的中华优秀传统文化相关的讲座、报告、论坛、班会、党团学习等活动，都是学习掌握优秀传统文化的有效平台。各类富有中华优秀传统文化深意的校园活动，可以加深学生对于中华优秀传统文化理论知识的理解。大学新生，一方面要积极参加优秀传统文化的专家讲座；另一方面也要积极参与有关论坛、报告会、党团学习活动，从中不断汲取文化养分。

（五）积极投身优秀传统文化社会实践

青年大学生是富有知识的群体。积极投身优秀传统文化社会实践是大学生投身国家建设、向群众学习、锻炼才干和弘扬中华优秀传统文化的重要渠道。"纸上得来终觉浅，绝知此事要躬行"，大学新生要根据自己的专业特点和特长为社会做一些力所能及的事情，通过走进社区、工厂、农村，在实践中受教育、长才干、做贡献。青年大学生要把实现中华民族伟大复兴的中国梦作为自己的人生目标，踏踏实实、身体力行，不断推动中华优秀传统文化与时俱进、生生不息。

第四节　新时代爱国主义教育

在中华民族五千年的绵延发展历程中，爱国主义始终是激励我国各族人民自强不息的强大力量和激昂的主旋律。而当代中国，实现中华民族伟大复兴的中国梦是爱国主义的鲜明主题。2018年习近平总书记在全国教育大会中强调要让爱国主义精神在学生心中牢牢扎根。新时代对大学生爱国主义教育提出了新要求。2019年11月，中共中央、国务院印发《新时代爱国主义教育实施纲要》，并要求各地区各部门结合实际认真贯彻落实。

一、正确认识新时代爱国主义教育

新时代的青年大学生是中华民族伟大复兴的参与者、受益者。为履行好历史使命，新时代青年大学生必须争做一个忠实的爱国主义者，用强大的爱国主义情怀作为自身建设伟大祖国、实现民族伟大复兴的强大动力。

（一）坚持把实现中华民族伟大复兴的中国梦作为鲜明主题

爱国主义主题都具有鲜明的时代性。结合时代目标，聚焦现实问题，融入具体实践，习近平总书记提出了"实现中华民族伟大复兴的中国梦，是当代中国爱国主义的鲜明主题"的新论断。[1] 党的十八大以来，以习近平同志为核心的党中央面对国内外形势和改革发展任务，努力回应人民期待，积极顺应时代发展，提出了"中国梦"的重要指导思想和重要执政理念。新时代爱国主义必须坚持把实现中华民族伟大复兴的中国梦作为鲜明主题，与中华民族的发展进程紧密联系在一起。因此，新时代的青年大学生要厚植家国情怀，坚持中国道路，弘扬中国精神，共同奋进，为民族复兴汇聚磅礴伟力。

（二）坚持爱党爱国爱社会主义相统一

"新中国是中国共产党领导的社会主义国家，祖国的命运与党的命运、社会主义的命运密不可分。"[2] 爱国主义的本质特征就是坚持爱国、爱党和爱社会主义相统一。爱国就是对国家和人民时刻抱有深厚的热爱与认同。爱国主义是一种为祖国独立富强而贡献力量的使命感和献身精神。爱国主义只有同社会主义相结合，才能取得真正的积极的成果。在当代中国，爱国主义就是全体人民团结起来为共同理想和目标而奋斗，爱国就是爱中国共产党领导的社会主义新中国。

习近平总书记强调："只有坚持爱国和爱党、爱社会主义相统一，爱国主

---

[1] 习近平. 在中共中央政治局第二十九次集体学习时强调：大力弘扬爱国主义精神，为实现中国梦提供精神支柱[N]. 人民日报，2015-12-31.

[2] 中国政府网. 中共中央 国务院印发《新时代爱国主义教育实施纲要》[EB/OL]. https://www.gov.cn/zhengce/2019-11/12/content_5451352.htm.

义才是鲜活的、真实的,这是当代中国爱国主义精神最重要的体现。"① 总之,爱国、爱党、爱社会主义是相互联系、相互渗透、内在统一的。要引导大学生深刻认识到党的领导是中国特色社会主义最本质的特征和最大的制度优势,只有坚持党的领导、坚持走中国特色社会主义道路才是实现国家富强的必由之路和根本保障。

新时代的青年大学生要不断学习党的历史、国家的历史、改革开放史、社会主义发展史,不断增强爱党、爱国、爱社会主义的主动性和自觉性,不断提升自己为党和国家工作、为社会主义服务的本领和能力,做一个新时代爱国者。

（三）坚持维护祖国统一和民族团结

中华民族根本利益在于国家统一和民族团结。民族团结,是各族人民的生命线。要巩固和发展平等团结互助和谐的社会主义民族关系,维护全国各族人民大团结的政治局面,要巩固和发展最广泛的爱国统一战线,不断增强对伟大祖国、中华民族、中华文化、中国共产党、中国特色社会主义的认同,要坚决维护国家主权,旗帜鲜明地反对一切分裂国家的图谋,筑牢国家统一、民族团结的铜墙铁壁。

习近平总书记指出："爱国主义始终是把中华民族坚强团结在一起的精神力量。"② 当前,我们面临的任务依然艰巨,两岸尚未统一,反动势力依然猖獗,这就更需要爱国主义来凝聚人心,凝聚各民族的力量。爱国主义是全国各族人民自强不息、奋勇向前的动力。我们只有团结在爱国主义的伟大旗帜下,才能最大限度汇聚力量,才能真正做到自强不息。只有在爱国主义伟大旗帜下,我们才能真正实现国家和平稳定、主权独立、各民族紧密团结,才能为国富民强奠定强大基础。每一个大学生的命运都与国家命运前途息息相关。青年大学生必须清醒认识到,各民族只有团结在一起,才有力量和信心抵御民族分裂势力、维护国家的和平稳定。

新时代的青年大学生要人人争当维护民族团结的表率,人人争当维护国家安全的标杆,人人争当维护国家统一的典范。

（四）坚持立足中国又面向世界

一个国家与民族要富强兴旺,就必须开放兼容,要把弘扬爱国主义精神与

---

① 习近平. 在中共中央政治局第二十九次集体学习时强调:大力弘扬爱国主义精神,为实现中国梦提供精神支柱 [N]. 人民日报,2015-12-31.

② 习近平. 习近平谈治国理政 [M]. 北京:外文出版社,2014:40.

扩大对外开放统一起来，善于从不同文明中寻求智慧、汲取营养，共同推动人类文明发展进步。习近平总书记强调："中国人是讲爱国主义的，同时我们也是具有国际视野和国际胸怀的。"[①] 我国提升综合国力的同时，与世界各国合作共赢、共同发展，是最好选择。"我们要继承和弘扬联合国宪章的宗旨和原则，构建以合作共赢为核心的新型国际关系，打造人类命运共同体。"[②]

当前，我国与其他国家已经成为不可分割的整体，彼此之间的命运紧紧地连在一起。只有在一个稳定的国际环境中中华民族才有可能实现中国梦。新时代大学生弘扬爱国主义要坚持习近平总书记关于弘扬爱国主义精神的重要论述，既立足民族又面向世界。

新时代的青年大学生要不断增强民族自豪感，增强作为一个中国人的骄傲感，同时不断开阔视野，用开放、包容的胸怀看待人类一切优秀成果和一切民族。

二、加强新时代爱国主义教育

爱国主义是中华民族的民族心、民族魂。要加强新时代爱国主义教育，固本培元、凝心铸魂，培养时代新人。

（一）学习习近平新时代中国特色社会主义思想

《新时代爱国主义教育实施纲要》指出，要坚持用习近平新时代中国特色社会主义思想武装全党、教育人民。习近平新时代中国特色社会主义思想是马克思主义中国化最新成果，是全党全国人民为实现中华民族伟大复兴而奋斗的行动指南。青年大学生要深刻理解习近平新时代中国特色社会主义思想的核心要义、精神实质、丰富内涵、实践要求，不断增强政治意识、大局意识、核心意识、看齐意识，坚决维护习近平总书记党中央的核心、全党的核心地位，坚决维护党中央权威和集中统一领导；要在知行合一、学以致用上下功夫，坚持以习近平新时代中国特色社会主义思想为指导，展现新气象、激发新作为。

青年大学生在学习习近平新时代中国特色社会主义思想的过程中，要运用不同方法从不同的角度来学习，把学懂、弄通、践行作为重中之重，学深悟透、融会贯通。青年大学生要通过线下线上等多种学习平台加强对理论知识的

[①] 习近平. 中国人讲爱国主义，也具有国际视野和国际胸怀 [N]. 人民日报，2013-03-19 (01).

[②] 习近平. 习近平谈治国理政（第二卷）[M]. 北京：外文出版社，2017：522.

掌握与理解，通过理论学习，促进德智体美劳全面发展；要在实践当中深刻地领悟习近平新时代中国特色社会主义思想，将所学到的理论知识充分运用到实践当中，并在实践中锤炼自身意志品质，不断提升自己，做到理论与实践相结合，自觉做到"两个维护"。总的来说，青年大学生就是要通过教学第一课堂、实践第二课堂、网络第三课堂的合力，促使自身坚持用习近平新时代中国特色社会主义思想武装头脑，学理论、知理论、用理论，学以致用，知行合一，把学习成果转化为爱国报国的实际行动。

（二）学习中国特色社会主义和中国梦

《新时代爱国主义教育实施纲要》指出，中国特色社会主义集中体现着国家、民族、人民根本利益。针对大学新生开展的理想信念教育必须高举中国特色社会主义伟大旗帜，用党领导人民进行伟大社会革命的成果说话，用改革开放以来社会主义现代化建设的伟大成就说话，用新时代坚持和发展中国特色社会主义的生动实践说话，用中国特色社会主义制度的优势说话，引导大学新生深入理解中国共产党为什么"能"、马克思主义为什么"行"、中国特色社会主义为什么"好"，牢记红色政权是从哪里来的，新中国是怎么建立起来的。只有倍加珍惜我们党开创的中国特色社会主义，才能不断增强道路自信、理论自信、制度自信、文化自信。

新时代的大学新生要深刻认识中国梦是国家的梦、民族的梦，也是每个中国人的梦，深刻认识中华民族伟大复兴绝不是轻轻松松、敲锣打鼓就能实现的，需要付出更为艰巨、更为艰苦的努力，要争做新时代的奋斗者、追梦人，积极投身到实现中国梦的伟大实践中，自觉把个人前途命运与祖国和民族的命运紧密相连，勤奋学习，担当敢为，积极为实现中华民族伟大复兴的中国梦贡献力量。大学新生既要充分认识改革开放以来我国取得的举世成就，充分认识到中国特色社会主义制度的显著优势，又要客观正视我们前进道路上的困难和挑战。

大学新生要学会利用各种渠道学习中国特色社会主义和中国梦，在各种主题党日、主题团日、理论学习等活动中理解领悟中国梦；要积极参加主题社会实践活动，如"梦想中国"大学生志愿者行动计划、学雷锋社会实践活动、"挑战杯"大学生课外学术科技作品竞赛、暑期"三下乡"社会实践活动等，在主题活动中践行中国梦。

（三）把握国情和了解形势

《新时代爱国主义教育实施纲要》指出，要深入开展国情教育，帮助青年大学生了解我国发展新的历史方位、社会主要矛盾的变化。新时代的青年大学生要积极接受形势政策教育，树立正确的历史观、大局观、角色观，了解世界正经历百年未有之大变局，我国仍处于发展的重要战略机遇期，清醒认识国际国内形势的发展变化，做好我们自己的事情；要认真开展国情与形势政策学习，了解我国的政治、经济、自然生态等方面的基本情况，激发爱祖国、爱家乡、热爱社会主义的热情，同时认清形势、坚定信念，增强道路自信、理论自信、制度自信和文化自信，使自己在新的历史机遇下，不断提升自身实力，增强信心，克服前进道路上的困难。

（四）学习民族精神和时代精神

《新时代爱国主义教育实施纲要》指出："以爱国主义为核心的民族精神和以改革创新为核心的时代精神，是凝心聚力的兴国之魂、强国之魂。要聚焦培养担当民族复兴大任的时代新人，培育和践行社会主义核心价值观，广泛开展爱国主义、集体主义、社会主义教育，提高人们的思想觉悟、道德水准和文明素养。要唱响人民赞歌、展现人民风貌，大力弘扬中国人民在长期奋斗中形成的伟大创造精神、伟大奋斗精神、伟大团结精神、伟大梦想精神，生动展示人民群众在新时代的新实践、新业绩、新作为。"

新时代的大学新生要大力学习弘扬爱国主义精神，助推伟大民族精神和时代精神的培育，在学习知识的同时塑造优良品格，使伟大民族精神与时代精神内化于心、外化于行。

（五）学习党史、国史、改革开放史、社会主义发展史

《新时代爱国主义教育实施纲要》指出："历史是最好的教科书，也是最好的清醒剂。要结合中华民族从站起来、富起来到强起来的伟大飞跃，引导人们深刻认识历史和人民选择中国共产党、选择马克思主义、选择社会主义道路、选择改革开放的历史必然性，深刻认识我们国家和民族从哪里来、到哪里去，坚决反对历史虚无主义。要继承革命传统，弘扬革命精神，传承红色基因……要加强改革开放史教育，引导人们深刻认识改革开放是党和人民大踏步赶上时代的重要法宝……也是决定实现'两个一百年'奋斗目标、实现中华民族伟大复兴的关键一招。"

新时代大学新生要通过充分学习党史、国史、改革开放史、社会主义发展史，认识到中华民族发展的过程是不平凡的，中国特色社会主义发展道路是正确的，通过学习把爱国、强国、报国的行动自觉融入实现中华民族伟大复兴的奋斗之中。

（六）学习中华优秀传统文化

《新时代爱国主义教育实施纲要》指出："对祖国悠久历史、深厚文化的理解和接受，是爱国主义情感培育和发展的重要条件。要引导人们了解中华民族的悠久历史和灿烂文化，从历史中汲取营养和智慧，自觉延续文化基因，增强民族自尊心、自信心和自豪感。要坚持古为今用、推陈出新……推动中华文化创造性转化、创新性发展。要坚守正道、弘扬大道，反对文化虚无主义，引导人们树立和坚持正确的历史观、民族观、国家观、文化观。"

新时代大学新生要通过广泛开展丰富多彩的体验式、参与式活动，将中华优秀传统文化学习落到实处，增强对优秀传统文化的认同感，树立起更加坚定的文化自觉和文化自信。

（七）学习维护祖国统一和民族团结

《新时代爱国主义教育实施纲要》指出："实现祖国统一、维护民族团结，是中华民族的不懈追求。要加强祖国统一教育，深刻揭示维护国家主权和领土完整、实现祖国完全统一是大势所趋、大义所在、民心所向，增进广大同胞心灵契合、互信认同，与分裂祖国的言行开展坚决斗争……深化民族团结进步教育，铸牢中华民族共同体意识，加强各民族交往交流交融，引导各族群众牢固树立'三个离不开'思想，不断增强'五个认同'。"

新时代大学新生，要树立爱祖国大好河山、爱骨肉同胞、爱祖国的高尚情操，形成互帮互助的民族团结氛围，争做祖国统一和民族团结的宣传者、维护者。

（八）学习总体国家安全观

《新时代爱国主义教育实施纲要》指出："国家安全是安邦定国的重要基石。要加强国家安全教育，深入学习宣传总体国家安全观，增强全党全国人民国家安全意识，自觉维护政治安全、国土安全、经济安全、社会安全、网络安全和外部安全。要加强国防教育，增强全民国防观念。"这是提升大学生对国家安全的认识，增强爱国情怀，维护中华民族长治久安的重要举措。引导学生树立总体国家安全观，是高校爱国主义教育的重要内容之一，在高校教育中至关重要。

新时代大学新生要更加深刻地认识国家安全的重要性，牢记维护国家安全是每一个公民应尽的义务，在国家安全的问题上没有人能够独善其身，要树立国家安全是美好生活的基础前提的基本理念。

第五节　典型案例

一、案例主题

重庆理工大学用"红岩精神"打好大学新生人生底色。

二、案例概述

重庆这座英雄城市，孕育了伟大的红岩精神。革命先辈崇高的精神境界，绘就了共产党人的精神底色，也为后辈留下了诸多宝贵的精神财富。近年来，重庆理工大学依托重庆市丰富的红色文化资源，以抗战时期中共中央南方局驻地红岩村、周公馆以及重庆《新华日报》总馆旧址"红色三岩"为核心，依托白公馆、渣滓洞革命斗争历史和英雄人物，联合歌乐山革命纪念馆、重庆红岩联线文化发展管理中心和重庆理工大学红岩精神展览馆，精心策划打造新生理想信念教育平台，并且通过这个平台对全校学生展开理想信念教育，培养了如十佳大学生、士继青年奖章获得者等一大批优秀青年。用红岩精神打好新生的人生底色，讲好红色故事，传承红色基因，弘扬伟大精神，坚定理想信念。

三、实施方法

（一）搭建校内外教育平台

在学校统筹安排和组织下，建立校外、校内实践教育平台。与红岩村、周公馆、白公馆、渣滓洞、歌乐山革命纪念馆、重庆红岩联线文化发展管理中心广泛建立合作，将以上机构和红色胜地作为开展大学新生理想信念教育的主要实践基地。同时，在校内建立红岩英烈余祖胜陈列馆，依托团校组建红岩英烈余祖胜骨干培训班，设立余祖胜团支部等。

（二）打造明史懂教的教育队伍

整合学校党政领导、辅导员、青年榜样三种力量，打造了一支专业全面、明史懂教的新生理想信念教育工作队伍。依托红岩精神文化，邀请校领导、党史专家为新生作专题报告，学院党委领导班子讲党课，党支部书记讲党课，辅导员开团课，榜样进班课，向新生讲解在面对生死考验时，革命先烈展现的崇高精神境界，矢志不渝、凌霜傲雪的坚定理想信念，为救民族于危难、人民于水火，随时准备牺牲的浩然革命正气，让红岩精神为新生夯基固本。

（三）开展形式多样的教育活动

新生进校后，广泛组织开展"红岩精神进校园"活动。组织新生观看《信仰》《邹容》《江姐》《红岩魂》等舞台剧、革命影视作品；开展红色经典朗诵比赛、"信念铸就党性"主题征文活动、新生入党积极分子"红岩行"活动、红岩精神专题报告会、红色团支部建设评比等校园红色文化活动；开展入党申请书撰写递交、新生年度评优评先活动、青年志愿服务活动等丰富的教育活动，将红岩精神和理想信念根植于青年学生内心。

（四）学生主动参与的教育方法

利用好"第一粒扣子"课堂，组织开展"五来"系列活动，充分发挥新生的主观能动性，激发新生群体向党组织靠拢的行动热情。新生群体组织开展"党课我来上""党史我来讲""红色经典我来诵""红色故事我来演""先锋我来当"的"五来"系列活动，传唱红色经典，浸润红色血脉，演绎红岩英烈，强化榜样力量，在参与与实践中感悟精神力量。班级和社团基于红岩文化主题，广泛开展主题班会和社会实践活动，新生们一起回顾一段历史、讲述一个故事，从现实回望历史，以历史观照现实，用红岩精神引领自身的成长。

四、主要成效

重庆理工大学在依托"红岩精神"红色文化资源开展新生理想信念教育的实施过程中，坚持以立德树人为根本目标，坚持德智体美劳"五育并举"学生教育体系建设要求，通过积极探索和不断实践取得了令人满意的成效。

（一）营造出校园实践育人文化新氛围

依托"红岩精神"红色文化资源，通过校园宣讲与校外参观相结合的常态化教育，搭建起校内校外、历史与现实相结合的教育平台，使思想政治教育的形式和内容更加丰富，也使以"红岩精神"为代表之一的红色校园文化建设进一步加强。通过开展红色经典朗诵比赛、主题征文活动、新生入党积极分子"红岩行"活动等学生乐于接受的活动形式，将红色教育内容潜移默化地渗入新生的人生观和价值观之中，在整个校园形成了"你追我赶、争先创优"的良好氛围。把青年大学生置于向上向善的大熔炉里，激励大学生立鸿鹄志、做奋斗者，始终坚定"青春是用来奋斗的"的决心，自觉把个人奋斗融入党和人民的共同奋斗中，为实现中国梦增添强大正能量。

（二）打造了新生理想信念教育新路径

通过打造以"红岩精神"为代表的新生红色教育平台，按照"体系化设计、项目化推进、精细化实施"的思路，突出学校第一课堂，激活实践二课堂，运用网络新课堂，用好社会大课堂，显性课程与隐性课程融合，开展情景式教育，积极引导新生了解历史、关注现实。同时，将新生理想信念教育、入党启蒙教育与大学生的行为教育紧密结合，按照"贴近实际、贴近生活、贴近学生"的原则，开展以红色文化资源为载体的实践活动，实现新生理想信念教育从"要我学"到"我要学"的转变。

（三）激活红色基因打好新生人生底色

以"红岩精神"为代表的新生红色教育平台激活了新生血液中的红色基因，激发了其强大的民族自豪感，激起了无坚不摧的红色能量，切实践行了习近平总书记对青年的"爱国、励志、求真、力行"八字要求。爱国是红色基因的政治灵魂，是引领当代大学生成长成才的方向；励志是红色基因的鲜明底色，激发当代大学生追梦奋斗精神；求真是红色基因的科学价值，铸牢当代大学生探求真理的基石；力行是红色基因的重要素质，锤炼当代大学生知行合一的品格。以"红岩精神"打好新生人生底色，培养新生的爱国主义情怀、革命乐观主义精神、集体主义思想，让新生心中有信仰、脚下有力量，始终坚定"革命理想高于天"的信念，自觉将个人的理想融入建设中国特色社会主义事业和实现中华民族伟大复兴中。

五、思考启示

（一）加强"红岩精神"的认识

要增强对"红岩精神"运用于大学生理想信念教育的认识，要充分明确"红岩精神"的时代价值，充分明确"红岩精神"是大学生理想信念教育的重要内容。要用革命英烈崇高的思想境界鼓舞青年学生立志高远，用其坚定的理想信念鼓励青年学生树立坚定的共产主义信仰，用其巨大的人格力量鼓舞和激励青年学生不断修身养德和全面发展，用其浩然革命正气帮助青年学生树立心存正气、勇于改革的奋斗精神。

（二）加强"红岩精神"的运用

充分发挥青年学生在学习运用红岩精神、坚定理想信念中的主动性。例如，鼓励学生自行组织排练红岩主题的话剧、情景剧，让学生在组织和排练过程中产生对红岩英烈事迹的学习热情；组织大学生走出校园，走进社区，向普通民众宣传讲解红岩精神，推动青年学生积极践行红岩精神。

（三）加强"红岩精神"的宣传

综合运用各种媒体，加大红岩精神宣传力度。在校园内广泛设置宣传橱窗、红岩英烈长廊等视觉载体，同时在校园相关报刊、论坛开辟红岩专栏，利用网络媒体进行深度宣传，加强红岩精神宣传教育。

（四）加强"红岩精神"教育保障机制

建立自上而下的"红岩精神"教育保障体系，形成常态化的思想教育活动。将红岩精神教育融入校园文化活动、社团活动，编入学生"第二课堂"成为新生入校的"必修课"，在师资配备、经费、组织领导、学生社团建设等方面予以保障，确保教育实效性。

第七章　新生学业认知与专业教育

大学新生刚进入大学校园，对所学专业缺乏系统性和全面性的认知，容易只停留在"感兴趣"的层面，缺少"专业思想"。另外，大学新生往往对专业学习没有具体的规划，专业目标不明确，容易对专业前景感到迷茫、焦虑。因此，开展新生学业认知和专业教育有利于帮助大学新生正确认知、理解和评价自身的学习能力、学习内容和学习方式，对学习活动有重要的指导作用。同时，也可以培育学生的专业意识，建立学生的专业思想，帮助学生全面了解专业，引导学生热爱专业。

第一节　把握大学学习特点

大学阶段，无论是课程设置、学习方法，还是教育、管理等方面均与中学有较大差别。大学新生只有掌握大学的学习特点，适应大学的教育模式，才能尽早平稳地度过心理适应期，进而树立起正确的学习观，以指导今后大学的学习和生活。

一、大学与中学的区别

虽然大学和中学都是掌握知识、丰富自身、提升综合素质的阶段，但是由于学习内容、学习环境以及学习要求等不同，大学学习生活与中学的完全不同。[1]

（一）中学文化与大学文化

中学文化是以学校的精神和风气来培养学生，使其形成文明的言谈、举

---

[1] 谭建伟. 全程化大学生职业生涯规划——大学生生涯DIY [M]. 重庆：重庆大学出版社，2016.

止，进而营造浓厚的学习氛围，而大学文化则是历届师生的传承和创造、所积累的物质成果和精神成果的总和。

（二）中学教师与大学教师

从教学对象上看，中学教师面对的是未成年人，所以中学教师对学生学习上的指导会更多，而大学教师面对的是能够独立生活和学习的成年人，所以，不能期待大学教师还像中学教师那样管学生的学习和生活。

从教学内容上看，中学教师教的内容主要是为高考做准备的，而大学教师教的内容主要是为未来的职业发展和个人成长做准备的。

从教学形式上看，中学教师偏重于知识的传授，教学过程较为模式化，而大学教师偏重于能力和人格的塑造，教学过程较为个性化。

（三）中学学习与大学学习

在学习内容上，中学阶段以基础课学习为主，学习的范围和内容有限。大学阶段则以专业学习和综合素质提高为主，学习课程多、范围广、程度深。

在学习目标上，中学学习主要以考大学为目标，大学学习的目标则趋于多元化，主要为提高个人素质，增强社会适应能力。

在学习方式上，中学以教师指导为标准，学生的自主学习时间相对较少，而大学阶段的学习形式灵活多样，自主程度高，以自主学习为主。

（四）中学生活与大学生活

日常生活方面，中学生以学习为主，生活较单调，可参与的校园文化活动较少。而大学生的生活丰富多彩，除了上课或去图书馆阅读，还可以参加各种社团、学生组织、校外志愿服务、社会实践工作等。

在生活作息方面，中学生的作息比较规律，按时按点吃饭休息。大学生的日常作息很多时候并不规律，准备各类比赛、策划校园文化活动等都会影响其作息安排。

（五）中学生角色与大学生角色

中学阶段，学生主要的角色为子女、学生。中学生大多将精力放在学习上，父母大多不愿其接触太多与学习无关的事。而大学生所扮演的角色除学生、子女之外，还有学生会干部、社团组织干部、班级干部、青年志愿者、社会工作者、校园活动参与者、科研科技活动竞赛者等，每一个角色都有不同的责任和义务。

二、大学学习的特点

大学是个人成长的一个非常重要的阶段，对人的一生影响重大、意义深远。大学阶段的学习也比以往任何阶段的学习更重要，所以掌握大学学习的特点就显得非常必要。

（一）自主性

大学学习的自主性要求较高。和中学相比较，大学的教育更加注重学生自主学习能力的培养与提高。教师更多地采用启发式的教学方法，引导学生去思考和独立解决问题。大学生除了要学习基础知识和专业知识外，还可以根据自己的时间安排、兴趣和爱好等，选择一些选修课，或者去图书馆阅读各种书籍。另外，大学生还可以通过参加各种课外实践活动，提前学习和掌握各种职业能力（比如自我管理能力、可迁移技能等），提升自我的综合素质，为毕业后顺利工作做准备。这就要求大学生必须自觉地、主动地参加实践活动。

（二）专业性

大学学习的专业性十分明显。大学里有众多的院系，各院系又包含许多专业，每个专业都有专属的人才培养方案，明确了所学的课程和内容，每个学生在进入大学前都选择好了自己的专业，所以大学的学习实际上就是专业知识的学习。

（三）多样性

大学学习的形式多种多样。在大学，虽然课堂教学仍然是主要形式，但除此之外，大学生还可以依靠阅读、实验、学术讲座、第二课堂、社会实践等途径进行自主学习。尤其是实践性教学活动在大学占有很大的比重。因此，作为一名大学新生一定要广泛地使用各种途径开展学习。

（四）探索性

大学学习的探索性很明确。大学的教学内容不再是对确定结论和定理的论述，而是通过介绍各派理论观点和最新学术发展动向引导学生积极思考和探索，并提出自己的观点，形成个人的见解。大学生还要在教师的指导下独立地完成毕业论文（或毕业设计）。这带有明确的探索性质，是一个具有探索性和创造性的、充满活力的学习过程。

三、大学学习的困惑

当前大学生的学习状况虽然从整体来看是比较积极健康的，但在学习态度、学习方法、学习内容以及学习目的上或多或少存在一定的问题。[①]

(一) 自主学习意识不足

自主学习就是指学生自愿、主动、有选择地去学习。新生进入大学后，没有了高中的升学压力，课余时间又相对比较自由和充裕，学校管理也比较灵活开放，导致很多新生慢慢地放松了对自我学习的管理，自主学习的意识也越来越淡薄。主要体现在：对学习缺乏积极性、主动性，学习兴趣减弱，没有学习目标，对学习中的困难产生逃避、退缩等不良的心态。

(二) 创新学习意识缺乏

创新学习就是要敢于打破惯性思维、突破传统观念，充分发挥洞察力和想象力，将理论知识与实际相结合。但当前部分大学生仍以被动学习、应试学习为主，缺乏创新学习意识。主要表现在：在学习上很少主动地提问题，不善于思考，只注重书本和课堂上的学习，只完成老师布置的学习任务，而缺乏理论联系实际的尝试。

(三) 持久学习理念不够

持久学习就是指把学习贯穿于整个人生之中，活到老，学到老，把学习当成终生的事业。但少部分学生进入大学后，没有了学习目标、学习压力以及老师的督促，慢慢地对学习会越来越松懈。主要表现在：学习意志力不够坚定，遇见学习困难就停滞不前，缺乏终身学习的意识，甚至觉得如果没有升学和就业的压力，就可以不用学习。

(四) 存在一定的功利学习意识

功利学习就是指把学习当成达到一定目的或获利的手段和工具。学与不学以是否符合自身利益为重要原则，而没有把自己的学习目标与国家的需要结合起来。大学生功利学习主要表现在将学习目的功利化，如"找一份更好的工作""赚更多的钱"等。

四、树立正确的学习观

大学阶段不仅是知识学习和综合素质发展的阶段，同时也是个人理想信

---

① 吕林海，龚放. 大学学习方法研究：缘起、观点及发展趋势 [J]. 高等教育研究，2012 (02)：58-66.

念、社会责任感等建立的阶段，所以树立正确的学习观具有深刻的意义。①

（一）要养成勤思乐学的学习态度

"态度决定一切。"一个人有什么样的心态，就会有什么样的追求和目标。学习态度对大学生学习行为的养成具有很大的影响。新时代大学生作为新一代中国特色社会主义事业的接班人，要养成勤思、善学、乐学的学习态度；要对学习具有一定的主动性，通过努力学好科学文化知识，树立远大的人生志向；要在学习中善于思考，"博学而笃志，切问而近思"，只有在学习中进行思考，才能把知识学活、学精，才能真正地理解书本上的含义。大学新生应调整好学习态度，做到在乐中学、在学中思、在思中明。

（二）要建立锲而不舍的学习精神

学习不是一时兴起、一朝一夕的事情，而是需要长期地坚持不懈。大学新生要养成锲而不舍的学习精神，筑牢学问的根基，不断拓展才能，承担起整个中华民族伟大复兴的希望。所以不管是在少年、中年、老年都要持续不断地去学习，真正做到活到老学到老、不负光阴不负己，把学习当成自己一生的使命，贯穿于整个生命的始终。

（三）要形成学以致用的学习方法

良好的学习方法是实现学习目的、掌握学习内容的重要支撑，可以达到事半功倍的效果。大学新生除了学习理论知识外，还要开展实践学习和学术活动学习，只有在活动中不断地实践锻炼，才能加深对理论的理解，达到学习的效果，从而让自己更好地成长。大学是人生发展的关键阶段，学习好、运用好科学的学习方法，才能不断提高解决实际问题的能力。

（四）要树立务实崇高的学习目标

近年来随着就业压力的不断增加，很多大学生学习的目标变为在毕业后能够找到一份满意的工作。这种学习目的观非常不利于个人的发展。大学新生应该树立崇高而远大的学习目标，努力把自己培养成为有坚定理想信念、德才兼备、为祖国为人民服务的栋梁之材，要把个人理想与国家的发展结合起来。只有这样才能实现伟大复兴的中国梦。

---

① 苏静. 习近平学习观对当代大学生树立正确学习观的启示研究［D］. 长春：长春理工大学，2017.

第二节　运用科学学习方法

学习方法无疑是非常重要的。如果没有掌握正确的学习方法，就会出现学习效率和学习效果不理想的问题。除了记忆、背诵、练习等传统的学习方法外，还应该掌握其他一些灵活多样的学习方式。大学生尤其是大学新生，除了要端正学习态度，明确学习目标，养成良好的学习习惯，更重要的是要总结出适合自己的学习方法，只有这样学习能力才会得到显著提高。

一、大学学习方法概述

大学学习方法的系统研究始于 20 世纪 70 年代。最早是由瑞典哥德堡大学的马顿和萨乔（Marton&Saljo）提出深层学习和表层学习方法的概念，这种两分法一直被奉为标准。深层学习是一种基于理解、深入探究、寻求意义、学以致用和注重反思的高等级学习；表层学习是依靠记忆并以记忆学习内容为最终目的的信息复制型学习。与表层学习相比，深层学习是一种可以帮助学生获得学习能力、实践能力和创新能力的学习方式，有助于学生获得更好的学习业绩。[1]

随着研究的不断深入，更加多样的学习方法概念被逐渐引入大学学习研究，拓宽了研究的视野与内涵。比如，基于问题的学习与基于探究的学习，也是近年来学者们深入研究的主题。基于问题的学习有助于学生发展弹性理解和终身学习的技能；基于探究的学习能帮助学生有效地应用所学的知识和技能，能使学生超越表层学习，形成更加积极、更具建构性的学习。[2]

另外，从动机取向上对学习方法进行分类，可以分为被动学习与主动学习。被动学习是指缺乏内在的学习动机，只是在外部的要求或压力下进行学习；主动学习是指有内在的学习动机，能够自觉主动地进行学习。

从信息加工水平的不同对学习方法进行分类，可以分为记忆、理解、运用、分析、评价、创造。由此划分出的各类学习方法是由浅入深、层层递进的关系。通常水平高一级的学习要以水平低一级的学习为基础。

---

[1] 林银玲，叶信治. 论表层学习与深层学习——基于大学生学业评价制度改革的研究 [J]. 福建师范大学学报（哲学社会科学版），2014（03）：151—156.

[2] 吕林海，龚放. 大学学习方法研究：缘起、观点及发展趋势 [J]. 高等教育研究，2012（02）：58—66.

此外，还有探究性学习、合作性学习、体验性学习、交往性学习、自主性学习等新型的以人为本的学习方法，可以充分发挥教师和大学生的主动性和创造性，激发大学生的学习兴趣，培养大学生的动手能力、实践能力，以及分析和综合能力。[①]

二、大学学习的方法

不同的学习方法各有特点、各有千秋，不同的人可以根据自身的特点选取适合的方法。学习方法本身并无"好坏"之分，它们之间可以互相渗透、互为补充。下面选取几种新型的被社会倡导和认可的学习方法进行介绍。

（一）探究性学习

探究性学习即学生主动地去探索、发现和体验，通过对现有信息进行收集、分析和判断，进而学得知识和收获经验，获得分析问题、解决问题的能力。比如，大学生参加科技创新活动，主动地探索专业问题，能不断培养创造力，同时加深对知识的理解和应用。

（二）合作性学习

合作性学习是合作认知、合作情感、合作技能与合作行为在学习过程中的具体表现与运用。合作性学习有助于大学生合作精神和团体意识的培养。比如，重庆理工大学士继方程式车队每年都会招募不同专业的学生组成团队，备战中国大学生方程式汽车大赛。

（三）体验性学习

体验性学习是指学生通过反复观察、实践、练习，而学到某些知识，掌握某些技能，或养成某些行为习惯。学生通过充分地思考与体验，可以唤起丰沛的情感调节学习行为，有效地增进自身的发展。比如，大学生参加模拟股票交易、模拟经商、"三下乡"社会实践、走进企业参观实习等活动。

（四）交往性学习

交往性学习是学生在实践的基础上，通过学习客体进行知识、情感、态度、信念的交流与对话，从而形成相互理解与非强迫性共识的行为。比如，住同一寝室的同学同时全部考取研究生资格，相互影响，互相帮助，共同进步。

（五）自主性学习

自主性学习是指通过各种手段和途径，进行有目的、有选择地学习。自主

---

① 王广珍. 学习方式与大学生成长成才研究[D]. 郑州：河南农业大学，2011.

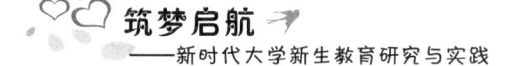

性学习有利于大学生不断提高自己的学习能力和自我调控能力,并为终身学习奠定良好的基础,既有利于大学生自身的发展,同时也符合社会发展的要求。

新型学习方法和传统学习方法不是对立矛盾的,而是相辅相成的。传统的背诵、记忆、听讲等传统机械的学习方法,可以让学生短时间存储大量的信息,为后续深入研究学习打好基础。所以,大学新生在选择学习方法的时候不能舍本逐末、过犹不及。

三、自主学习能力的培养

自主学习能力是大学生必备的一种学习能力。自主学习能力缺乏主要表现为缺乏学习兴趣和目标,自我效能感低,自控能力较差等。自主学习能力的增强有助于学生提高学习效率和提升独立解决问题的能力,对学生的全面发展具有重要的现实意义。

(一)自主学习的内涵

1. 主动学习是自主学习的外在表现

主动学习就是个人发起的学习过程,就是变"要我学"为"我要学",由外部强制学习变为内在需求学习。此外,学习对个人来说是一种享受和渴望,而不是一种负担。

2. 独立学习是自主学习的核心表现

每个学生都有相当强的潜在的独立学习能力,都有进行独立学习的欲望。独立学习就是变"教我学"为"我能学"。独立学习可以让学生充分地独立思考,进而积极主动地参与其中。

3. 自主学习是一种元认知监控的学习

自主学习除了表现为"我要学"和"我能学"外,还表现为对"我为什么学""我学什么""我怎么学"等自觉的意识和反应。自主学习的人在开展学习活动之前,会确定好学习目标和学习计划;在学习活动过程中,会对学习过程和学习状态进行自我审视和自我调节;在学习活动结束后,还会进行自我总结和评价。

(二)自主学习能力的培养

大学生是自主学习的主体。自主学习能力包括学习目标的自我设计能力、学习过程中的自我检测和自我评价能力、学习成长中的自我控制能力、学习实践中的一般学习能力和运用学习策略的能力。自主学习能力的培养主要从以下几个方面进行:

1. 建立自主学习意识

意识决定行为。自主学习意识是自主学习能力培养的根本。良好的自主学习意识可以帮助学生形成积极的学习心态，正视学习中的困难和挫折，培养学习的主动性和自信心。大学生可以通过小组协作或者个人独立完成一些以自学为主的驱动型任务，逐渐养成学习的兴趣，进一步让自主学习变为习惯。

2. 制订学习计划

"凡事预则立，不预则废。"大学生要认真进行自我学业规划和职业规划，选择最适合自己的发展路径，主动规划好自己的学习过程，制订适合自己的学习目标及计划。在执行计划的过程中，通过对阶段性学习计划完成情况的总结、调整，逐渐形成适合自己的完整的学习计划和任务，达到最佳的学习效果。

3. 合理利用网络教学平台

目前很多高校都已经运行了网络教学平台，大学生可以根据自己的兴趣在网络教学平台上进行自主学习。网络教学平台作为课堂教学的辅助和知识的延伸，为大学生自主学习和自主学习能力的提升提供了很好的资源和平台。比如，慕课平台，大学生不仅可以在平台上找到本专业相关的知识，还能学习自己感兴趣的其他知识。

4. 选择合适的学习方法

大学生需要根据自己的学习特点探索出一套高效且适合的学习方法，并且要从之前使用单一的学习方法逐渐转变为使用多样性的学习方法，要学会利用各种途径获取知识。每个人的情况不同，只有适合自己的学习方法才是最好的。

5. 学会自我反馈与评价

自我反馈与评价是了解自身缺点与不足并能及时修正的非常有效的学习方法。在学习的过程中，如遇到问题应及时反馈和总结，并加以改正，通过自我反馈和评价，逐渐提高自主学习的意识，培养自主学习的能力。

自主学习能力的培养是一个循序渐进、日积月累的过程，不是一朝一夕、一蹴而就的事，所以要边做边学、边学边做。此外，教师的教学观念、学习环境和教学条件等也会影响大学生自主学习能力的形成。

（三）自主学习习惯的培养

进入大学后，个人自由支配的时间增加，学习的自主性也大大加强。因此，养成良好的自主学习习惯对顺利完成学业来说至关重要。良好的自主学习习惯包括合理安排时间、充分预习、善于做笔记、及时复习并独立完成作业、正确对待考试、学会研究、创造学习环境等。①

1. 合理安排时间

合理安排学习、工作和娱乐的时间。比如，结合一周的课表制定一张作息时间表，先把吃饭、睡觉、上课、娱乐等必须花的时间填在表上，然后再把完成课后作业、预习、阅读以及其他感兴趣的学习内容等安排在相对固定的空闲时间。当然，也不能把所有的空闲时间都安排来学习，还是要劳逸结合，给休息、业余爱好、娱乐留出一些时间。适当的放松对保持良好的学习状态有着积极的影响。

2. 充分预习

预习是为了保证听课的质量，是自主学习能力提升的第一步。没有充分的预习，就不能主动地发现问题、探索问题，就不能为新课的顺利学习打下基础。预习也不是在上课前简单地阅读内容，而是要明确预习内容的知识结构，找出重点和难点，确定上课的目标。

3. 善于做笔记

很多学习优秀的同学都非常善于做笔记，并乐于做笔记，课堂上跟着老师的思维，认真做好笔记，积极地独立思考，尽量理解并记住老师讲授的内容。充分利用课堂时间学习，课后就可以少花些功夫。

做笔记的方法也有很多，目前比较被认可的就是：5R笔记法，又叫作康奈尔笔记法。它是用产生这种笔记法的大学校名命名的，是一种记与学、思考与运用相结合的笔记方法，包括记录、简化、背诵、思考和复习五个步骤。第一步是在听讲或阅读过程中记录（Record），即在主栏（将笔记本的一页分为左小右大两部分，右侧为主栏，左侧为回忆栏）内尽量多地记有意义的论据、概念等讲课内容。第二步是课后尽早将这些论据、概念简明扼要地概括（Reduce）在回忆栏。第三步是只用回忆栏中的摘记提示，尽量完整地叙述课堂上讲过的内容（Recite）。第四步是将自己的听课随感、意见、经验体会之类的内容，与讲课内容区分开，分成类目，随时归档，并进行思考（Reflect）。第五步是每周花十分钟左右时间，快速复习（Review），主要是先看回忆栏，适当看主栏。②

---

① 谭建伟. 全程化大学生职业生涯规划——大学生涯DIY［M］. 重庆：重庆大学出版社，2016.
② 覃佐菊. 基于"康奈尔笔记法"的单元笔记整理策略［J］. 福建教育学院学报，2022（09）：21—23.

4. 及时复习并独立完成作业

课后及时完成作业并进行复习，是巩固所学知识非常重要的环节。复习时要对照课本和参考书，整理归纳课堂记录的笔记，并尝试记忆，要把书读"薄"，根据理解梳理知识的脉络、形成自己的思路，让所学知识更加完整、系统，并争取做到举一反三、触类旁通。

5. 正确对待考试

首先要对考试有正确的认识和态度，不能作弊。考试作弊不仅仅丢失诚信、损害公平，还有可能会触犯法律。考试的目的也不应是单纯追求高分，而是检验自己的学习效果和学习能力，找出自己学得不扎实、理解得不透彻的内容，再进行重新学习。

6. 学会研究

大学中，学生还要结合相关学习内容积极进行学术研究。这既是人才培养的需要，也是后续深造的需要。因此，大学生要尽可能多地涉猎专业方面的研究成果，多参加科研项目和竞赛等，不断地充实自己、提高自己，形成较好的学术研究能力。

7. 创造学习环境

安静、整洁、和谐的学习环境，犹如春风化雨，可以给人以良好的心境和奋进的力量，所以选择合适的学习场所也非常重要。当你准备开始学习时，应该选择能让自己保持心情平静、全神贯注的场所，这样才可以达到事半功倍的效果。

第三节　合理利用学习资源

学习资源，顾名思义就是可用于学习的一切资源。而大学作为知识的殿堂，自然有着非常丰富的学习资源。大学生只有充分利用学校的各种资源，才能为学习提供更好保障，才能为自己插上高飞的翅膀。

一、大学学习资源概述

AECT[①]在1994年将学习资源界定为"任何能够帮助学习者进行有效学

---

① ARCT，为 Association for Educational Communications and Technology 的简称，是一个国际性的教育技术组织，致力于促进教育技术的研究和应用。

习和操作的事物"，并在 2004 年又进一步强调了资源是人、工具、技术和为帮助学习者而设计的材料。也有学者将学习资源界定为"利用或运用可及的人或物，以支持各种环境下的学习需求"。[①] 通俗来讲，学习资源就是能够为学习者提供学习帮助的一切要素。学习资源必须与具体的学习过程结合起来，才具有现实的教学意义。在大学里，有各种学习资源，大学生要想学有所成，就要善于利用这些资源。

（一）课堂

课堂永远是学生学习和成长的主阵地，课堂学习是学生获取知识的主要来源。在课堂上，学生除了可以学习本专业的基础知识外，还可以提升自己分析问题、解决问题的能力。另外，大学的课堂是开放的，大学生可以利用空余时间去听自己喜欢的其他课程，通过旁听学习专业以外的知识，接触一些新角度、新思维。

（二）图书馆

图书馆是每所大学必备的资源。对于大学生来说，图书馆可谓第二课堂。图书馆里不仅有各式各样的书籍，还有海量的学术文献资料和数据库。图书馆不仅仅是借阅图书的地方，还是自习的好地方。大部分图书馆还配有音像视听文献阅览室、多媒体阅览室以及音乐电影欣赏厅。

（三）实验室

如果立志要从事科研，那实验室将是大学生大展身手的地方，也是其培养创新思维和创新能力、提高科研能力、陶冶科学精神的地方。

（四）老师、同学

老师是校园中学生最应信赖的人，所以不管是学业上还是生活上的问题，都要多去和老师交流，要善于向老师请教。"三人行必有我师"，同学情谊最真最纯，善于向同学学习，多与同学交流，能学到很多有益的知识。

（五）学术讲座

大学里定期开展的各类讲座一定是大学生活中的一道风景线，更是一场场知识的盛宴。主讲人都是各个行业或领域的专家。聆听他们的讲座，感受学者们的魅力，大学生可以拓宽自己的眼界和思路，接受学术的熏陶，领略学术的魅力。

---

① 斯伯克特等. 教育传播与技术研究手册 [M]. 上海：华东师范大学出版社，2012.

（六）免费课程

免费课程主要指学校提供的免费线上资源。在大学，学生不出校门就能够看到国内知名高校甚至国外大学的精品课程。

（七）各种课外实践活动

大学的学习不再是单纯的书本学习，更为重要的是在实践中学习、在社会中学习。因此，校内外的活动也是学习的一个重要平台，比如学科竞赛与创新创业类的比赛、社团文化活动、志愿服务活动等。

二、用好课堂资源

我国大学课程体系的发展经历了两个阶段：前一阶段，主要是学习苏联的高校课程体系，大学课程设置主要是：公共课—基础理论课—专业基础课—专业课；20 世纪 90 年代以后，随着素质教育理论的兴起，通识教育备受青睐，于是大学课程在知识模块上进行调整，变为：基础课程（亦称通识课程或普通课程）—专业课程—选修课程。[1] 其实这两种课程体系的设置变化不大，调整后只是把原来的公共课程与基础课程合并在一起，同时为了体现教育的个性化，适当增加了选修课程。从学分分配上来说，通识课程占总学分比例不低于30%，选修课学分占总学分比例一般为 10%～15%。

（一）必修课

必修课程是指国家、地方或学校为保证所有学生的基础学习而开发的必须学习的课程，包括基础必修课和专业必修课，其目的在于培养和发展学生的共性，体现对学生基本知识的要求。教育部要求高校将思想政治理论课程（包括形势与政策、中国近代史纲要、思想道德与法治等）、心理健康教育课程、创新创业课程等课程纳入必修基础课程。每个专业的必修课程都是相对固定的。学生可以在各专业的人才培养方案上看到详细的课程名称、课程安排、课程性质、学分设置等。必修课程由学校统一安排，学生在每学期的期末一般就可以看到下学期的课程和时间安排，只需要提前按照课程安排进行预习和上课就可以了。

（二）选修课

选修课程是为了适应学生的个性差异而开发，由学生个人选择学习的课程。其目的在于满足学生的兴趣、爱好，拓展学生的知识储备和视野，培养学

---

[1] 张忠华. 关于大学课程设置的三个问题 [J]. 大学教育科学，2011（06）：30-34.

生的个性。大学选修课程通常分为两大类，即基础选修课和专业选修课。基础选修课没有条件限制，全校学生可自由选课。每个学校都有一两门特色选修课。比如，天津大学的"恋爱学理论与实践"选修课，教恋爱礼仪和约会技巧，课程中还安排有辩论、讨论、分享等互动环节；浙江工商大学的"食品加工与创新实践"选修课，学生会在教师的指导下亲手制作冰淇淋、鲜肉榨菜月饼等。专业选修课是与专业相关的一类选修课的统称，是培养计划里面要求的、相应专业的学生必须在大学四年内修完一定的学分的选修课程。课程一般由学校根据本校学生的知识水平和兴趣确定。

大学开设选修课，一方面可以扩展学生的眼界，让学生了解更加多元的知识，弥补专业必修课知识范围较小的缺陷；另一方面可以培养学生的兴趣爱好，深化学生的涵养，发展其他的特长。

1. 大学选修课的分类

在大学众多的选修课中，有很多受学生青睐的热门课程。

（1）体育类，太极、篮球、排球等。学生选择此类选修课一是可以锻炼身体，增强体质，二是可以培养自己的运动习惯。

（2）音乐类，学习各种乐理或者乐器。学生选择此类选修课可以提高自己对音乐的鉴赏能力，同时也能提升自身的气质。对于喜爱音乐的学生来讲就是一个福利。

（3）外语类，日语、德语、法语等。学生选择此类选修课不仅能掌握一种新的语言，也可以了解当地的一些民俗风情。另外，掌握一门外语，有可能会给自己在求职中增加优势。

（4）历史类。学习历史类选修课不仅能获得更多的历史人文知识，而且能学到历史方法，培养历史思维。尤其对于理工科学生来说，可以很好地培养自身的人文素养。

（5）人文地理和旅游类。此类选修课很受当代年轻人喜欢。学生选择此类选修课不仅可以了解一些著名旅游景点，可以了解一些旅游和地理知识，对于日后出行也会有所帮助。

2. 大学选修课怎么选

大学选修课分为限选课和任选课。限选课是需要满足一定条件才能选修的，比如是特定学院的学生，或者已经学习过相关课程。任选课有很多，一般每个学期可以选1~3门，每门课程都有人数的限制。很多热门的选修课在系统开放的瞬间就会被抢光，所以一定要事先调查好，避免选择时浪费时间，导致选课失败。当然在选择选修课的时候，还是要根据自己的兴趣爱好来进行选择，毕竟有了兴趣才有学习的动力。

开始选课时，学校都会发布通知，并通过班级学习委员二次通知。学生可以在自己的手机、电脑上登录选课系统选课。在选择选修课之前，一定要做好充分了解，包括选修课的课程安排和课时等，避免与自己的必修课冲突。

三、用好图书馆资源

立身以立学为先，立学以读书为本。图书馆是校园文化建设的重要载体和场所，是在校学生的第二课堂，是师生获取资料、搜集信息的重要窗口，也是师生开展专业学习和科学研究的重要基地。进入大学后，大学新生有大量的时间可以自由支配，充分利用这些时间在图书馆学习，可以使大学生活更丰富、视野更宽阔、知识更多元。

（一）用好传统图书资源

莎士比亚说："书籍是全世界的营养品。"大学图书馆就是大学新生阅读的最大保障。大学生应该合理地搭配阅读这三类书籍。

1. 经典类

阅读经典类书籍对培养阅读理解能力，提升文化品位，树立正确的世界观、人生观、价值观，坚定理想信念具有深远的意义。我国四大名著、经史子集等都是非常经典的书籍，国外也有众多经典书籍，如商务印书馆出版的"汉译世界学术名著丛书"，内容丰富，包括哲学类、历史类、政治类、经济类、语言类等。

2. 专业类

每一门学科都有"奠基石"式的教材。比如，学心理学就要看理查德·格里格和菲利普·津巴多的《心理学与生活》，学经济学就要看格里高利·曼昆的《经济学原理》，学法学就要看博登海默的《法理学：法律哲学与法律方法》，学管理学就要看斯蒂芬·P.罗宾斯的《管理学》，学营销学就要看菲利普·科特勒的《营销管理》……前人的众多理论著作，对新生来说就是非常有用的资源。阅读专业书籍，可以积累将来可用的材料。对于想从事科研的学生来说这也是为自己做学术研究、写学术专著做准备。专业类的书籍值得长期持有、反复阅读，不同时期看都会有不同的收获。

3. 兴趣类

在大学，学生不仅仅要学习专业知识，还要利用有限的时间去充实自己，选择自己感兴趣的书籍来阅读。"读书破万卷，下笔如有神""开卷有益"都说明课外阅读的重要性。优美的散文能陶冶情操，还能激发想象力；科普读物可以带领自己探索大自然的无穷奥妙，拓宽知识面；畅销书、小说、名人传记等可以让自己紧随时代、与时俱进。

（二）用好图书馆数字资源

大学图书馆不仅有纸质图书资源，还有数字学习资源。利用图书馆的数字资源，学生不仅可以快速有效地找到自己所需的信息，还可以提高检索资料的水平。

每一所大学都有专门的图书馆主页，图书馆主页会有一个资源栏目，这个资源栏目里包含很多数字资源。这些数字资源对学生都是免费开放的。比如，电子期刊数据库有 CNKI 数据库、维普数据库、SpringerLink 数据库、EI 数据库等，通过这几个数据库几乎可以查阅到所有领域的重要学术期刊论文；中外文电子图书数据库有超星中文电子书、Springer Ebooks、博图外文电子图书等；多媒体资源有超星名师讲坛、Metel 多媒体教学资源平台、尔雅通识课程、国家精品课程资源网等；学位论文数据库有中国博硕士学位论文全文数据库、ProQuest 学位论文全文库等。下面具体介绍三种常用的数据库。

1. CNKI 数据库

CNKI 数据库，简称中国知网，全称为中国知识基础设施工程，是目前中国期刊收录最全且连续动态更新的中国期刊全文数据库，收录国内 10000 多种重要期刊，内容覆盖自然科学、工程技术、农业、哲学、医学、人文社会科学等各个领域。检索方式灵活多样，包括快速检索、标准检索、专业检索、作者发文检索、来源期刊检索等多种检索方式，且支持二次检索，满足查全查准的需要。

2. EI 数据库

EI 数据库全称 The Engineering Index，创立于 1884 年，是美国工程信息公司开发的著名工程技术类综合性检索工具，是世界上著名的综合性检索工具，内容涉及工程技术领域的有关研制、设计、试验、生产、维护、发展、管理、劳保等方面的文献资料，并及时报道新兴学科和尖端科技的内容。

EI 数据库所收文献的覆盖面很广，目前收录 50 个国家和地区约 3500 多种期刊，1900 多个会议及协会等的文献。目前它已成为企业、政府部门等的工程研究员的最佳学术来源。

3. Springer Link 数据库

Springer Link 数据库是世界领先的科研平台，也是世界上最全面的科学、技术、医学以及人文与社会科学在线数据库之一。Springer Link 所有资源划分为十余个学科，包括建筑学、设计和艺术、行为科学、生物医学和生命科学、商业和经济、化学和材料科学、计算机科学、地球和环境科学、工程学、人文、社科和法律、数学和统计学、医学、物理和天文学。

通过 Springer Link 数据库，科研人员可在任何时间、任何地点快速、准确地访问所涵盖学科的超过 1000 万篇科学文献。其中包括近 30 万种图书、4700 余种期刊、1500 余种参考工具书、60000 余份实验室指南以及 30000 余篇学术会议论文。该平台支持移动阅读和远程认证访问，方便用户通过台式机、平板电脑或手机等终端，足不出户轻松浏览和下载文献。

（三）用好图书馆其他功能

1. 自习

高校图书馆自习室不但能营造安静和谐的学习氛围，还能为学生提供丰富的学习资源，在开阔学生视野和眼界的同时培养其自主学习能力。另外，图书馆有很好的硬件及软件环境，配有专人负责管理，确保良好的自习条件。

图书馆内有着特定的"静"的气场。坐到图书馆自习室的座位上，就会收心，不胡思乱想，自然而然地进入自习的状态中。在这种环境下，大学生能以最好的状态解决想解决的问题。

2. 参加活动

大学图书馆除了可以进行阅读和自习外，还会经常性地开展一些有益的文化活动，特别是每年"4·23"世界读书日期间，会通过多种渠道开展各式阅读推广活动。活动的形式和内容也丰富多彩，如检索专题讲座、文化座谈、专题沙龙等交流活动，图书漂流、阅读之星评选等阅读类活动，绘画展、摄影展、书法展等展示类活动等。大学新生可以积极关注本校图书馆开展的各类活动，不仅可以获取知识、放松身心，还可以陶冶情操、展示自我。

四、用好互联网资源

除了图书馆，互联网更是一个很好的学习平台。互联网上的信息不仅形态多样，而且数量极大，涉及范围极广。互联网上的信息不仅有文字，也有数据、图像、声音等多种形式，大学生通过网络可以进行交流与讨论、可以网上辅导、网上答疑。

互联网可谓无所不包，无所不有。这其中就包含大学生需要的大量的学习资源，为大学生的学习开了"方便之门"。比如，国内外各大名校的视频公开课、各类名人和专家演讲等。近年来，教育类的应用程序不仅是课堂外学生学习的助手，也已经成为促进信息技术与课堂教学深度融合的"神器"。

网络学习具有明显的优点：一是可以极大地降低学习成本，有效地提高学习质量;二是学习时间和地点自由,可以根据自己的安排来学习,节省时间;三是可以根据自身发展需要进行选择性的学习。但在校大学生也不能放弃课堂学习而只专心于网络学习,而是要将网络学习与课堂学习有效结合起来,相互融合补充。

大学新生可以根据自己的喜好选择一些学习类的网站和应用程序进行学习,如学习强国、中国大学MOOC、网易公开课、新浪公开课、网易云课堂、粉笔网、有道课堂等。互联网上信息量巨大,但不是所有的信息都是大学生需要的。所以,大学生也一定要知道如何筛选有用信息。

第四节 优良学风建设

大学学风不仅关系到学校的发展和社会声誉,更关系到大学生成长成才和就业。近年来,受各种因素影响,大学生在学风建设上的主体作用发挥不足,学习兴趣降低、迟到早退、逃课、上课玩手机影响了大学优良学风的建设。加强大学学风建设,刻不容缓。大学新生应积极投身到学风建设中去,净化大学殿堂,营造优良氛围,努力形成"人人都学习、人人都创造、人人都成功"的学习理念。

一、大学学风建设概述

学风是一种氛围,是求知者治学态度、认识方法的综合表现,是人们的理想、志向在学习上的反映,具有一定稳定性和持续性。[1] 学风的形成既有外在因素,如学习氛围、学习环境等;也有内在因素,如学习态度、治学精神等。这两大因素相互作用,最终形成一种相对稳定的状态。

优良学风不仅能够营造积极向上的学习氛围,还能够促进学生形成正确的世界观、人生观和价值观。很多学者对大学学风问题以及影响学风建设的因素进行过深入的调查研究。影响大学学风的因素有很多,除了社会环境、高校管理模式、校园文化等,最主要的还是教师教学因素和学生自身因素。教师的师德师风、治学作风、教学能力、学术风气等是影响学风建设非常重要的因素;学生是教育的主体,其学习目的、学习态度、学习纪律、对知识和能力的渴望程度等更是直接影响着学风建设。

---

[1] 吴小军. 新时代高校优良学风培育研究 [J]. 中国高等教育,2019 (07):41-43.

在大学新生刚进入大学时，可能会存在对专业归属感、学习目标、学习方法、未来职业发展规划等的认识不足，进而导致学习没有方向，缺乏学习的内驱力。所以明确学生主体地位，激发学生于学习上的积极性和能动性是培育优良学风的重要因素。

（一）树立崇高的理想，坚持正确的信念

习近平总书记对青年寄语："广大青年一定要坚定理想信念。'功崇惟志，业广惟勤。理想指引人生方向，信念决定事业成败。'"学生首先应树立坚定的信念和崇高的理想，要有"为中华之崛起而读书"的宏伟志向，要有为实现中华民族伟大复兴中国梦而奋斗的使命感。

（二）树立专业发展目标，培养学习的主动性和自觉性

大学生应充分借助专业教师或专业导师的力量，探寻到学业规划、职业规划、时间管理等的科学方法，更深入、更充分、更全面地了解专业发展，确定学习目标和学业发展计划，构建完善的学业规划体系，调动学习的积极性，进一步提升专业素养，挖掘专业潜能，养成良好学风。

（三）向身边优秀榜样学习，不断提高自身综合素质

"三人行，必有我师"，树立学生榜样有利于形成"你追我赶""比学赶帮超"的良好学习氛围。大学生要向榜样学习，通过榜样的力量加强对学习目的、学习态度、学习方法的认知和领会；积极参加"十佳大学生""十大学霸"等各类争先创优竞赛，不断鞭策和激励自己向榜样看齐，用榜样的力量激励自己刻苦学习，不断加强自我教育、自我管理、自我完善，共同促进良好学风的形成。

（四）严格遵守各项规章制度，创造良好的学习风气

每个学校都有学风建设相关的规定和制度。这些制度是开展学风建设的基本保证。大学新生应主动加强对纪律和规范的学习，落实学风建设的有关计划，杜绝违纪行为，严肃课堂和考试纪律，增强自控力和自我管理能力，不断促进学风建设。

二、大学班风建设

班级是大学生的基本组织形式，是大学生思想政治教育和校风建设的重要阵地，也是大学生自我教育、自我管理、自我服务的重要组织载体。班风建设是班级建设的核心，需要全班学生的共同努力。只有班风优良，学风才能优良，学生也才能更加优秀。

(一) 优良班风建设的意义

班风建设效果的好坏对学生的发展具有重要的影响。良好的班风能在潜移默化中推动班集体向积极的方向发展。一般来说，一个班风优良的班集体会与一个班风相对较差的班级体在课程考试平均成绩、英语四级和六级考试通过率、计算机国家二级通过率、保研率、考研率以及毕业论文优秀率方面都存在较大差异。

班风建设在发挥高校育人功能、促进大学生成长成才方面具有积极作用。但当前高校中仍存在班级凝聚力不足、集体意识淡薄、制度建设不完善、班级文化建设缺失等问题，高校班风建设工作面临巨大的挑战。在班风建设的过程中不仅需要辅导员的组织和引领，还需要班级学生共同努力创新班风建设思路，探索班级管理模式，打造具有班级特色的班级团队精神、班级制度、班级文化、班级活动等。

(二) 优良班风建设的途径

很多学者在积极研究班风建设的新模式。比如，鲁晓川发表《新时代高校班级核心价值观视域下优良班风建设新模式》一文，提出要把以爱国为重要内容的社会主义核心价值观落实到班风建设中，引导大学生自觉地把个人的发展和荣誉融入班级的发展和集体荣誉中，提升荣誉感，增强责任意识、担当意识；同时还要以爱班、勤学、互助、奉献为遵循去选拔、培养班干部，培养全体学生的集体责任感和荣誉感，打造凝聚力、向心力超强的班集体，最终将爱班、勤学、互助、奉献的价值观外化为全体学生的自觉行为和自觉行动。[①]

北京工业大学建筑工程学院积极探索创建了"N+1=1"群体效应下的大学生班级管理与班风建设工作模式。"N"代表班级里的学生；第一个"1"代表一个优秀的人、一支优秀的学生干部队伍、一个需要帮助的个人或者是班级需要实现的一个工作目标；最后一个"1"代表一个团结的集体。该学院使用"N+1=1"群体效应的管理模式，旨在让不同的年级发挥不同效用，发扬"N+1=1"群体效应，营造"家文化"氛围，以"1"种文化，团结"N"个个体，凝聚成"1"个团结的集体。而班级"家文化"即"LOVE"的文化，外延上是爱国家、爱集体、爱班级，内涵上是L——Learning（学习）、O——

---

① 鲁晓川. 新时代高校班级核心价值观视域下优良班风建设新模式[J]. 教育观察，2020(41)：64-67.

Orchid（友谊）、V——Value（价值观）、E——Ego（自我塑造）。[①]

三、大学室风建设

从教育功能来看，学生寝室也是学校教育管理的基本组织单元，是学校学生思想政治教育的重要阵地；从学习功能来看，是教室等学习场所的延伸；从生活功能来看，是学生在校期间的"家"，是开展学习、生活和思想文化交流的重要场所之一。

（一）优良室风建设的意义

室风是学风建设的重要组成部分。积极、健康、向上的寝室风气对大学生健康成长成才具有重要的作用。

1. 有利于激发大学生学习的主动性，帮助大学生树立正确的学习理念

室友之间的互相帮助、相互鼓励和互相带动，有利于寝室形成良好的学习氛围和学习习惯，对学生专业学习和未来发展规划有重要意义。高校中经常会出现整个寝室都集中考研或保研的情况，所以每一个成员的学习态度都会影响到共同的学习愿景和目标的形成与实现。

2. 有利于增强大学生的环境适应能力，提升其心理健康水平

和谐、友爱、温馨的室友关系有利于大学生的身心健康，对大学生亲密关系的建立和人际交往能力的提升有重要意义。亲密无间、温暖的寝室关系，会让学生在寝室有回"家"的感觉，有利于学生适应能力的提升。而不和谐的寝室关系，可能会导致心理问题的产生。

3. 有利于提升大学生的集体荣誉感，培养其团队意识和团队精神

"寝室是我家，建设靠大家。"寝室把几个五湖四海的人"捆"在了一起，所有成员生活在同一个空间，形成一个团队，互帮互爱，共同进退，相互影响，集体荣誉感和团队精神便在潜移默化中形成。

（二）优良室风建设的途径

优良的室风需要寝室成员共同营造。优良的室风涵盖了寝室物质文化、制度文化、行为文化和精神文化四个方面。大学生可以通过"寝室文化活动月"等活动，对四个方面的内容进行培育。

---

① 姚振瑀，陈卓，陈会军. 以班集体建设为抓手 创新大学生思想政治教育模式——"N+1=1"群体效应下大学生班级管理与班风建设的创新实践 [J]. 教育教学论坛，2018（13）：9-11.

1. 寝室物质文化的构建

积极参加各种寝室文化建设评比活动，在改造寝室的过程中将本寝室的独特文化融入其中，不仅可以增进寝室成员的感情，加强凝聚力，同时也有可能获得学校提供的物资帮助、思想品德分奖励和奖金等。优雅舒心的环境能够让人心情舒畅、情绪稳定。

2. 寝室制度文化的构建

根据学校制定的《学生手册》《学生公寓管理规定》《寝室文明公约》等规章制度，建立和完善本寝室的保障制度，增强寝室成员的自律性，形成良好的生活习惯和健康向上的寝室文化。

3. 寝室行为文化的构建

根据学校规定，积极认真完成本寝室的卫生清扫，保证寝室安全、卫生、整洁，不使用大功率电器等。坚决杜绝晚归及夜不归宿，配合学校自律委员会的检查，保障寝室安全，积极争取"文明寝室"的称号。

4. 寝室精神文化的培育

寝室要采用多种方法逐渐形成自己的精神文化氛围，如每年集体过生日、为寝室取一个创意的名字、每学期拍摄一个本寝室的纪念视频、以团队表演的方式参加学校活动展示寝室成员风采、一起参加体育活动等。通过丰富多彩的寝室文化活动，营造寝室团结氛围，增强寝室凝聚力。

第五节　开展专业认知教育

开展专业认知教育可以帮助大学新生较早树立专业意识和专业精神，进而明确专业内涵和专业目标，为新生未来学习生活奠定良好基础，为其专业能力发展注入不竭的动力，对其今后的发展具有非常重要的意义。刚刚进入校园的大学新生，正处在适应大学生活和学习的初期阶段，虽然对专业的认知度普遍不高，但专业认知的可塑性很强，非常渴望了解专业现状，在这种状况下对新生开展专业认知教育和实践教育显得十分重要。

一、专业认知教育概述

专业认知是指大学生对所学专业的培养目标、学习内容和学习要求，对将来从事具体职业的工作特点、工作内容和发展方向有较清晰的整体认知。专业认知教育是专业学习的入门教育，是帮助大学生开启专业之门的钥匙，也是使其迅速融入大学生活、完成角色转变的重要一课。

（一）专业认知教育的重要性

专业认知教育可以使大学新生对专业进行全面的了解。专业教师向新生介绍专业背景、课程设置、师资状况、培养方式、就业前景、专业前沿动态等内容，促使新生全面了解本专业的学习要求和自己的学习任务，尽早明确学习目标，激发学习兴趣，主动投入学习。

个人的职业生涯规划与个人专业息息相关。专业认知教育可以让新生更好地了解专业发展趋势与职业规划之间的紧密联系，引导新生将专业学习变为个人职业生涯规划中的一部分，从本质上改变学生对专业学习的认知，使其主动学习。

（二）专业认知教育的主要内容

1. 人才培养方案

人才培养方案是学校组织开展教学活动、实施人才培养和开展质量评价的基本依据。人才培养方案主要包括培养目标、课程设置、学时安排、教学进度、毕业要求、知识能力素质要求等。大学新生刚入校时，普遍对专业认识不足。人才培养方案可以尽快帮助他们了解专业，清楚本专业学习的具体内容和学习要求。

2. 专业课程体系

专业课程体系主要包括课程目标、课程内容、课程结构和课程活动方式等内容，决定了学生在大学四年建立的知识结构。让大学新生尽早形成对专业课程体系的认知，对大学四年的学习内容有全面系统的认识，有利于大学生理清学习思路，做到统筹兼顾、全面思考。

3. 学业规划教育

学业规划是职业规划的一个环节，主要用于统筹安排大学四年的学习生活。在进行学业规划教育时，要充分考虑学生个人兴趣、爱好、能力以及特长等，帮助学生确定个人最佳的就业目标和长远的发展方向。[1]

4. 就业分析

就业分析就是对本专业学生毕业后的就业方向和就业前景进行的分析。随着高校毕业生人数的增加，大学生就业形势越来越严峻，加之近年来全球经济

---

[1] 王彩霞，章国平. 高校新生入学专业教育研究 [J]. 科教导刊（上旬刊），2016（25）：23-24.

下滑，进一步加剧了大学生的就业困难。就业分析有助于缓解学生就业压力，帮助学生明确奋斗的目标、树立正确的就业观念，增强社会适应能力。

二、专业设置

根据教育部《普通高等学校本科专业设置管理规定（2012年）》文件要求，高校设置和调整专业，应主动适应国家和区域经济社会发展需要，适应知识创新、科技进步以及学科发展需要，更好地满足人民群众接受高质量高等教育的需求；应遵循高等教育规律和人才成长规律，符合学校办学定位和办学条件，优化学科专业结构，促进学校办出特色，提高人才培养质量。[①]

我国《普通高等学校本科专业目录》（以下简称《专业目录》）由教育部制定和发布。高校专业设置与调整实行一年一次的备案或审批制度。该目录分设哲学、经济学、法学、教育学、文学、历史学、理学、工学、农学、医学、管理学、艺术学12个学科门类，见表7—1。

最新版的本科专业目录为《普通高等学校本科专业目录（2020年版）》，是在《普通高等学校本科专业目录（2012年）》基础上，增补近几年批准增设的新专业而形成。

表7—1 普通高等学校本科专业目录（2022年）分类

12大学科门类	92个学科大类名称
哲学	哲学类
经济学	经济学类、金融学类、经济与贸易类、财政学类
法学	法学类、公安学类、马克思主义理论类、社会学类、政治学类、民族学类
教育学	教育学类、体育学类
文学	外国语言文学类、新闻传播学类、中国语言文学类
历史学	历史学
理学	大气科学类、地理科学类、地球物理学类、地质学类、海洋科学类、化学类、生物科学类、数学类、天文学类、统计学类、物理学类、心理学类

---

① 教育部网站.教育部关于印发《普通高等学校本科专业目录（2012年）》《普通高等学校本科专业设置管理规定》等文件的通知［EB/OL］. http://www.moe.gov.cn/srcsite/A08/moe_1034/s3882/201209/t20120918_143152.html.

续表

12大学科门类	92个学科大类名称
工学	电气类、自动化类、计算机类、地质类、纺织类、核工程类、生物医学工程类、食品科学与工程类、建筑类、安全科学与工程类、材料类、测绘类、矿业类、电子信息类、力学类、公安技术类、海洋工程类、航空航天类、化工与制药类、环境科学与工程类、机械类、交通运输类、林业工程类、能源动力类、农业工程类、轻工类、生物工程类、水利类、土木类、兵器类、仪器类、交叉工程类
农学	草学类、动物生产类、动物医学类、自然保护与环境生态类、水产类、植物生产类、林学类
医学	法医学类、基础医学类、口腔医学类、临床医学类、药学类、公共卫生与预防医学类、中医学类、中西医结合类、中药学类、医学技术类、护理学
管理学	工商管理类、公共管理类、管理科学与工程类、农业经济管理类、图书情报与档案管理类、电子商务类、工业工程类、旅游管理类、物流管理与工程类
艺术学	艺术理论类、音乐与舞蹈学类、戏剧与影视学类、美术学类、设计学类

说明：详细的专业可在《普通高等学校本科专业目录（2022年版）》查看。

三、人才培养方案

人才培养方案是一种把学生的德智体美劳全面发展，知识、能力、素质教育纳入本科教育的全过程的方案（计划），包括对第一课堂与第二课堂、课内与课外的统筹安排。大学生从踏进校门到毕业离校开展的一切教学活动都必须以所学专业既定的人才培养方案为依据。学生通过阅读人才培养方案，可以知道在大学期间要学习哪些课程和知识、掌握哪些技能、怎样才算毕业、可以参加哪些活动、具体课程安排等内容。

每个学校的人才培养方案都是针对本校的人才培养而定的，是适合本校的教学指导思想、培养目标的。不同学校的人才培养定位不同，同一专业的培养方案也会不同。比如，同为土木工程专业，某985高校的人才培养定位为"能够引领行业发展的领军人才"，某211院校的定位是"具有创新精神和规划、开发、研究能力的高级人才"，某普通本科院校的定位则为"综合素质全面的应用型高级专门人才"。

（一）人才培养方案的主要内容

普通本科人才培养方案一般包括以下内容：专业简介、培养目标、毕业要求、主干学科与交叉学科、专业核心课程、主要集中实践环节、毕业学分和学位授予、课程体系构成及学分、教学计划安排、教学进程。

1. 专业简介

主要包括专业的建设情况、师资力量、教学平台、专业名称及代码、学制、学习年限、授予学位等基本信息。

2. 培养目标

主要是对该专业毕业生在毕业后5年左右预期能够达到的职业和专业成就的总体描述。

3. 毕业要求

主要是对学生在毕业时应该具备的素质、能力、知识的描述。一般包括知识结构要求，分析问题、研究解决方案的要求，使用分析工具的要求，组织管理和沟通能力要求，职业规范和终身学习要求等。

4. 主干学科与交叉学科、专业核心课程、主要集中实践环节

具体指出本专业所涉及的学科、所学的专业课程及实践环节的名称。

5. 毕业学分和学位授予

根据各个学校的本科生学士学位授予工作实施细则等规定具体执行。比如，一般理工医学类专业毕业总学分要求为165～180学分，其他专业原则上控制在160～175学分。

6. 课程体系构成及学分

课程体系一般由通识教育课程、学科教育课程、专业教育课程等模块和相关课程平台组成，融合理论教学、实践教学。

（1）通识教育课程，旨在培养大学生思想品德、身心素质、科学精神、基本技能、人文素养、社会责任感、批判思维和创新创业意识，增强学生对自身、社会、自然及其关系的理解。通识教育课程由思想政治理论、军事、体育、信息技术、创新创业等课程构成，占总学分比例不低于30%。

（2）学科教育课程，包括学科基础课程和基础实践课程，旨在帮助学生建立坚实的学科基础，为学生后续专业课程的学习铺垫。

（3）专业教育课程，包括专业基础课程、专业核心课程、专业实践课程，着重培养学生专业能力、实践能力和创新精神。

7. 教学计划安排

教学计划安排表会非常详细地写出本专业所学的所有课程名称、课程性质（必修或选修）、学分数、考核方式（考试或考查）、课程学时、学习方式（讲授或实践）以及开课的学期等。学生可以一目了然地知道每个学期将要学习哪些课程，以及课程的学分、考核方式、学习方式等，有利于学生提前做好准备。

8. 教学进程

从教学进程表中学生可以清晰地了解大学四年每学期每周的教学内容，比如上课、军训、专业实习、专业实验、考试或答辩、课程设计、毕业实习、毕业论文撰写等。

（二）人才培养方案的获取途径

一般来说，高校每四年会进行一次人才培养方案的修订，以满足社会和经济发展对高素质人才的需求。人才培养方案的重要性不言而喻，所以大学新生进校后要第一时间找到本专业的人才培养方案进行详细认真的研读，准确了解和把握本专业人才培养方案的内涵，为大学四年的学习和生活做好准备。

高校人才培养方案是完全公开的。学生一般可以在各学院或学校教务处的网站上查看各专业的人才培养方案，也可以进入学校后直接在学院教学秘书或辅导员处查看。

四、专业导论课

专业导论课是大学新生入学后接触的第一门专业基础课，主要介绍该专业的学习内容、学习方法、历史、现状、价值和发展方向等，引导学生形成对该专业的整体性认知，使学生明确学什么、为什么学和怎么学。[1] 专业导论课对帮助新生尽早了解所学专业性质、培养专业兴趣、掌握专业学习方法、规划自身发展具有重要的导航作用。

（一）专业导论课的基本特征

1. 基础性和概括性

专业导论课授课对象为高校新生，讲授的内容均为该专业中最为简单和常用的基础知识。大多数学生对所学专业缺乏深入全面地了解，通过学习专业导论课，可以对该专业形成正确而又比较完整的认识。

2. 指导性和引领性

开设专业导论课，不是为了传授专业知识，而是引导学生对以后的专业学习有更新的认识，启发学生形成本专业学习方法。通过对专业的历史发展、研究现状、未来价值等进行系统地分析，可以让学生更加客观全面地认识专业，了解其在社会生活中的地位与作用，引导学生树立专业价值观与专业理念。

---

[1] 田晓红，雷巧莉. 高等学校专业导论课内涵、特征、功能及设计策略分析 [J]. 中国农业教育，2017（02）：69—74.

3. 时代性和发展性

专业导论课紧跟时代发展，其内容不断更新和完善，结合了专业研究发展的最新趋势和动态。同时，专业导论课通俗易懂，学术性与通俗性相结合，让学生听得懂，这也正是其时代性与发展性的体现。

4. 共性和差异性

专业导论课的共性主要表现在其定位、教学目标和教学对象上，即都是针对大学新生开设的，都是对专业的整体概述。专业导论课的差异性主要表现为：一是不同学校或不同专业之间的专业导论课不同，二是不同学校相同专业的导论课也不尽相同。这主要是因为每所学校的培养目标、科研水平、教学资源等不同。

（二）开展专业导论课的重要意义

通过专业导论课的学习，学生能更好地从高中过渡到大学，并尽快掌握大学的学习方法、特点和要求，了解所学专业的课程设置、培养方案、就业前景等，对将要开设的课程做到心中有数，以便及早地做出人生、职业的规划，使整个大学生活更有意义。

1. 唤起对专业学习的期待

绝大多数大学新生进入大学都期待能够在大学中有所收获与成就，并期望在所学专业领域有所建树。专业导论课对专业起源、持续发展以及未来趋势的详细阐述，可以帮助新生认清专业的现实价值，增强对专业的认同感，激发学生的学习热情和期待。

2. 培育对专业学习的兴趣

"兴趣是最好的老师。"在进入大学之前，新生对专业的认知比较片面。教师要通过丰富的知识讲解、独特的专业魅力展示、有效的学习方法介绍，培育起新生对专业的学习兴趣，进而诱发其强烈的求知欲望和树立正确的学习动机。

3. 构建对专业的认知体系

通过专业导论课，教师要对专业的知识体系、课程设置、学习方法、培养方案等进行概括性介绍，帮助新生构建良好的专业认知体系，让其对专业的学习特点、学习方法、学习要求等做到心中有数。

4. 加强对学习条件的认可

大学新生除了关心校园环境、图书馆、食堂、寝室等硬件条件外，也非常关心专业的师资力量、教学水平、学科水平、专业特色等软件条件。教师要在专业导论课上对本专业的软件条件进行深入地介绍，让新生对专业有清晰的认识和积极的认可,以激励学生很好地开展大学的学习和生活。[①]

5. 引导对未来的人生规划

通过专业导论课学习后,新生能明晰本专业的发展方向和就业前景,对学习也会有整体的认识。教师可以引导新生结合自身的兴趣、爱好、性格等构建相对清晰的未来规划。

6. 增强对深造和就业的信心

专业导论课可以让新生清楚所学学科和专业的现状、发展趋势,以及就业形势和就业优势,极大地增强学生毕业深造或就业发展的信心和底气。

五、专业认知实习

如果专业导论课是从思想上、理论上让学生了解和认识专业,对专业有一个初体验,那么专业认知实习则是从行动上、实践上让学生加深对专业的理解和认知。

(一)专业认知实习的概念和意义

专业认知实习,是指到工作岗位中了解今后将要工作的环境,增加对所要从事岗位的初步认识的过程。专业认知实习一般安排在大学一年级第二学期或大二年级第一学期,即在学生完成基础知识学习,即将进入专业知识学习的时候开展。不同的专业,认知实习的形式和内容也不同。

(二)专业认知实习的意义

目前专业认知实习的形式一般是到与本专业发展方向及专业特色十分对口的基地或企业去参观、学习、体验。很多高校在积极探索专业认知实习的新模式,如"校企合作"。比如,重庆理工大学与中国长江三峡集团有限公司开展人才定制联合培养,建立起新的人才教学与实践一体化培养模式。

专业认知实习是高水平教育和提高培养人才能力不可或缺的一步。专业认知实习不仅是学生加深专业知识、认知工作环境、树立学习目标的有效方式,还是高校开展教学工作、创新教学模式、进行协同育人的有效形式。

(三)专业认知的实施

专业认知实习一般分为三个阶段:认知实习前的准备、认知实习中的学习体验和认知实习后的总结。通过三个阶段的有效配合,最终达到认知实习的目标。

---

① 王晓晖. 大学专业导论课开设的目标探析 [J]. 高教论坛,2013 (12):69—71.

1. 认知实习前的准备

在开展认知实习前,做好准备是基础环节。教师需要提前确定好实习目标、实习任务、实习企业、实习安排等,确保实习顺利进行并有的放矢。学生可以根据教师的讲解和布置,提前了解学习目标和任务,完成认知实习预习报告。

2. 认知实习中的学习体验

进入相关基地或企业参观和学习,是认知实习的核心环节。学生要结合实习前的准备,有针对性地了解专业工作的各个环节,努力将理论知识与实际应用相结合,同时也要感受企业文化和工作氛围,为今后能够更好地适应工作做准备。

3. 认知实习后的总结

总结是对专业认知效果进行巩固和评价的重要手段。学生通过撰写认知实习报告,总结实习中的收获和不足,加强对专业的认识和知识的理解,为今后理清学习思路、进行学业规划做准备。

第六节 精准把握学业规定

"不以规矩,不能成方圆。"了解规则,遵守规定,是一名大学生成长的重要标志。大学新生若能够准确把握学习相关的规定和政策,不仅可以更好地规划自己的学业和未来,还可以少走弯路。

一、学籍管理规定

学籍管理是高校学生管理的重要组成部分,关系到学生的学习资格、学习状态及学习结果的认定。

(一)学籍管理的主要内容

学籍是指一个人属于某学校的一种法律上的身份或者资格。学生拥有了学籍就必须同时承担学校规定的各项权利和义务。学籍是学生在高校就读的唯一身份。学生一旦通过录取、院校注册后,将不能在同一层次内的其他院校再次注册。学生可以通过中国高等教育学生信息网来查看个人学籍学历状态和信息(网址为 https://www.chsi.com.cn/)。

学籍管理的范围比较广泛,主要涉及的内容有入学与注册、学制与学习年限、考勤与请假、考核与成绩记载、转专业与转学、学籍警示、留级与跳级、休学与复学、退学、毕业与结业。学籍直接关系到学生在校获得合法身份、学业成绩、毕业证书、学位证书等。

1. 入学与注册

根据国家招生规定，被正式录取的新生，须持录取通知书按学校要求和规定期限到校办理入学手续，因故不能按期入学的，须事先向学校招生部门书面请假。大学新生入学后，学校会组织开展新生入学资格复查。学生在入学后的每学期开学时，须办理注册手续，确认学籍。

2. 学制与学习年限

一般情况下，全日制普通本科专业学制为 4 年，学习年限为 3~6 年，即学生可以提前修读高一年级课程合格、申请提前毕业，也可因学籍异动而延长学习年限，但最长不得超过 6 年。也有一些本科专业（如建筑学，城市规划，部分医学专业）学制为 5 年，学习年限为 4~7 年，具体以各高校的规定为准。

3. 考勤与请假

学生须按时参加学校人才培养方案规定的各项教育教学活动，自觉遵守学习纪律，按要求完成规定的学业任务，不得旷课、迟到和早退。学生因故不能参加教育教学计划规定的活动时，须事先完成请假手续。

4. 考核与成绩记载

大学课程考核方式分为考试和考查两种。课程考核不合格的学生可以参加补考，补考后仍不合格可申请重新学习（也称重修）。凡属于取消课程考试资格、缓考、无故缺考、考试违纪、考试作弊、采用考查方式进行的课程考核不合格的学生，则不能参加补考。目前各高校一般用学分绩点来衡量学生的学习质量。

5. 转专业与转学

一般情况下，学生在大学学习期间对本专业不感兴趣或对其他专业有兴趣的，可以申请转专业；因患病或者有特殊困难、特别需求，无法继续在本校学习或者不适应本校学习要求的，可以申请转学。具体申请转专业、转学的条件、时间等按各高校相关规定执行。

6. 学籍警示、留级与跳级

学籍警示是对不及格课程数达到条件的学生进行警示，并非行政处分，目的在于提醒学生重视学习，否则将可能面临降级。留级是由于学生成绩没有达到升学的标准或因自身原因等申请留在原年级重新学习。跳级是符合条件的学生可以申请提前预修高一年级的课程，编入高一年级学习。

7. 休学与复学

学生因病或事或其他原因等不适宜在学校学习，可以向学校提出休学申请，学校将为休学的学生保留学籍。学生休学或保留学籍期满后需要向学校申请复学。

8. 退学

学生因不能完成学业或疾病或其他原因等不适宜继续在校学习的，可以向学校提出退学申请。退学后，学生将被注销学籍。

9. 毕业与结业

学生在学校规定学习年限内，修完人才培养方案规定内容，成绩合格，达到学校毕业要求的，颁发毕业证书；符合学校学士学位授予条件者，颁发学位证书。学生进入毕业年级，修完人才培养方案规定内容，但未达到学校毕业要求的，准予结业。

（二）正确认识学籍管理

高校的学籍管理规定直接关系到每个学生在学校的学习生活以及工作后的学历认证。学生应充分认识到学籍管理的重要性，积极主动地学习本校的学籍管理规定。

高校学籍管理规定的目的不是处理学生，而是教育督促学生学习。高校通过学籍管理来约束学生，使学生认识到学习的重要性，激励学生加强学习，通过学习来提高自身的素质，培养创新精神和创新能力，引导学生进行自我教育、自我管理。

二、转专业

教育部颁布的《普通高等学校学生管理规定》（41号令）规定：学生在学习期间对其他专业有兴趣和专长的，可以申请转专业。[①] 从国家层面上来说，转专业政策作为我国高考制度的一种补偿性措施，其制定目的是尊重学生的兴趣所在与自主性。对高校来说，制定实施转专业政策，是为满足本科生个性化成长和生涯发展的需要，也是深化教育教学改革和提升高校人才培养质量的有效路径。作为大学生，选择适合自己的专业，也更有利于个人的长远发展。

大学生转专业已经成为高校的一个普遍现象。随着新高考招生制度改革的不断推进，很多高校都放宽了转专业的条件，如天津大学、山东大学等很多高校都实行了类似"转出无门槛，转入有要求"的转专业原则。学生申请转专业不再受招生录取批次、文理分科、年级、专业分流等限制，全面拓宽转专业条件；但受转入学院教学资源等因素影响，还是要对申请转入的学生进行相应的

---

① 教育部网站. 普通高等学校学生管理规定［EB/OL］. http://www.moe.gov.cn/srcsite/A02/s5911/moe_621/201702/t20170216_296385.html?from=timeline.

考核和面试。各高校都会根据学校实际制定并实施具体的转专业实施方案。

（一）大学生转专业的主要原因

很多学生在报考专业时对专业没有清晰的认识，选择专业容易受到外界的影响，如就业前景、学习环境等，导致进校后对所学专业不感兴趣或对其他专业更感兴趣，进而希望通过转专业进入意向专业学习。[1] 大学生转专业的主要动因可以归纳为以下三个。

1. 专业满意度低

有些学生报考的专业是家长选的；有的学生因高考分数和专业招生指标的限制，填报志愿时往往在优先保证学校档位的情况下选择服从调剂或直接报考低分冷门专业，其录取专业并非理想专业；也有学生在学习过程中产生从新奇到平淡最后厌烦的情绪。这些因素会导致学生的专业满意度降低。这种不满意情绪将直接影响学生学习的动力和积极性。在这种情况下，这些学生希望通过转专业来改变自己窘迫的现状。

2. 社会就业形势影响

有些学生受社会舆论的影响，会盲目追求所谓的热门专业或高校为了应对社会的需求而增设的新专业，认为学习热门专业或新专业，在毕业后工作不愁，薪资待遇高，而冷门专业找不到工作，薪资待遇低。严峻的就业形势直接影响了学生的专业选择，导致大部分学生一窝蜂向热门专业提交转专业申请。

3. 学习环境影响

大学与高中在教学方式与培养模式上存在巨大差异。大学的学习更加考验学生的自学能力，其课堂教学具有进度快、知识量大的特点，与高中"精雕细琢"完全不同。学习的不适应导致学生学习成绩下降，从而产生转专业的念头。另外，大学生学习的过程中会受到周围同学的影响，当身边优秀的同学申请转专业的时候，部分学生会盲从，却没有分析自己的需求，没有考虑申报的专业是不是适合自己。

（二）大学生转专业的利与弊

转专业为学生专业发展提供更多自主选择路径，给了学生重新选择的机会，打破了以往"高考一锤定终身"的局限。转专业也体现了学校对大学生权力与自由的尊重，较好地促进了大学生个性的发展。学生通过自主选择专业实现观念上由"要我学"到"我要学"的转变，使学生的从被动学习变主动学

---

[1] 吉久阳，皋春. 高校本科生转专业问题与对策研究［J］. 教育教学论坛，2019（33）：9—11.

习,有效调动和发挥了学习的积极性和主动性。因此转专业不仅有利于社会人才资源合理优化配置,还能推动学科专业改革,有助于师资力量不强的专业提高教学质量,改善教学环境。

但学生转专业后也会面临很多的隐患和问题。首先,在转入新专业后不仅要选修本学年的相关课程还要补修低年级的课程,这有可能导致学业压力增大,进而学习成绩下降、学习效果不理想。其次,进入新的环境,面对新的同学、新的教师,需要学生有很强的适应性,否则很容易打击学习的积极性和主动性,进而影响专业学习和发展。再次,转专业前对新专业的学习内容、就业方向等若没有明确的认知,"盲目"转专业后会让自己陷入更加不适的境地,不仅浪费自己的时间,更耽误自己的前途。最后,随着社会经济的不断快速发展,行业更新迭代较快,很多岗位存在不稳定性。也许在大一时非常"热门",而等到毕业时这个专业已经不"热"了,学生则可能要面临严峻的就业形势。

(三) 正确面对大学生转专业

面对转专业,很多学生存在转与不转的纠结,以及选择专业时的担忧和迷茫。"不转"觉得浪费了机会和应有的权利,"转"又会担心转不成功或者万一转成功了又不喜欢。然而大学生应该认识到,转专业只是一个选择的途径,不是最终目标。通过专业的学习和磨炼,掌握扎实的专业知识,练就过硬本领,努力成为对国家和社会有用的人才是关键,也是读大学的最终目标。

1. 努力培养对专业的兴趣

刚进入大学,大部分新生对所学专业认知较浅,表现为既不十分喜欢也不讨厌的情感状态。此时,如果新生能够通过各种途径了解本专业的发展状况、就业前景等,或通过一些实践对专业进行更深刻的体验和更真实准确的认识,努力培养对本专业的兴趣,则可以更加坚定学习本专业的信心。

2. 全面准确地认识自我

大学新生应从实际出发,认清自己的兴趣、爱好、特长、性格等,知道自己的优势以及如何在本专业中发挥自己的优势;或可以借用科学的个性测试、心理辅导和职业咨询等手段发掘自己的潜能,确定自己的职业目标。若确实兴趣和特长不符,或者由于身体、学习能力等原因不适合在原专业继续学习,大学生可坚定地重新选择适合自己特长、兴趣和身体条件的专业,并做好充分的准备,确保转入新专业的学习顺利进行。

3. 开展形式多样的学习

大学新生要清楚转专业会舍弃很多,会遇到很多学习困难,需仔细分析、理性选择。此外,除了转专业,新生在学校还可以辅修第二专业、毕业时跨专业考研、考取第二学士学位、参加交换生项目、在网上自学相关专业课程来"接近"意向专业。

三、辅修专业

辅修专业是国家培养复合型、跨学科的高级人才，增强学生就业创业能力的一种有效途径。2019年10月，教育部印发了《关于深化本科教育教学改革全面提高人才培养质量的意见》（教高〔2019〕6号）（下面简称《意见》）[1]，明确提出要推进辅修专业制度改革和开展双学士学位人才培养项目试点。

（一）辅修专业的主要内容

辅修，是指确有学习余力的学生于在校期间修读同层次其他专业课程。修读辅修专业的学生，应首先保证学好主修专业课程，并在完成主修专业学习的同时，完成辅修专业的学习任务。学生完成辅修专业的全部教学计划，且所有课程成绩合格，达到专业要求的，学校可为其颁发辅修专业证书。辅修专业证书与主修的普通本科学历证书配合使用，作为一种学历证明，一般不单独作为学历证书使用。对符合学士学位授予条件的，同时还授予辅修学士学位。辅修学士学位是在主修学士学位证书中予以注明，不单独发放学位证书。对没有取得主修学士学位的学生不得授予辅修学士学位。

辅修专业也是学校为了充分发挥大学学科优势，探索跨学科组织教学模式，促进复合型人才培养的一项教学改革措施，目的是支持学有余力的全日制本科学生辅修其他本科专业。辅修专业应与主修专业归属不同的专业类，专业类的划分以教育部颁布的普通高等学校本科专业目录为准。

辅修专业学生的遴选对象一般为在校一年级本科生，报名时间一般为大一第二学期期末。学习年限为3~5年。

（二）正确认识辅修专业

对于在校大学生，辅修专业不仅可以很好地弥补对主修专业不满意的遗憾，让自己能够学习自己喜欢的专业，还可以更好地拓宽知识面，提高综合素质，增加就业竞争优势，扩大就业范围。另外利用在校的时间修读第二个专业，还可以节约宝贵的时间。但同时修读两个专业也面临着学习任务重、难度大的挑战，学生中途退学的情况时常发生。

---

[1] 教育部网站. 教育部关于深化本科教育教学改革全面提高人才培养质量的意见 [EB/OL]. http://www.moe.gov.cn/srcsite/A08/s7056/201910/t20191011_402759.html.

另外教育部明确规定对没有取得主修学士学位的学生不得授予辅修学士学位，所以学生在报名之前，要了解自己的兴趣、爱好、自身的文化基础和学习能力，了解辅修专业特点、课程设置、专业培养目标、知识结构体系等。只有对辅修专业有了一个全面的了解和认识，做好充分的心理准备，才能减少中途退学的可能性。大学生只有将所选专业与主修专业有机地结合、自然地衔接，才能真正地感兴趣、想学习，并能学好。

四、双学士学位

双学士学位是国家支持符合条件的高校创新人才培养模式，为学生提供跨学科学习、多样化发展机会的人才培养项目。2019年7月，国务院学位委员会发布《学士学位授权与授予管理办法》，为分类推动复合型人才培养，提出设置辅修学士学位、双学士学位、联合学士学位三种学士学位类型。[①] 文件规定，对于学校主导开展的复合型人才培养，可以采取双学士学位方式，对招生、培养、毕业等进行整体设计，由省级学位委员会审批。

双学士学位复合型人才培养项目所依托的学科专业应具有博士学位授予权，且分属两个不同的学科门类。比如，上海交通大学推出"船舶与海洋工程+数学与应用数学""预防医学+行政管理"等双学士学位项目。

双学士学位人才培养的对象是通过高考招收的学生，即在高考填志愿时就选择进行双学士学位专业学习的学生。比如，华东政法大学根据公共管理类（法学复合双学位项目班）进行招生，大一学年结束后进行专业分流，可转入"行政管理+法学"或"劳动与社会保障+法学"双学士学位培养项目班级；西南政法大学开设有"新闻+法学""法学+工商管理""法学+英语"3个双学士学位复合型人才培养项目，考生可将其作为单独的专业志愿进行填报。

双学士学位项目的学生毕业时只发放一本学位证书，所授的两个学位都会在证书中注明。由于他们具有两个不同学科的专业知识，可以适应更多岗位。随着社会对复合型、跨学科高级人才需要的不断增加，获得双学士学位的学生在人才市场中非常"抢手"。

五、第二学士学位

第二学士学位和辅修专业、双学士学位一样，都是培养复合型人才的重

---

① 中国政府网. 国务院学位委员会关于印发《学士学位授权与授予管理办法》的通知［EB/OL］. http://www.gov.cn/xinwen/2019－07－26/content_5415724.htm.

要渠道。2020年5月，教育部办公厅发布《关于在普通高校继续开展第二学士学位教育的通知》[①]，鼓励各高校开展第二学士学位教育，为高校毕业生创造更多再学习机会，增强学生就业创业能力。国家重点在急需的公共卫生与预防医学、应急技术与管理、电子信息、大数据、网络空间安全、集成电路、能源动力、生物与医药、养老护理、家政服务等相关领域增设第二学士学位专业。

第二学士学位是为进一步优化人才培养结构而开展的大学本科后教育，主要招收当年普通高校本科毕业并获得学士学位的应届毕业生，以及近三年普通高校本科毕业并获得学士学位、目前未就业的往届生，其他人员原则上不能报考。所报考专业与原本科专业应分属不同学科门类，或与原本科专业属于同一学科门类，但不属于同一本科专业类。

第二学士学位学制为2年，为全日制学习，需要纳入高校学籍管理系统。学习内容主要包括专业基础课和专业课，原则上不安排专业实习。

凡在规定年限内，修完规定课程，达到毕业和授予学士学位要求的，颁发毕业证书和学位证书；达不到毕业要求的，不再延长学习时间，亦不实行留级制度，可发结业证书。毕业证书和学位证书上标识有"第二学士学位"字样。

目前，第二学士学位考试都由各招生高校单独出题，没有全国统考。考试时间大约在每年的三四月份。报考的学校、专业不同，考试的时间和科目也不尽相同。招生考试的内容应是第二学士学位专业的主要基础课程。

六、考证

2023年，我国高校毕业生人数达1158万，创下了历史新高。大学生的就业形势日益严峻，大学生的就业压力与日俱增。因此，很多大学生加入"考证大军"，希望通过考证来提高自己的核心竞争力，增加就业竞争的砝码，拓宽就业的途径。考证是大学生追求上进、不甘平庸的体现，也是面临就业压力的一种选择，更可能成为大学生今后工作的"敲门砖"。

（一）报考证书分类

目前高校大学生可报考的证书种类很多，大体上可分为三类。

---

① 教育部网站. 教育部办公厅关于在普通高校继续开展第二学士学位教育的通知[EB/OL]. http://www.moe.gov.cn/srcsite/A08/moe_1034/s3883/202005/t20200529_460339.html.

1. 通用型证书

计算机等级证书、大学英语四六级证书等通用型证书，学校会统一组织报名和考试，并且也非常受国家和企业的认可，是大学生的"必修课"。几乎每个学生都会报名参加。

2. 职业资格类证书

职业资格类证书包括教师资格证、会计师资格证、导游证、金融就业资格证、法律职业资格证、心理咨询师证、计算机软件专业技术资格证等。此类证书专业性强、种类多，适合就业目标和未来规划明确的大学生进行报考，以增加就业筹码。

（二）正确面对考证

目前，"考证热"已成为大学里的一种普遍现象。相关数据显示，超过八成的大学生认为考证很有意义，超九成的大学生有考证的打算。"考证热"的主要原因之一就是大学扩招导致大学生供过于求，就业压力增大。当然有一部分学生是单纯因兴趣爱好和职业规划而选择考证，但也有一部分学生是受同学和家人的影响才去选择考证。

任何事物都有两面性，"考证热"也是一把双刃剑。一方面，考证可以提升学生的就业能力，增加其就业选择，有助于大学生学习能力和综合素质的提高，也是他们了解社会和融入社会的一种方式。另一方面，考证在一定程度上造成了大量的钱财和精力耗费，会对正常学业造成影响，部分学生为了复习考试甚至选择逃课，造成挂科，得不偿失。大学生应该理性选择考证，充分认识以下三点：

首先，证书不在多而在于精。大学生应根据自身的实际情况，结合所学专业与个人兴趣进行选择，多分析自己所在的专业，了解与自己专业相关的证书，选择真正有意义和价值的证书，切勿盲目投身"考证大军"。

其次，合适的证书才是最好的。大学生要做好职业生涯规划，对未来有一个明确的目标，然后根据这个目标，去选择能帮助到自己的证书。

最后，证书多也并能不代表能力强。证书或许能为找工作提供一定的帮助，但真正让一个人立足于社会的是自身的能力，只有立足自身的岗位和学业，不断学习，提升自己，才能在未来有所发展。

七、考研

考研，即"参加硕士研究生招生考试"之意。根据教育部印发的《2023

年全国硕士研究生招生工作管理规定》的通知,① 研究生的招生对象主要为国家承认学历的应届本科毕业、本科毕业以及具有与本科毕业同等学力的中国公民。硕士研究生按学习方式分为全日制和非全日制两种，按培养目标和培养方式分为学术型硕士和专业硕士两种，按就业方式分为定向就业和非定向就业两种类型。全国硕士研究生招生考试分初试和复试两个阶段进行，初试方式分为全国统一考试（含联合考试）、单独考试以及推荐免试，复试由各招生单位组织。

参加研究生考试需要了解招生计划、报考条件、报名时间及程序、考试时间、初试复试科目、学习方式、导师信息、学费、奖学金、咨询电话等详细内容，考生可以通过各招生院校每年公布的招生章程和招生简章进行仔细查阅。

严峻的就业形势，让越来越多的学生加入考研队伍。考研人数逐年攀升，这让考研的压力越来越大，考研的难度越来越高。

中国教育在线和微博教育发起的一项调查显示，目前大学生考研主要的原因有以下三个：一是通过考研提高就业竞争力；二是通过考研选择一个更适合自己的专业；三是想继续研究学术、走科研道路。②

考研是一种对自身的"投资"。通过进一步深造可以让自身的就业基点提高，在面对门槛更高的职业，有更多被选择的机会，失业的风险也会更小。但考研也同样面临着考研成本和考研风险，需要投入经济成本、时间成本、机会成本以及心理成本，是一项高投入、高收益的"投资"。所以考生在决定是否考研，以及选择学校和专业的时候需要认真思考，一定要结合自身兴趣、能力、家庭条件以及未来发展规划进行综合考虑。

第七节　典型案例

一、案例主题

重庆理工大学"双十"优秀大学生评选活动。

---

① 教育部网站. 教育部关于印发《2023 年全国硕士研究生招生工作管理规定》的通知［EB/OL］. http://www.moe.gov.cn/srcsite/A15/moe_778/s3113/202209/t20220906_658894.html.

② 中国教育在线. 全国研究生招生数据调查报告［EB/OL］. https://www.eol.cn/html/ky/2018report.

二、案例概述

"双十"优秀大学生评选活动是指"十佳大学生"和"十大学霸"评选活动。其中"十佳大学生"评选从 2008 年开始，是为引导和激励学生刻苦学习、成长成才，充分发挥优秀大学生的示范作用，促进学校优良校风、学风建设而组织开展的优秀大学生评选活动；表彰在学习、工作和各项活动中取得突出成绩以及为学校争得荣誉的学生。每年 10 月，该活动会在全校范围内评选出 10 名优秀学生，授予"十佳大学生"荣誉称号，是学校授予学生的最高荣誉称号。"十大学霸"评选活动从 2013 年开始，是为进一步加强学校学风建设，营造良好学习氛围，树立学习先进典型和品学兼优学习榜样，发挥正能量，促进优良学风形成而组织开展的优秀大学生评选活动。活动通过在全校范围内对肯学、好学、会学的学习典型进行寻访，挖掘身边品学兼优的优秀学生，每年 12 月会推荐评选出 10 名"学霸"，并通过表彰和宣传，在学校树立一批学习标杆，影响和带动更多的学生热爱学习、投入学习，以学为乐。

三、实施方法

（一）重庆理工大学"十佳大学生"评选

重庆理工大学"十佳大学生"评选严格按照《重庆理工大学"十佳大学生"评选办法》执行，评选范围为学校具有正式学籍的本科学生。评选流程如下：

1. 个人申报

符合条件的学生，填写登记表和事迹材料，报所在学院学生工作办公室。

2. 学院推荐

各学院在上报的学生中择优确定推荐人选，公示后将相关推荐材料报送学校评选委员会办公室。

3. 初步遴选

学校评选委员会办公室对各学院推荐人选进行资格审查，经师生投票和学校专家评委会评议后确定 15 名候选人。

4. 正式评选

学校组织候选人现场展示，由学校专家评委会和学生评审团评分后确定 10 位"十佳大学生"。未入选候选人获得提名奖。

5. 表彰奖励

根据评定结果授予 10 名学生重庆理工大学"十佳大学生"荣誉称号，并颁发荣誉证书和 10000 元奖金。

（二）重庆理工大学"十大学霸"评选

重庆理工大学"十大学霸"评选由推荐报名、校级评审委员会集中评审、现场评选三个阶段构成。

1. 推荐报名

每年 9 月至 12 月，通过个人自荐、身边的同学推荐、任课教师举荐、各班级团支部酝酿，最后各学院选拔推荐十位院级"学霸"，再从中推选 1 至 2 人参加校级评选。

2. 校级评审委员会集中评审

学校组成校级评审委员会对各学院提交人选的材料进行审阅和讨论，最终从中挑选最佳的 15 名同学成为候选人参加现场评选。

3. 现场评选

各位候选人根据指定演讲要求并结合自己的经历进行五分钟的精彩演讲，和老师同学们实现零距离的交流互动。最终由评委老师、学生代表、各组织代表和大众评审共同投票选出他们心目中的"十大学霸"，最终产生校级"十大学霸"。

四、主要成效

（一）树立先进典型榜样，营造良好的学习氛围

重庆理工大学"十佳大学生"和"十大学霸"评选活动从报名到表彰，持续一个多月，并且通过专题网站、宣传展板、海报、折页、手册等对候选人的事迹进行宣传报道，吸引学校广大师生和校友的广泛关注和积极参与。评选结束后，学校和学院会通过报告会、学习经验交流会等形式，让更多的同学与"十佳大学生"和"十大学霸"面对面进行交流，用朋辈引领的方式，以榜样力量影响更多的人，并通过微信、微博、QQ 等渠道，对榜样们的学习方法和励志故事进行广泛宣传，引导广大同学热爱学习、刻苦学习，争做"爱国、励志、求真、力行"的时代新人。

（二）发挥榜样辐射功能，推动学校学风建设

"十佳大学生"和"十大学霸"评选活动充分发挥了学校先进典型和优秀榜样的示范作用、朋辈引领作用、导向功能及辐射功能，引导广大学子秉持少年心气，永葆进取之心。该活动已不再是单纯的校园文化活动，更是重庆理工大学每个学子内心的向往与信仰，为推动学校学风建设工作做出积极贡献。

五、思考启示

(一) 充分把握大学生特点,提升学生的参与度

要扎实做好新时代大学生的思想政治教育工作,就必须结合学生特点,开展契合时代主题、学生喜闻乐见的校园文化活动,以提高学生的积极性和参与度,提升高校思想政治工作的实效性。每年学校的评选榜单一出炉,就能赢得全校学生的关注和热议,线上线下累计点赞转发量高达 6 万余次。重庆理工大学将校园大学生榜样人物评选和风采展示活动与学生学风教育紧密结合,不仅提高了学生参与活动的积极性,还有效地促进了学风建设。

(二) 充分利用线上线下各大平台,扩大活动效果和影响

重庆理工大学"十佳大学生"和"十大学霸"评选活动,是学校思想政治教育工作中的特色品牌活动,也是学生思想政治教育的阵地,能充分营造自强不息、求实创新的良好学习氛围。通过线上线下交流方式,获奖学生先进事迹和优秀学习方法得到推广,也进一步扩大对广大学生的思想引领作用。

(三) 创新思想政治教育工作载体,以榜样的力量引领学生成长

重庆理工大学"双十"优秀大学生评选活动,通过对学生中具有代表性的典型人物进行弘扬与宣传,以身边榜样的力量引领学生成长成才,不仅为广大青年学生指明了行动方向,督促他们不断向先进人物靠拢,激励他们向榜样学习,争先成为勇于拼搏、无私奉献、担当有为的时代青年。活动取得很好的教育示范效果,也展现了大学生活的多样性,在学生心中种下了一颗颗充满希望和力量的种子。

第八章 新生生涯发展与就业教育

大学第一年，是大学生们通过学习与实践，达到自主获得能力，明晰自我成长、自我发展概念，构建和实现自身未来职业目标愿景的基础出发点。因此，从大学新生入学开始进行生涯发展教育、就业教育，对于大学新生寻找合适的生涯定位、适应大学环境、丰富生涯内容、明确就业目标具有重要的意义。

第一节 生涯和生涯发展理论

随着经济的全球化以及高等教育的大众化，社会对人才的素质要求趋向于综合性与全面性，对于人才的职业化程度和素养提出更高的要求。在此背景下，"生涯""职业规划"等理论体系被引入中国，而由职业规划演变而来的"大学生涯规划"也越来越多地出现在中国的高等教育中。

一、生涯理论的发展演变

职业生涯理论起源于美国。20世纪初在美国开展的职业指导促使职业生涯理论应运而生。过去的几十年里，学者们对职业生涯理论的不断研究和探索，使得职业生涯理论逐步走向成熟。总的来说，职业生涯理念的发展与演变分为三个主要阶段，即20世纪初到20世纪40年代末，职业指导主导时期；20世纪五六十年代，职业指导向生涯辅导转化时期；20世纪70年代至今，职业生涯教育时期。[①]

（一）职业指导主导时期

1908年被视为美国生涯指导研究的重要时刻。这一年，波士顿社会改革

---

① 孔夏萌. 高校职业生涯教育课程研究［D］. 重庆：西南大学. 2014.

家帕森斯认为需要经过专门培训的人员来帮助年轻人做出职业选择，于是在波士顿市民服务之家创建了职业局。1909年帕森斯等人出版了职业指导专著《职业选择》，提出了"职业指导"这一专门用语，标志着职业指导活动的历史性开端，其"人职匹配"理论也开启了职业指导理论的先河。

（二）职业指导向生涯辅导的转化时期

20世纪50年代，职业生涯发展理论的先驱者及职业生涯发展理论的早期代表人物之一金兹伯格提出了一种全新的、心理学的职业生涯发展理论，将职业选择分为幻想期、尝试期与现实期三个阶段。被誉为"超级思想家"的舒伯在总结前人经验的基础上，基于多年对生涯发展规律、心理测评的大量研究，在其《职业生涯心理学》一书中首次提出职业生涯的概念，将个体职业生涯划分为成长、探索、建立、维持、衰退5个主要的阶段，并以此为基础建构了他的职业生涯选择和发展理论。[①] 舒伯的学术体系在世界职业规划与生涯教育领域集大成而独具特色，形成特色鲜明的舒伯学派，广受推崇。他的生涯发展理论也成为美国高校职业生涯教育的核心指导理论基础之一。

（三）职业生涯教育时期

1971年时任美国联邦教育总署署长马兰德博士正式提出"生涯教育"（Career Education）一词。马兰德认为生涯教育应从义务教育阶段开始，延伸至高等及继续教育。这种教育同时具备学术及职业功能，为学生升学及就业做好准备。1971年美国教育总署对生涯教育所下的定义是："一种综合性的教育计划，重点放在人的全部生涯，从幼儿园到成年，按照生涯认知、生涯探索、生涯定向、生涯准备、生涯熟练等步骤，逐一实施，使学生获得谋生技能，并建立个人生活形态。"[②]

随着生涯教育的发展，美国从20世纪90年代"从学校到工作"（School to Work）理念发展到21世纪从"学校到生涯"（School to Career）理念，进而形成了以学生个体的生涯发展为核心，通过设置生涯教育课程、开展生涯指导咨询等方式，引导学生生涯规划设计实施，完善学生个体的生涯发展教育体系和理念。同时，这种整合职业教育和普通教育的理念也逐渐成为各国教育发展的主题之一。

---

① 孔春梅，杜建伟. 国外职业生涯发展理论综述 [J]. 内蒙古财经学院学报（综合版），2011 (03)：5-9.

② 余艳梅. 美国公立高中职业生涯教育研究——以加州为例 [D]. 上海：上海师范大学，2015：16.

二、生涯与生涯发展理论的内涵

(一) 生涯的内涵

生涯，英文为 Career。Career 来源于拉丁文 Carus，原为古代战车之意，后来引申为道路，现在主要是指个体的人生道路，一生中个体经历的全部事件以及各种生活角色。在西方，生涯兼有"生涯"和"职业生涯"的含义，即指一个人一生的工作经历，特别是职业职位的变动以及职业理想实现的整个过程。

目前大多数学者接受的生涯定义来自著名的生涯发展学者舒伯在 1976 年给出的定义："生涯是生活中各种事件的演进方向和历程，它统合了人一生中的各种职业和生活角色，由此表现出个人独特的自我发展形态。生涯也是人自青春期以至退休后，一连串有酬或无酬职位的综合。除了职业之外，还包括任何与工作有关的角色，如学生、退休者，甚至包括了家庭和公民的角色。"[1]

(二) 舒伯生涯发展阶段理论

美国学者舒伯对于生涯的分析，是围绕着职业生涯的不同时期进行的。他认为人的职业选择不是一次完成的，而是随着个体成长及社会影响而不断发展变化的。他的职业生涯发展理论，将人的职业发展分为 5 个阶段，即成长阶段（14～15 岁）、探索阶段（15～24 岁）、确立阶段（25～44 岁）、维持阶段（45～64 岁）和衰退阶段（65 岁以上），并提出了各个阶段的发展特点。

三、基于生涯发展理论的大学新生教育

生涯发展理论将个体的生涯发展看作一个不断发展、循序渐进的过程，认为人在每个年龄阶段有不同的角色和任务。大学生所处的年龄阶段的主要特征是在学校、休闲活动及工作经验中，进行自我探索、角色试探及职业探索。在这一时期，基于兴趣、能力、价值观等因素，个体开始思考未来的职业和自己当前所面临的任务。该阶段的大学生认识到工作的需要，认识到兴趣、能力、工作报酬、价值观和时间观。他们将能力和兴趣进行整合，进一步发展其价值观，对职业的选择具体化，形成了一定的工作方式。[2] 因此，大学阶段对于人的生涯规划具有承前继后的关键作用。

---

[1] 沈之菲. 生涯心理辅导 [M]. 上海：上海教育出版，2000：3.
[2] 彼得森，冈萨富斯. 职业咨询心理学 [M]. 北京：中国轻工业出版社，2007.

根据舒伯的生涯发展理论，高中生阶段处于实施生涯教育的重要时期，应该进行职业生涯的试探、定向和决策。但在我国，现实情况是在高中阶段教育体系中知识性学习占据着主体地位，高中生进行社会探索和职业探索的时间几乎为零，造成生涯发展过程中试验期和探索期的严重缺失。[①] 因此，这个阶段的任务就被后置到高等教育阶段来完成。大学生年龄处在 18~24 岁，正处于职业发展的探索阶段，同时处于生涯发展阶段中成人早期的转换期。

因此，基于生涯发展理论的大学生新生教育就是帮助大学生从大一开始，在充分自我认知和环境认知的前提下，进行科学的自我定位，合理设定职业目标，选择既定职业，制订相应计划并采取积极行动以达成职业生涯目标、实现自我充分就业的过程。

第二节　学业生涯规划教育

20 世纪 90 年代，关于生涯规划的理论和经验被引入中国。面对日益严峻的就业形势、丰富多元的就业需求以及大学生提高综合竞争力以适应未来生活的迫切期望，大学生生涯规划教育显得日益重要，越来越多的高校开始开展生涯规划方面的教育。而学业生涯规划教育，作为职业生涯的"前言"部分，根源于职业生涯规划的概念与理论，是生涯教育在大学阶段的体现，是生涯规划在大学阶段的细化和具体化。大学期间的学业生涯规划，尤其是新生的学业生涯规划，直接影响到随后几年的学习生活和毕业后的就业状况，对促进大学生最大限度地提高学业发展水平，增强就业竞争力，提升实现职业梦想所必需的能力和素质具有重要的作用和意义。

一、学业生涯规划概述

（一）学业生涯规划的概念

学业是大学生立身之本，是指在高等教育阶段进行的以学习为主的一切活动，是大学生应当集中精力努力掌握的知识、能力、素质体系。广义的学习，不仅包括科学文化知识的学习，还包括思想道德、审美素养、创新实践能力、

---

① 李颖，高春娣. 基于生涯发展理论的大学新生教育对策研究 [J]. 黑龙江高教研究，2017（06）：147-149.

第八章　新生生涯发展与就业教育

劳动素养以及自我管理组织能力等各方面的培养。因此，大学生学业生涯规划实际上就是大学生确定自己学业、职业发展方向，制订在校学习目标，拟定实现目标的步骤和方法，最大限度地提高自身的人生事业（职业）发展效率，实现个人的可持续发展的过程。

（二）学业生涯规划的重要意义

1. 有利于大学生科学认知自我

进行学业生涯规划的前提和关键是做好自我认识与自我评估。大学生要结合自己的兴趣、特长、性格、能力等因素，不断挖掘自己专长，认识不足，找出真正感兴趣的领域。只有充分认识、分析自己，才能明确自己未来的人生目标。大学生学业生涯规划确立的过程是一个弹性动态循环的过程。此过程使理想与现实有机结合，促使大学生进行合理的自我定位。随着学业规划每一个目标的实现，大学生的思想及心态都会向着更积极的方向转变，进而促进对学业更加清晰的认识，有利于实现自我完善、自我发展。

2. 有利于增强大学生学习主动性

从高中进入大学，学习模式由"要我学"的被动接受知识转为"我要学"的主动学习知识。通过学业生涯规划的积极引导，在科学合理的学业目标的指引下大学生们能学会运用掌握科学有效的学习方法，采取切实可行的学习举措，针对性地培养个人发展所需技能，增强学业竞争力。同时，学业生涯规划也能让大学生重视现在、把握现在，集中时间、精力和资源于自己选定的学业，使得大学生心中的理想具体化，更容易实现自我目标，从而有效地提升对学习的积极性和成才的主动性。

3. 有利于提升大学生的就业竞争力

在毕业生就业过程中，供需结构性矛盾普遍存在，大学生综合素质与企业具体需求不相匹配。因此，大学生必须要根据自身的兴趣特长，科学确定职业目标，明确认知自己的专业以及自己将来要进入的行业，在学习和求职过程中将自己的所学、所长以及所用紧密地统一起来，提升自己综合素质，最大限度地提升就业竞争能力，为充分高质量就业奠定基础。[①]

4. 有利于形成良好的学习氛围

学业生涯规划帮助大学生制订详细的学习计划，促进和保障学生学习的自主性、持续性和长期性。良好的学习氛围是学业生涯规划的必然结果和必然体

---

① 寇玉生，王永萍，惠国辉. 大学生学业生涯规划模式构建 [J]. 辽宁工程技术大学学报（社会科学版），2013（02）：213—215.

现，良好的学风又反过来为学业规划顺利进行提供保障。学业生涯规划和良好学风营造相互促进、有机统一，进而形成良性的循环。

（三）学业生涯规划教育的现状

著名的神经心理学家 A.P. 鲁利指出："目的的实现便意味着积极性的丧失。"刚通过高等院校招生考试的大学新生是高校一支独特的群体。学生长期以来以高考为第一目标的巨大压力和心理紧张感突然消失，原有的目标已经实现，新的目标尚未形成。面对大学全新的环境，初入大学的新生在适应新环境新生活的过程中容易出现负面的行动和情绪。

1. 缺乏自我认知

基础教育和高中教育阶段，学生受到"应试教育"的压力和束缚，对于自己的兴趣爱好优势均可能认识不清。高中教育向大学教育转变的阶段，也正是大学新生的世界观、人生观和价值观逐步形成和日渐完善的阶段。若学生对自己的性格、兴趣、能力和价值观不是很了解，没有科学地分析，便谈不上客观地制订自己对未来的规划。

2. 缺乏专业认知

从相关的新生座谈会、新生调查我们可以看到，为了确保志愿填报的成功率，相当多的学生会优先考虑学校层次、专业排名、社会需求等因素，而放弃对自身特长兴趣的考虑，选择"服从专业调配"。因此，一方面，面对与高中完全不同的相对自由的学习方式时，学生显现出强烈的不适应，导致与最初的学业期望差异越来越大；另一方面，不少学生会因录取专业和学校与理想存在偏差，存在失落感和挫败感，进而对自己的学业和前途丧失信心。

3. 缺乏规划认知

随着新高考招生考试制度改革的不断推进，越来越多的新高考地区从高中阶段开始普及生涯规划教育。但刚步入大学生活的大学新生忙着适应和享受大学灵活自主的学习与生活，并未主动思考自己未来的职业定位和就业目标，就更谈不上为目标制订详细、具体、可操作的计划方案了。

二、学业生涯规划教育的内容

（一）学业生涯规划的主要阶段

学业生涯规划是学生依据自己的人生理想，综合考虑自身性格特点、专业、学校和社会需求等因素制订出来的奋斗目标和过程，是一个发展变化的过程，具有动态性、系统性。因此，一般来说，大学生要根据在不同阶段的学习任务和心理特征，以每个年级为一个阶段进行学业生涯规划，明确目标，突出重点，分步实施。

1. 大一适应期

大一新生首先必须要主动适应周边的学习生活环境，全面地了解自我、了解专业前景，了解学校能为自己提供的学习、生活的资源，掌握大学系统的学习方法，疏通与老师、前辈、同学的交流渠道，搭建全新的人际关系网络，尽快完成从高中生向大学生的转变。这个阶段，高校也需要积极引导学生了解学业生涯、职业生涯规划的基本内容及其重要性，提升学生对专业、就业以及自身特点的认知。

2. 大二定型期

大二阶段是一个承前启后的时期。这一阶段，学生应加强专业基础知识的学习，注重英语、计算机等基本技能。同时，学生要在提升社会实践技能上下功夫，通过广泛积极地参与学生会或社团等学生组织，增强实践动手能力、组织协调能力。这一阶段的学生还需要明确考研或就业的学业目标，并结合对大一适应期成效的分析结果，进行生涯规划阶段性评估和调整。

3. 大三提升期

这个阶段是学习转折时期。学习的范围由以前的书本知识转变为与就业、发展相关的知识范畴，专业理论的系统性和完善性都已经被加强，学习的方式也由以前的求知型学习转变为思维型学习。这一阶段的大学生要系统评估和总结前两年目标完成情况，结合现实，找准自己专业范围的主攻方向，培养创新能力；同时，不断加深对职业目标的思考，利用寒暑假以及专业实习等机会提升专业素养与职业目标的匹配度，围绕职业目标重点强化专业课程的学习和实践能力的锻炼。

4. 大四冲刺期

大四是学生进入职场的准备期或升学冲刺期，是大学学业生涯的目标达成阶段。这个阶段的大学生要对前三年的目标进行全面的评估和认真总结，结合社会需求确定自我未来合理的职业定位。学生在完成毕业设计或毕业论文的同时，侧重于择业、就业、深造等，积极关注和广泛参与各类校园招聘，着力提升就业技能、升学备考水平。

（二）学业生涯规划的实施步骤

1. 自我全面认知

对自我兴趣、性格、特长等全面翔实的分析和认知，是制定合理学业生涯目标的重要基础和根本前提。所谓自我认知即通过科学认知的方法和手段，客观、冷静和全面地找出自己在学业方面擅长和喜欢做的事情，找出学习机会和挑战，明白自己的优势和劣势。学生可以借助于现有的网上测试平台及工具或者应用比较广泛的SWOT分析法来帮助自己进行分析和认知。

2. 科学目标选定

在基于对自身条件的客观认知和深刻剖析的基础上，结合自己所学专业以及专业发展前景、未来职业愿景，就可以科学地确定自己学业生涯目标。学业生涯目标既要能满足未来社会对知识综合性的要求，又要充分展现个人专长，最大限度发挥知识的整体效能；既要立足于未来的长远规划，又要着眼于当前的短期目标。长短期目标应配合恰当，长期目标要清晰固定，短期目标应简单灵活。

3. 目标分解实施

学业总目标形成以后，就需要制订相应的行动计划、行动方案具体落实和实施。需要将学业生涯总目标按时间节点进行分解。值得注意的是，落实具体行动方案是学业生涯规划中最薄弱或者说最容易造成目标"丢失"的一大环节。因此大学生要坚定信心，严格管理，认真执行每一项学业任务，确保最终目标的达成。

4. 自我评估调整

学业生涯规划和实施是一个动态过程。在实施学业规划的过程中，学生要学会定期对目标的达成情况进行总结和评估，反思自己的生涯规划实施情况和效果；要学会根据各种不确定因素的影响随时调整自己的学业目标，进而变更实施措施甚至是学业目标。

三、学业生涯规划教育的方法

高校一般都会针对大学新生开展大学生学业生涯规划教育。大学新生可积极参与学业生涯教育的相关课程，做好科学合理的学业生涯规划，增强学业竞争力，提升专业素养，实现自身的学业目标与职业理想。

（一）培养学业生涯规划意识

刚入校的大学新生，首先要尽快熟悉校园学习生活的环境，顺利渡过从高中到大学的迷茫期；其次要通过主题班会、讲座、演讲等多渠道接受生涯规划教育，了解学业生涯规划的重要意义，树立危机意识和生涯规划意识，注重培养自我管理和自我学习的能力。

（二）重视自我认知和专业认知

大学新生要积极发掘自我的特长，明确自己的兴趣爱好，正视自己的缺点和弱项，同时要积极参加学校组织的专业前景讲座、人才培养方案专题解读等活动，主动接受专业教育和引导，树立专业认同感和自豪感。

（三）制定和实施个人学业生涯规划

大学新生要坚持可行性原则、可调节性原则、最优化原则以及共性与个性相结合原则，综合自身情况，科学制定学业规划目标，并依据此目标，细化分解学期目标、月目标、日目标。

（四）强化学业生涯步骤的实施

大学新生要建立学业生涯规划档案，定期开展督导与反馈，结合自评、班级评议和汇报等形式，补充和完善学业目标，督促自己按规划实施，确保学业生涯规划落实落地。

第三节　职业生涯规划教育

大学新生的职业生涯规划不仅有利于学生迅速平稳地渡过大学适应期，有利于学生明确学习方向，更有利于帮助学生为职业准备阶段的职业选择和未来职业发展打下坚实的基础。目前，国内很多高校都将大学生职业生涯规划教育作为公共课纳入教学计划，并积极在大学新生教育中引入职业生涯的内容，构建全过程的职业生涯规划教育体系。

一、职业生涯规划概述

（一）职业生涯规划的概念

大学生职业生涯规划主要是指大学生在进行自我剖析、客观环境认识的基础上，进行自我定位，结合所学专业和知识，设定职业目标，选择既定职业，是对自己将要从事的职业做的一种指导性方案。职业生涯规划是大学生步入社会前，将现实和长远相结合的一种科学规划，是求职就业乃至将来职业发展的关键环节。大学生职业生涯规划的目的不仅仅是帮助学生按照自我规划找到一份合适的工作，更重要的是帮助大学生清晰地认知自我、了解社会，科学确定未来的职业目标，并在实现职业目标的过程中不断完善自我、提高综合素质、增强就业竞争力。

（二）职业生涯规划教育的重要意义

1. 有利于新生认知自我，激发学习动能，合理规划大学生活

职业生涯规划教育能帮助大学新生掌握自我认识的方法，客观认识自己，有效地评估个人目标和现状的差距；还能激发大学生的内在动能，树立明确的学习目标，科学制定学业生涯规划，并不断为实现各阶段目标和终极目标而奋斗，进而为今后充分就业、满意就业提供坚实基础和有效保证。

2. 有利于新生认知社会，把握社会对人才需求

大学生无法及时、充分、透彻地认识复杂多变的经济社会，可能导致个人理想和现实存在巨大的落差。因此，开展职业生涯规划教育，就是让新生在大一就主动关注经济社会的发展，及时了解各个行业对人才的需求，为适应社会、成为社会所需人才打下坚实基础。此外，通过对社会经济发展的深入了解，大学生也能从大一开始就产生危机意识，明白当前社会就业的严峻形势，进而不断地进行自我调整。

3. 有利于新生科学定位职业方向，树立正确的价值观、择业观

进入大学以后，随着学习内容的变化，大学生会自发地开始思考职业价值，追求职业梦想。因此，从大一开始开展职业生涯规划教育，用系统的、科学的职业生涯发展观武装大学生的头脑，在生涯决策与行动方面引导大学生认识正确的价值导向及行为规范，有利于帮助学生树立正确的价值观、择业观，培育崇高的理想追求与为社会奉献的精神。

（三）职业生涯规划教育的现状

新时代背景下，高等教育改革、专业化发展和综合性人才需求等诸多方面存在机遇与挑战，开展大学新生职业生涯规划教育不仅是培养新时代高素质人才的有效渠道，更是培养德智体美劳全面发展的社会主义建设者和接班人的重要要求。我国大学生职业生涯规划教育工作起步较晚，教育理论体系不太成熟，虽然在一定程度上有所推进，并取得一定成效，但无论从学生个体还是高校层面来说，都未能获得足够重视，成效并不理想。

1. 规划意识淡薄，职业定位不准

总体来说，当前我国大学生普遍缺乏职业规划的意识。大部分学生仅仅注重在校期间的文化素养培育和理论知识学习，缺少对社会职业信息、行业岗位要求的全面了解。虽然近年来，受整体就业形势的影响，不少大学生从大一就开始关注就业，就业意识不断增强，但也是单纯地为就业而关注就业，对职业选择、职业定位、人职匹配都持无所谓的态度。大学生职业目标越来功利化，

忽视了个体特性、综合素养与职业发展的关联，从而导致用人单位普遍反映学生无法满足企业需求，存在"职场不适应症"。同时盲目性的职业选择，更是大学生频繁换工作的主要原因，严重阻碍大学生的职场发展。

2. 职业取向偏颇，职场准备不足

随着求职、就业等方面的压力越来越大，有些大学生在职业取向上存在功利化倾向；有些大学生在个人职业规划中缺乏统筹思想，过分注重自我感受，不能充分地扬长避短，不能结合自身优势进行有效的专业学习和职业分析。也正因为没有正确的职业取向和明确的职业目标，大学生在职业生涯规划中普遍存在随意性、盲目性和被动性，没有针对当前社会就业形势、岗位需求做出最好的职业准备，尤其是团队精神、职业道德、创新能力等职业素养的缺乏，严重影响毕业后的择业和就业。

3. 规划执行力差，实践能力缺乏

职业生涯规划是结合大学生个人特点制定目标及实施计划，并逐步达成目标的过程。科学制定规划是基本前提，有效执行实施计划是重要保障。不少大学生在职业生涯规划中存在"动口不动手"的现象，光是规划到位了，而没有及时地付诸实践，没有将规划目标与实际行动结合起来。有的大学生虽然具备自主实践、执行规划的意识，但没有将具体实践与未来职业目标有机结合起来，把做家教、促销员等无关的活动作为"实践经验"，导致实践效果和实践能力大打折扣。[①]

二、职业生涯规划教育的内容

（一）专业认知教育

"学什么""为什么学"是新生刚进校对自己专业存在的普遍疑问。不少大学生由于填报专业的盲目性和被动性，对自己的专业一无所知，更谈不上对未来职业的规划。因此，新生一进校，首先就要接受专业认知教育，对专业基本情况、当前现状、未来发展趋势以及就业去向有清楚的了解和认知，认真掌握自己专业的人才培养目标、课程设置、课程大纲等内容，进而树立正确的专业思想，对未来有清晰的规划和思想准备。

（二）自我认知教育

大学阶段，学生的自我认知水平不断提升，将影响其生存方式和后续职业

---

① 申丽丽. 大学生职业生涯规划存在的问题及策略研究［D］. 长春：吉林农业大学，2016.

发展。拉扎勒斯的认知评价理论认为，自我认知对职业发展具有正反馈作用，个体的认知水平往往会对其职业决策起到主导作用。可以说，自我认知是职业生涯规划成功的基础。[①] 因此，从大一新生进校开始，就需要积极教育和引导新生正确地认知自我、客观地评价自我、把握自身性格特点、合理设置目标，进而积极促进学生树立信心、有效规划学业生活。

（三）职业目标教育

大学新生在接受专业认知教育和自我认知教育的基础上，还需要设立自己的职业目标，明确自己现在和将来要做什么，促进现实需求和自我目标的有机结合。因此，开展职业目标教育，一方面能帮助学生了解掌握职业概念、职业动态以及社会对人才的需求；另一方面能让学生充分了解职业生涯规划的概念、意义和实施内容，引导和督导学生把握每一个阶段的学业目标和职业目标。

（四）职业实践教育

职业实践教育是有效提升大学生职业能力和就业竞争力，积极践行职业生涯规划的重要途径。只有通过不断实践，才能将所学专业知识和职业规划目标有机融合。因此，大学新生要重视各类实践教育，尤其是与专业和职业发展结合度高的实践教育活动，通过实践发现自己的优缺点，提高实践动手技能，培养良好的综合素养。

三、职业生涯规划教育的方法

（一）科学合理制订职业生涯目标

每个大学新生应主动思考和回答"我是谁？我要做什么？我要如何做？"这些问题。只有在充分认知自我的基础上，才能选定适合自己的职业生涯目标。新生可以通过职业测评软件或者聆听长辈的意见和建议，客观和全面地评估自己，同时评估和衡量周边客观环境可能带来的影响，进而制订科学合理的生涯规划目标。

（二）掌握学习规律和有效的学习方法

大学阶段同中学阶段在学习内容、方法和要求等方面存在较大的差异。掌握大学的学习规律，选择适合自己的学习方法，对于有效实施职业生涯规划至

---

① 雷享勇，郭靖娴，丁伟. 大学生自我认知对职业发展的影响［J］. 教育教学论坛，2019（06）：64-65.

关重要。大学新生在持续发扬勤奋刻苦的精神外,要及时调整学习状态,适应大学教学规律,同时还要充分挖掘大学资源,培养良好的学习习惯,选择与学业及自己的兴趣有关的知识领域深入研究,不断拓宽自己的视野,提高自身的综合素质。

(三) 储备和完善知识结构体系

当前,高校毕业生就业形势日益严峻,用人单位提出的人才要求越来越高。因此,大学新生必须充分认识市场需求,完善自己的知识体系,既有精深的专门知识,又有广博的知识面,主动培养包括自学能力、操作能力、研究能力、表达能力、组织能力、社交能力、创造能力在内的将来从事工作所需要的能力。只有从大一开始,不断努力地提高自身能力,强化各方面素质,才能提高社会竞争力,进而在激烈的市场竞争中找到合适的岗位。[1]

(四) 广泛参与各类社会实践

实践是增强职业体验、提高职业技能的重要环节。大学新生能参与的涉及自己专业领域的社会实践不多。因此,大学新生一方面要积极参与各类校园活动,比如生涯规划大赛、演讲比赛以及各类竞技比赛,主动选修其他专业课程,有针对性地锻炼和提升适应力和竞争力;同时还可以积极参与学生会、社团等学生组织,通过参与各类学生活动的策划、组织和实施,提高自己的协调能力和组织能力。

第四节 就业教育

面临当前日益严峻的就业形势以及经济社会的现实需要,大学生就业教育已成为大学教育的重要组成部分,贯穿于大学教育的始终。就业教育的全程化、系统化、专业化也成为高校适应新时期社会经济发展对复合型人才需求的必然工作。其中全程化就业教育就要求高校前置就业指导,将新生教育作为全程化就业指导工作的切入点,树立从大一新生开始的就业指导理念,让学生从大一开始就树立良好的职业生涯意识和就业意识,为今后的职业发展奠定坚实的基础。

---

[1] 徐若虹. 大学新生职业生涯规划方法与途径 [J]. 辽宁工程技术大学学报 (社会科学版), 2007 (01): 98-99.

一、就业教育概述

(一) 就业教育的概念

就业教育，也可称为就业指导，指学校根据社会需要及职业结构对大学生素质的要求，结合大学生的个性、特点，帮助大学生树立职业理想，获得职业所需要的知识和技能，进而能够正确择业、顺利就业的过程。

传统观念中，就业指导仍是毕业年级的学生面临找工作时才需要关注的事情。实质上刚刚进入大学的新生，非常关心自己今后的就业问题。他们对大学的学习生活和未来进入社会充满美好的愿望，迫切希望了解所学专业与今后职业的关系，对学好专业、树立人生理想有着强烈的追求。因此，面向大一新生开设就业教育，从适应大学生活、认知大学和社会的角度出发，一方面帮助新生充分开展自我认知和自我探索，全面了解自我，把握未来发展意向；另一方面通过开展认识职业、选择职业、获得职业、适应职业、驾驭职业等方面的指导，帮助新生科学认知专业和职业，最终引导大学新生们根据自身的特长和爱好，科学合理地规划学业生涯，制定职业生涯目标，细化实施步骤和方案。

(二) 就业教育的重要意义

1. 有利于积极应对日益严峻的就业压力

当前，受全球经济下行等因素的影响，就业市场有效岗位需求仍有诸多不确定因素。2022年全国高校毕业生1076万，2023年达到了1158万，同比增加82万，再创历史新高。高校学科专业设置与社会发展需求不相适应的就业结构性矛盾依旧十分突出。这一系列因素导致的大学生就业难问题，是大学生未来不可回避的现实。

因此，面向大学新生的就业教育，就是凸显就业导向作用，提前告知新生严峻形势，增强新生对未来社会发展的认知和预见能力，帮助新生了解社会对人才的需求，了解应对未来社会挑战应做好的知识、技能、素质等方面的诸多准备，使新生的发展方向和阶段目标更加清晰明确，进而帮助新生为应对未来持续严峻的就业形势做好充足的心理准备和知识储备。[1]

2. 有利于契合高校人才培养的客观要求

根据教育部网站公布的消息，截至2022年，我国高等教育毛入学率已经达到57.8%，已经进入高等教育普及化阶段。高等教育规模的持续扩大在为

---

[1] 马援. 简议高校新生入学教育 [J]. 扬州大学学报（高教研究版），2003（02）：6-8.

更多受教育群体提供资源的同时，人才供求关系也随之由"供不应求"转为"供过于求"。与此同时，高校专业设置与快速变化的市场需求错位，入学时的热门专业可能在毕业时就成了"滞销"专业了。因此对于高校而言，在就业教育过程中，要帮助新生厘清就业思路，树立专业理念，走出择业一味追求地域、薪资、环境的误区，同时结合社会发展需求和学生个体特点，适时地调整人才培养方案，促进所学与所用的有效衔接。

3. 有利于满足大学生实现自我价值的内在需求

刚步入大学校园的新生，既存在对大学生活的美好憧憬，又面临着对未来生活的迷茫。当下的社会又处于转型期，处于多种思想相互交汇、多种观念相互冲突、多种价值取向相互碰撞的时期。因此，对新生开展的就业教育，不仅是高校思想政治教育的重要组成部分，是基于大学生现实思想、发展诉求进行的思想素质引领教育的最好方式；更重要的是在帮助新生认清面临的就业压力的同时，能引导新生树立正确的择业观，帮助新生在未来谋求到理想的职业，实现个人价值与社会价值的有机结合。

（三）就业教育的现状

随着高校毕业生就业制度的不断改革，自主择业、双向就业已成主流，就业指导工作逐渐被重视。目前，各高校都将毕业生就业指导作为一项重要工作来抓，甚至将就业指导作为必修课。但随着高等教育的大众化和社会发展对复合型人才需求的提升，高校就业指导也需要与时俱进，及时更新和完善，需要改善以下三方面的现状：

1. 对新生的就业教育的重视程度不够

目前，高校都相当注重新生的入学教育和毕业生的就业教育，却普遍存在对新生开展适应性教育，对毕业生开展就业教育的传统观念。很少有高校将二者有机结合起来，专门为新生进行就业教育。当前，在复杂多变的经济社会发展形势下，大学生就业难已经成为普遍问题，如果仅在毕业年级开展就业教育，想在短短1年内通过有限的几次课堂来帮助学生获得一份满意的工作，这是难以实现的。

2. 新生就业教育的内容存在一定偏差

当前，高校教育评估指标体系中，毕业生就业去向以及毕业生就业质量是衡量高校人才培养的一个重要指标。部分高校开展的新生就业教育，内容局限在政策性的指导，其目的仅仅是促进毕业生充分就业，提升就业指标，为毕业生提供必要的就业服务，而不是给大学生提供职业发展的指导和帮助，使大学生形成清晰明确的职业规划，引导他们为自己的就业目标而努力奋斗，不是真正体现"以学生为本"的"个性化"就业指导。

3. 新生就业教育的形式比较单一

高校在开展新生就业指导时，依然摒弃不了传统的"填鸭式"教学理念，局限于讲座之类的理论层面的指导活动。单一的就业教育模式，不仅不能帮助新生有效了解未来就业发展趋势，更无法激励学生为未来职业发展努力学习。同时由于缺乏实践教育，学生面对就业时纸上谈兵、茫然失措的情况比比皆是，就业教育效果极为有限。

二、就业教育的内容

（一）就业形势和政策认知教育

随着高等教育从精英教育时代步入大众教育时代，大学生就业难在今后相当长一段时间内依然会是我国面临的重要问题。因此，对新生的就业教育，首先要以深入分析未来经济发展趋势、人才需求特点以及人力资源市场变化为基础，让新生充分认识当前就业面临的种种矛盾与问题。其次，党和国家为了促进毕业生充分就业，出台了各种政策措施。新生就业教育人员要认真解读国家政策，帮助新生明确各类就业途径，从考研、考取公务员到基层项目，从企业任职到自主创业，指导新生明确未来的方向，新生才能有针对性地制定并实施自我的提升方案。

（二）专业就业前景分析

专业就业前景分析，是新生就业教育中不可或缺的部分。面对新生对专业的迷茫，要帮助新生树立牢固的专业思想，要围绕专业人才培养方案和就业目标，让新生充分认知到所学专业的社会现状和发展前景，增强其学习的主动性和自觉性，引导新生制订分阶段的学习计划，掌握专业知识和技能，为就业打下扎实的基础。

（三）就业意识和择业心理教育

通过整体就业形势和专业就业前景的分析，让新生从进校起就树立就业的危机意识和竞争意识。在此基础上，积极开展心理引导，帮助新生正视就业压力，将压力转化为学习的动力。新生就业教育一方面要帮助新生正确分析就业危机，用积极的心态去面对，科学规划职业生涯，提高自身综合素质，树立积极上进的就业意识，向着目标坚定进取；另一方面，还要帮助新生正视自己的优缺点，积极主动地适应社会需求，寻找适合自己的位置，树立科学正确的择业目标，并为之努力奋斗。

（四）就业实践

新生接触的一般是一些基础知识，对专业领域的认知较少。因此，新生就业实践主要是帮助新生更多地接触社会，体验职场环境。一方面要教育新生积极地参与学校各种社会活动，帮助新生尽快地熟悉学习生活环境，并在此过程中搭建新的人际关系网络，提升个人交往能力；另一方面通过暑期社会实践活动、模拟职场招聘等形式，让新生了解本专业的知识技能以及社会人才要求，并且在理论上和实际中验证自己最初确定的职业目标是否正确。

三、就业教育的方法

（一）掌握就业理论知识

高校一般会在新生的入学教育中，融入形势与政策、就业观念教育、成长与规划等各类就业教育内容，加强新生对当前社会环境和职业环境的认知，引导新生树立正确的就业观和择业观。大学新生要明确接受就业指导的落脚点在于专业认知，努力做好个人的学业生涯和职业生涯规划，为日后就业奠定坚实的知识基础，提供行之有效的过程保障。

（二）重视校外就业指导资源

作为对课堂教学的有效补充，高校就业指导还会引入校外的各类资源开展就业教育。比如，高校会经常举办就业指导、就业政策解读等讲座，邀请相关企业人力资源专家讲解企业选才标准，让大学新生进一步清晰社会对人才的需求标准和选才流程；高校还会利用校友资源，邀请成功校友，特别是参军入伍、基层就业或者是升入名校的校友返校，介绍他们的学习经验、职业规划实施路径以及就业体会等，充分发挥朋辈引领作用。大学新生一定要高度重视校外的各种就业指导资源，努力增强就业意识。

（三）参加各类竞赛活动平台

高校还会搭建各类竞赛平台，为大学新生提供参与实践的机会。大学新生要积极参与学业生涯和职业生涯规划大赛，制作生涯规划书，帮助自己树立职业生涯意识，思考和规划未来自我发展的方向和目标；积极参与简历制作大赛，在学习制作简历的过程中，把握企业对人才的关注点，进而在日后的学习中，有针对性地获得相应证书、培养相关能力；积极参与职场模拟挑战赛，通过模拟企业招聘场景，培养应聘能力，提升自己的就业意识和就业实践能力。

（四）开展就业实践活动

大学新生不仅仅要接受就业相关理论知识的传授，还要主动走出校门和走进社会。大学新生要积极利用各种机会主动到专业对口的企事业单位参观游学，了解本专业在行业中的运用；到人才招聘市场感受求职氛围，亲身体验到求职困难。大学新生要走出校门积极参加就业实践，深入了解自己所学专业的未来发展前景，了解企业选人用人标准，明确自己的差距和今后努力的方向。

第五节 典型案例

一、案例主题

重庆理工大学大学生学业生涯规划大赛。

二、案例概述

为引导大学生树立科学的学业生涯规划意识，学会以科学的方法规划自己的学业、人生及职业发展，明确正确的人生目标，推动学校优良学风建设。重庆理工大学围绕"规划人生 成就未来"主题，每年举办大学新生学业生涯规划设计大赛。大赛一般于每年10－11月启动，作为当年"新生教育工程"之入学适应性教育系列活动的重要组成部分，通过组织专题培训会、召开主题班会、开展学业生涯规划专题系列讲座、学院初赛、校区复赛、团队合作、个人展示等多种形式引导全体新生开展学业生涯规划，达到以赛促训、以赛促学的效果，有效实现新生学业生涯规划引导全覆盖。

三、实施方法

（一）宣传培训

1. 专题培训

学校组织大学生学业生涯规划指导专题讲座、专项工作布置会等，对各学院指导老师、班长、学习委员等进行专题培训。

2. 主题班会

以班级为单位，以主题班会的形式开展大学生学业生涯规划活动的宣传和培训，重点对规划书的填写等方面加强指导，以点带面，对全班学生进行宣传培训。

（二）初赛环节

初赛由各学院负责组织实施。

1. 班级评选

由班导师负责，各班班长和学习委员牵头，以班级为单位组织进行班级内部竞赛，评选出1~2份优秀的《学业生涯规划设计书》。

2. 学院评审

学院负责成立由新生辅导员、学生会干部、班长组成的评审小组，根据"大学生学业生涯规划大赛初赛细则"，结合学生提交的《学业生涯规划设计书》和学生的综合素质进行审核，推选出2名优秀学生参加复赛。

（三）复赛环节

复赛由专门负责大一新生教育管理的两江校区管委会学生工作办公室负责组织实施。

复赛采用无领导小组讨论的比赛形式。参加复赛的学生被随机抽签分为若干组，每组由2位评委老师根据参赛学生的综合表现择优选择前2~3名选手入围决赛，评委老师由学校职业生涯规划专家、教授以及各学院辅导员老师交叉担任。

（四）决赛环节

决赛由两江校区管委会学生工作办公室、两江校区团委负责组织实施包括《学业生涯规划设计书》制作评比和现场展示两个环节。

1.《学业生涯规划设计书》制作评比

该环节由线下评委打分，取平均成绩，占总成绩的35%。

2. 现场展示

参赛选手通过PPT对自己的学业规划进行阐述（限时6分钟），评委提问（限时3分钟），参赛选手回答（限时3分钟）评委根据其表现和回答进行评分，占总成绩的65%。

（五）奖项设置

大赛设一等奖、二等奖、三等奖、优胜奖、优秀团队奖并颁发证书和奖品，评选出的优秀《学业生涯规划设计书》将统一收录汇编成册。

四、主要成效

重庆理工大学开展新生学业生涯大赛，导入生涯规划理念，引导大学生以科学的方法规划自己的学业、人生及职业发展目标，做好个人发展与专业匹配的探索。在实施过程中坚持以立德树人为根本目标，推动新生以科学的方法树立学业、职业发展目标，有效促进了校园优良学风建设和学生学业发展，通过多年的探索和实践取得了令人满意的成效。

（一）缩短新生适应周期，营造良好学习氛围

通过全覆盖的大学新生生涯发展教育，有效地帮助新生缩短中学到大学的适应期，帮助新生充分认知自我和认知大学，促进新生充分利用大学时光，科学合理地规划自己的学业生涯，提前谋划自己未来的人生道路。同时，大赛在帮助学生设计自己未来蓝图时，也进一步激发学生的成才愿望，在整个校园形成了"你追我赶、争先创优"的良好学习氛围。

（二）增强自我发展意识，提升学生成长空间

通过大赛，不但积极引导大学新生树立未来的职业目标，科学规划自己的大学学业生涯，更主要的是充分激发和调动学生的主动性、积极性和创造性，增强学生对于个人发展的目的性与计划性，实现新生从"要我学"到"我要学"的转变。在今后的学习和生活中，新生可以有意识地根据自己的实际情况，不断调整弥补自己的不足，充分挖掘自己的潜能，提升应对竞争的能力，扩大个人成长空间。

五、思考启示

（一）增强大赛的延展性

高校要促进学业生涯与职业生涯规划更好地对接和融合，在增强新生的学业生涯规划意识的同时，还要主动和积极引导学生树立正确的成才观、职业观和就业观，进一步普及大学生职业生涯规划知识，提高大学生就业、创业与实践能力，促进大学生就业、创业。

（二）提升大赛的社会实践性

高校可以引入社会资源参与学业生涯规划，搭建社会与新生沟通的平台，从大学一年级新生开始建立个性化档案。社会企业关注并指导学生在校期间各方面成长。同时，高校还要关注新生专业技能的培训，对于学业生涯规划大赛成绩优异的新生，联合社会企业为其提供实践锻炼平台，促进学生

长远和全面发展。

（三）建立长效跟踪反馈机制

高校可为每年学业生涯规划大赛获奖选手建立跟踪档案，关注和指导其整个大学期间的学习、就业全过程，同时遴选出学业规划科学、执行计划到位、就业质量高的学生作为案例，强化榜样带动作用。

第九章　新生综合素质与能力教育

构成大学生综合素质和能力的要素主要包括知识结构、思维能力、动手能力、组织与决策能力、心理素质、人际沟通能力、表达能力、创新能力、气质修养等。知识结构是素质和能力的基础，思维能力是素质提升的条件，动手能力决定一个人实践与理论相结合的效果，良好的组织与决策能力可以让学生对实现目标的方式做出最佳选择，心理素质是否过硬是"双向选择"成与败的关键，人际沟通能力更是一个人在社会求职中必须具备的技能，个人的创新能力与气质修养在就业实践中的作用也越来越被看重。当前社会对大学生的综合素质和能力提出了愈来愈高的要求，早已不只是相关知识的储备，而是以知识结构为基础形成的综合素质与能力。因此，新时代大学新生要通过多种形式积极推动自身综合素质和能力的提升。

第一节　校园文化活动

大学校园文化是高校经过长期办学形成的一种相对稳定的文化氛围和校园风格，是师生员工在长期的学习、工作、生活中逐渐形成的道德情操、治学态度、文化素养、价值观念的总和。

一、校园文化活动的功能

校园文化活动以学生为主体，以校园精神为主要特征，以活动为载体，以校园为主要活动空间，是师生开展思想交流、文化传播、道德熏陶、科学实践、心理素质锻炼等多种素质教育的有效阵地，是高校实施"灵魂工程"的重要组成部分。

大学校园文化活动内涵丰富、形式多样，在陶冶情操、健全人格、筑牢理想信念、提升素质能力等方面，既有普适性，又具针对性。对于大学新生而言，进入学校是否看到优美的校园环境，是否感受到文化的磅礴力量，是否领略到"修身齐家治国平天下"的高尚情怀？这些可见的物质环境和不可见的精神气质所带来的"无为之为""潜移默化"的熏陶浸润，使置身其间的学生在思想、观念、心理、行为等各个方面对办学治校理念和社会主流思想价值观念产生认同感和归属感。

校园文化活动的内涵、层次体现着一所大学的办学活力和办学效果，优秀的校园文化活动对于学生身心健康成长起着十分重要的作用，是高校全程育人的重要组成部分。

（一）塑造健康人格

个体具有良好健康的人格特征，就会在行为上表现出稳定的情绪调控能力，较强的社会适应能力，良好和谐的人际关系，积极的世界观、人生观、价值观。校园文化承载着塑造大学生人格这一重要任务，并通过可见的物质环境和不可见的精神氛围熏陶、感染青年大学生，使其在思想、行为、观念、心理等各个方面得到有效健康的塑造，增强青年大学生对先进文化的认同感。校园文化活动在陶冶情操、健全人格方面，在育人氛围和育人环境的营造中有着不可替代的积极作用。优良的学风、校风，高品位的文化体育活动，精美大气的教学场馆，底蕴深厚的牌匾，错落有致的建筑格局等，这些可见与不可见的校园文化元素，都可以启迪心智、陶冶操守、纯洁心灵，对大学生健康人格塑造具有重要意义。

（二）培育理想信念

大学生思想政治教育的重要任务就是帮助青年大学生建构科学远大的理想信念，这事关社会主义现代化建设事业的成败和中华民族的兴衰。作为理想信念教育的第二课堂，校园文化活动要充分融入思想政治教育元素，有效拓展理想信念教育阵地。通过精心设计校园文化活动，让马克思主义中国化的重大意义和现实价值浸润其中，使大学生在活动中愉快地、主动地去学习、体会和内化，从而真切了解和把握中国共产党和中国特色社会主义道路的伟大、光荣与正确，从而使广大学生在人生道路上做出理性的、正确的选择。

（三）促进全面发展

德智体美劳协调发展，是知识学习与思想道德修养、理论涵养与社会实践、全面发展和个性发展三个维度相统一的全方位的发展。强化校园文化活动的育人功能，是实现学生全面发展诸多途径中最有效的途径之一。校园文化活动内涵丰富、载体多样、形式多种，是让学生各方面能力素质得以全面发展的有利平台。各种文化艺术节、心理情景剧、广场文艺活动以及各种学生社团活动，为大学生展示才华、提升素质提供了广阔舞台。活动中，文理互补交融，艺术得到传递，思维与智慧得到提升，创新得到彰显，能力与素质得到展示，从而使大学生获得全面发展。

二、校园文化活动的分类

在大学新生群体中开展校园文化活动，要把中华优秀传统文化、革命文化和社会主义先进文化有机融入，增强大学新生的文化自信。要广泛开展立足新时代、受青年喜爱的文化活动，提高新生参与活动的积极性、主动性。要不断扩大校园文化活动的影响力，使校园文化活动实现从精英参与向大众参与的转变，达到以文化人、以文育人的目的。校园文化活动从表现形式上可以分为以下几个大类。

（一）巡展演出类

巡展演出类校园文化活动是指优秀文化、文艺节目展览与演出活动。在新生群体中开展巡展演出活动旨在传播经典校园文化、融合地方特色文化、弘扬优秀传统文化，让广大师生参与到文艺演出中，在感受经典的同时，与艺术对话，拉近与同伴交往的距离，达到艺术教育"润物无声、育人无形"的效果，促进大学生全面发展。

通过精心设计的巡展演出类校园文化活动，用向上、向善的文艺演出引导学生发现真、善、美，将校园文化活动与思想政治教育相衔接，让学生在活动中实现艺术审美与思想道德涵养、理论学习与社会实践、全面发展和个性张扬三个维度的有机统一。下面介绍几种常见的巡展演出类活动。

1. 高雅艺术进校园

2005年，中共中央国务院《关于进一步加强和改进大学生思想政治教育的意见》提出要求，要进一步推进高雅文化进校园活动。由此，教育部、文化部、财政部每年联合举办以高校学生为受众由政府购买文化服务的普惠艺术教育项目——"高雅艺术进校园"。

"高雅艺术进校园"活动是促进高校素质教育的重要举措，旨在将高雅艺术融入校园文化建设，提升校园文化品位，丰富校园文化生活。比如，重庆理工大学就陆续开展了川剧《金子》巡演活动，中央民族乐团民乐音乐会，重庆芭蕾舞团《百年红梅颂》专场芭蕾舞演出，以及国家大剧院国际歌剧电影《卡门》、甘肃省歌舞剧院经典舞剧《丝路花雨》、京剧《沙家浜》等优秀作品进校园活动，为全校师生提供了一场场艺术盛宴，更为师生们提供了一次次近距离接触艺术、提升艺术素养、感受艺术魅力的机会。

2. 大学新生迎新晚会

大学新生迎新晚会是为迎接大一新生进入大学而举办的文艺演出活动，举办时间一般在每年的 12 月底，也寓意迎接新年、辞旧迎新，多以演唱、舞蹈、朗诵、小品等文艺节目形式呈现。

迎新晚会通常由学校团委主办，学院或学生组织承办，各学院及大学生艺术团等文艺特长生广泛参与表演，全校师生共同观看。该活动为拉近师生距离、增进同学交往、展现学生个人风采提供了重要平台。

3. 新年音乐会

新年音乐会是一所高校一年一度的校园音乐盛会，一般由校团委和艺术类学院主办，大学生艺术团承办。比如，2021 年 12 月，清华大学 2022 年新年音乐会"合唱·交响专场"就在新清华学堂精彩上演。该音乐会由清华大学大学生艺术团合唱队与交响乐队联袂出演，完美呈现了十余首经典声乐与器乐作品，奏响美妙的新年乐章。

4. 新年晚会

很多高校都会举办年度新年晚会，不仅传递学校对广大师生员工和校友的新年祝福，更是对过去一年工作成果的总结与肯定，同时也丰富了师生校园文化生活，让校园文化氛围更浓郁，激励广大师生员工在习近平新时代中国特色社会主义思想的引领下，砥砺前行，脚踏实地，团结奋斗，守正创新，推进学校各项事业的新发展。

新年晚会一般都会汇聚众多精彩卓绝的师生演出，古典韵律与流行劲曲相得益彰。表演者会用歌曲、舞蹈、器乐演奏、魔术、相声等丰富的艺术形式为师生带来视听享受，表现新时代高校青春阳光、蓬勃向上的精神风貌和缤纷多彩的校园文化生活。

（二）素质拓展类

大学生素质拓展活动是利用自然条件、环境以及活动道具，以精心设计的具有挑战性的环节，让参与者在掌握一定技能的同时，完成特定的活动任务，从而开发学生心智、培养团队精神。

大学生素质拓展活动能有效地提高学生体能、毅力、智慧、沟通与协作能力等，能够培养学生健康的心理素质、积极进取的人生态度、敢于挑战自我的勇气和精诚合作的团队意识。下面介绍几种常见的素质拓展类活动。

1. 新生"破冰"活动

新生入学后，一般以班级为单位开展一些随机分组的团队游戏、才艺展示等活动，消除新同学之间的尴尬和距离感，增进沟通了解，促进彼此关系的融洽，让新生们打破人际交往的藩篱，以快速融入新的班级大家庭。

2. 团支部风采展

团支部风采展是团支部展示支部文化和日常风采的平台。通过团支部书记述职、支部风采展示等环节，展现基层团组织的良好精神面貌，激发基层团组织的建设活力，提升共青团的组织力、引领力、服务力和育人能力。述职环节主要由团支书以图片、视频等多种形式汇报支部开展的各项工作和取得的各项成绩。风采展示环节主要由支部成员以合唱、话剧、朗诵等方式展示支部的青春风采，展现青年大学生奋发图强、爱党爱国的精神风貌。

3. 读书月活动

阅读是获取知识、增长智慧的重要方式，是净化心灵、传承文明的重要途径。很多高校的图书馆会在 4 月 23 日"世界读书日"来临之际，联合多部门和学院举办校园读书月活动。读书月活动一般以系列活动的形式开展，如"你选书 我买单"（线上线下）图书荐购活动、"寻觅红色经典 传承文化基因"喜迎二十大专题图书推介、"奋进新征程 建功新时代"读书征文活动和经典朗读活动、"爱讲解 爱志愿"图书馆讲解员大赛、读书交流分享会、图书馆馆徽及文创产品设计大赛、大学新生入馆教育现场讲解培训、大学新生入馆知识竞赛等，鼓励大学生养成爱读书、读好书、善读书的良好习惯。

4. 讲座论坛

讲座论坛是高校学生密切关注形势政策与社会热点、对话名人名师的重要渠道。很多高校每周都会举办多场讲座论坛，内容涉及政治、经济、文化、艺术、体育等各个领域。比如，清华大学目前比较有影响力的讲座品牌就包括时事大讲堂、时代论坛、巅峰对话、学术人生等，极大地丰富了同学们的课余生活；重庆理工大学专门为大学新生开设的两江讲坛活动，深受广大同学喜爱。

（三）风尚评比类

风尚评比类活动是为鼓励大学新生全面发展，在全校开展的评优争先、才艺展示活动。开展风尚评比活动旨在树立优秀典型，号召全体同学向榜样学习、向优秀致敬，提高学生审美品位，弘扬真善美，从而在校园营造积极健康向上的文化氛围。该类活动在大学校园里非常常见，大学新生可根据自己的特长爱好积极参与。下面介绍几种常见的风尚评比类活动。

1. 大学生艺术节

很多高校会组织大学生艺术节活动，推动高校校园文化建设，发挥校园文化的育人、塑人功能，以先进文化凝聚和引领广大青年学生的文艺发展。大学生艺术节形式多样、类别丰富，包含舞蹈大赛、演讲大赛、主持人大赛、校园模特及创意服饰大赛、诗歌朗诵大赛、书画大赛、校园戏剧小品（小戏）大赛、乐器表演大赛等。

2. 校园"十佳歌手"大赛

校园"十佳歌手"大赛是为丰富学生课余文化生活，提升学生审美素养而开展的校园歌唱比赛活动。很多高校都会开展类似的选拔和展演活动。一般可以个人或团队形式报名参赛，参赛选手在规定时间内选取符合参赛条件的曲目进行现场演唱，由教师评委和学生代表组成的大众评审团从声乐条件、舞台表现、唱作功底等方面对参赛选手进行评分，最终评出"最佳人气奖""最具风采奖""十佳歌手"等奖项。

3. 寝室文化节

寝室文化节是为营造温馨、舒适、和谐的寝室环境和文化氛围，提升学生鉴赏美、创造美、发现美的能力，展现丰富多彩的寝室面貌的系列评比活动。活动包括成员介绍、寝室美化、寝室公约制订、寝室徽章设计、才艺展示等环节，在评比展示活动中大学生展现独特的寝室文化，增进室友间的感情和凝聚力。

4. 大学生辩论赛

辩论赛在高校校园文化活动中比较常见。它是参赛双方就某一问题进行辩论的一种竞赛活动，实际上是围绕辩论的问题而展开的一种相关知识的竞赛、思维反应能力的竞赛、语言表达能力的竞赛，也是综合能力的竞赛。

辩论赛需要参与者积极思考，和队友配合，和敌对方进行思维摩擦，能培养参与者的团队配合能力、逻辑思考能力、语言表达能力、组织能力，也让人对社会问题、现象有更深层次的思考。同时它还能丰富大学生活，体现大学生的朝气蓬勃。

三、参加校园文化活动的方法

（一）策划并参与校园文化活动

很多高校实行校园文化活动项目制，要求所有校园文化活动必须经过申报并立项方可开展。各高校都会打造自己的活动项目品牌，如"科技活动月""国学文化节""音乐艺术节""体育文化节"等。同时，各院（系）会根据专业特点和优势，形成独具文化内涵、独特活动形式、独立专业领域及特有育人功能的品牌活动项目，建构起"一院一品"校园文化活动模式，从而丰富校园文化活动，提升校园文化内涵。

大学新生要积极参与校园文化活动的设计、策划，并主动参加各级各类校园文化活动，必要的时候也可以请校园文化活动专业教师进行指导。相关专业教师是十分宝贵的资源。他们所提供的高屋建瓴的、富有针对性的指导，会使活动取得事半功倍的效果，更重要的是，能使得整个校园文化活动导向正确、规范有序，确保活动的方向和质量。

（二）掌握校园文化活动学分制

目前很多高校都实行了校园文化活动学分制，实行校园文化活动课程化，有效地把学生的爱好与求知、娱乐与教育有机融合。大学新生可以通过校园文化活动网络报名系统，了解掌握学校各项校园文化活动开展情况，并结合自己的兴趣、爱好、特长报名参加并获得学分。这种科学化、课程化的校园文化活动管理方式，把活动与学生的能力素质学分相结合，使校园文化活动更为大众化。

第二节　科研科技活动

大学生科研科技活动主要是指在高等学校课堂教学之外开展的与课程密切相关的各类科研科技竞赛活动，是综合运用一门或几门课程的知识去设计解决实际问题或特定问题的大学生竞赛活动。实践证明，大学生科研科技活动的开展，有利于拓宽大学生学科专业的知识面，加深其对专业知识的理解与掌握，有利于营造良好的校园创新环境和氛围，对于学生创新意识和实践能力培养、推进高等学校教育教学改革具有很好的作用。

一、科研科技活动的功能

科研科技活动的意义，不仅在于丰富学生的课余生活，更在于传递尊重科学、信仰科学的理念。大学生科研科技活动是锻炼大学生动手能力、增强学生竞赛意识、培养学生团队合作精神和创新意识的重要载体，是一条培养创新型人才的有效途径。

（一）提升高校人才培养质量

新时代的大学生既要有扎实的理论知识，又要富有创新创造力；既要有理论储备，又要有知识转化能力；既要有科技知识积累，还要有组织、协调和管理能力。这些素质和能力大学生可在课外科研科技活动中得到拓展和补充。课外科研科技活动是课堂教学的积极延伸，对于造就具有高科技理论基础、工程实践能力和开拓精神的复合型高素质人才有着重要意义。

（二）推动高校教学改革

教学改革是教师和学生双向交流的过程。大学生通过课外科研科技活动过程，将自己的知识、能力、意志、品质展现出来。教师通过课外科研科技活动发现大学生的个性特征、能力水平、知识储备，为进行因材施教和指导提供基础，有利于拔尖人才的脱颖而出；同时可以根据学生能力水平以及个体差异充实教材的内容，有的放矢地突出重点和难点。学生的新设想、新思路、新办法，也能够给教师以启发，提高教学的针对性和实效性。这样的互动过程，可以有效促进高校教学的改革发展。

（三）推动新生学风建设

大学新生进校后，学业压力减轻，可自由支配的时间增多，常常面临学有余力的困惑，以至丧失学习目标及学习动力。开展大学生课外科研科技活动可充实学生业余时间，引导学生钻研探索，帮助学生养成看书、查资料、做实验的好习惯，引导学生多进入教室、图书馆和实验室，促使学生从被动学习转变为主动学习。由此，学校的学风和校风将得到良好改善。

二、科研科技活动的分类

科研育人是高等教育发展的时代呼唤，是新时代办好社会主义大学和培养担当民族复兴大任的时代新人的一个重要特征。开展大学生科研科技活动，除了需要专家的广泛指导、教师的积极引导、学生的积极参与，还需要学校的制度与经费保障、社会对科研创新的鼓励与支持，从而营造"学生—学校—社会"三位一体的浓厚科研氛围。科研科技活动从表现形式上可以分为以下几大类。

（一）学科竞赛类

学科竞赛是考查学生应用基本理论知识解决实际问题的能力的比赛，也是培养学生创新意识、创新精神和团队合作精神的重要途径。学科竞赛水平是衡量学校人才培养质量的标志之一。学科竞赛能促进学生转变被动学习状态，主动研究探索，勤于实践，从而锻炼人的逻辑思维能力、综合能力、团队合作能力，营造优良学风和校风。

常见的大学学科竞赛包括中国"互联网+"大学生创新创业大赛、"挑战杯"全国大学生课外学术科技作品竞赛、全国大学生电子设计竞赛、全国大学生数学建模竞赛、全国大学生机械创新设计大赛、全国大学生英语竞赛、中国大学生程序设计竞赛、全国大学生广告艺术大赛等。根据学科竞赛的主办单位和参赛范围，一般将学科竞赛分为国家级（含国际性竞赛）、省市级和校级三级。下面，列举几种常见的学科竞赛。

1. "挑战杯"全国大学生课外学术科技作品竞赛

由共青团中央、中国科协、教育部、全国学联和地方省级政府联合主办的"挑战杯"全国大学生课外学术科技作品竞赛是一项具有导向性、示范性和群众性的全国竞赛活动，每两年举办一届，被誉为中国大学生科技创新创业的"奥林匹克"盛会，是目前国内最受大学生关注、最具代表性、权威性、示范性、导向性的大学生竞赛之一，包括"挑战杯"全国大学生课外学术科技作品竞赛和"挑战杯"中国大学生创业计划竞赛两个并列项目，每个项目每两年交叉轮流举办一届。"挑战杯"全国大学生课外学术科技作品竞赛始终坚持"崇尚科学、追求真知、勤奋学习、锐意创新、迎接挑战"的宗旨，在促进青年创新人才成长、深化高校素质教育、推动经济社会发展等方面发挥了积极作用。

2. 全国大学生机械创新设计大赛

由教育部高等教育司批准、高等学校机械学科教学指导委员会主办的全国大学生机械创新设计大赛，是一项以培养大学生的创新设计能力、综合设计能力和工程实践能力为目的全国性学术科技竞赛。此项赛事积极推动机械产品研究设计与生产相结合，充分展示高校机械学科教学改革成果和大学生机械创新设计成果，为培养机械设计制造的创新人才发挥重要作用。

3. 全国大学生数学建模竞赛

全国大学生数学建模竞赛是中国工业与应用数学学会主办的全国性大赛。该项竞赛采取以赛代训的模式，一方面提高学生数学建模的能力和计算机技术综合运用能力，另一方面激励大学生强化数学等基础学科的学习。通过竞赛进一步拓宽学生知识面，有效培养学生创造精神及合作意识，进而推动高校数学教学改革。

4. 全国大学生英语竞赛

经教育部有关部门批准的全国大学生英语竞赛，是由国际英语外语教师协会中国英语外语教师协会和中国高等教育学会外语教学研究分会联合主办的大学生英语综合能力竞赛。全国大学生英语竞赛每年一届，竞赛内容主要包括大学英语学习阶段应掌握的英语基础知识和读、听、说、写、译五方面的技能。

5. 中国大学生程序设计竞赛

中国大学生程序设计竞赛是由教育部高等学校计算机类专业教学指导委员

会主办的面向全国高校大学生的年度学科竞赛，旨在激发学生学习计算机领域专业知识与技能的兴趣，鼓励学生主动灵活地运用计算机知识和技能解决实际问题，有效提升算法设计、逻辑推理、数学建模、编程实现和计算机系统能力，培养团队合作意识、挑战精神和创新能力。

（二）科研立项类

科研立项是科学研究或学术研究前针对具体研究课题进行项目依据、资金、人员、研究方法、技术路线、预期成果等进行设置、论证的第一道程序。科研项目管理部门会组织专家对立项申报内容进行评审，审批通过后会与申报人签订科研项目任务书并给予一定的资金支持。科研项目管理部门还会定期对项目进展情况进行检查。科研立项申报一般需要阐述项目意义、科研方向、研究方法、预期成果、经费预算、项目组成员等内容。

科研立项活动是教师和学生双向交流互动的过程。在这个过程中，学生的能力水平得到展现。教师可以从中发现学生的科研潜力，为进行差异化教育和指导提供基础，有利于拔尖人才的脱颖而出，同时对改进教学起促进作用。有些高校将科研立项确定为本科生科研训练计划，是为在校本科生设计的一种科研项目资助计划。学校设立创新基金，支持鼓励学生自主申报，给予资金支持，鼓励学生在导师指导下独立完成项目研究，支持本科生开展科研训练，逐步引导学生进入科学前沿，培养科研能力和素养。

（三）创新创业类

创新创业类活动是指大学生自主创业，在校期间参加各类创新创业竞赛、学科竞赛、大学生创新创业训练计划项目、实验创新基金项目、科技创新团队建设项目，取得科研成果，发表论文，获得专利，参加创业实训、创新创业训练营及其他创新创业类实践活动。下面，列举几种常见的创新创业类竞赛。

1. 中国"互联网＋"大学生创新创业大赛

由教育部与各高校共同主办的中国"互联网＋"大学生创新创业大赛是一项技能型全国大赛。大赛旨在激发大学生的创造力，鼓励学生践行政府"大众创业、万众创新"的号召。通过以赛代训推动创新创业设计成果的转化，推动"互联网＋"经济模式发展，促进经济提质增效。通过大赛引领创业、带动就业，实现大学生高质量创业就业。

2. "挑战杯"中国大学生创业计划竞赛

由共青团中央、中国科协、教育部、全国学联主办的"挑战杯"中国大学生创业计划竞赛是一项示范性和群众性的创新创业竞赛活动，每两年举办一届。此项赛事借用风险投资的运作模式，由优势互补的竞赛小组提出一项创业计划，包括技术、产品、服务，并围绕这一技术、产品、服务设计创业路径，以获得风险投资。竞赛采取学校、省（自治区、直辖市）和全国三级赛制，分预赛、复赛、决赛三个赛段进行，旨在培养创新型、复合型人才，推动国内风险投资体系的完善。

三、参加科研科技活动的方法

（一）积极参加学术交流活动

大学新生要积极参加学校、学院举办的各类国内外知名专家学者的学术报告、论坛讲座，让自己尽早了解国内外最前沿的科研学术成果；要积极参加高年级学长的科研成果汇报、论文报告、毕业论文答辩等科研活动，提高自己的科研意识，结交志同道合的科研伙伴。

（二）积极参加科研科技竞赛

大学新生要积极参加学校各类创新基地、课外科技活动基地等的相关学习活动，加强科研培训，参加科研竞赛。通过竞赛，大学新生能更深刻地掌握课堂上老师所讲授的内容，让理论知识与实践相结合，锻炼自己的科研科技活动能力。

（三）积极参加教师的科研项目

大学新生要积极加入与本专业相关的各类实验室，在老师的指导下进行实验构思、实验动手能力的训练，包括完成项目设计、调查分析、结果运用、成果汇报等环节，掌握研究问题的方法，养成研究问题的习惯，激发研究问题的兴趣，提高研究问题的能力，使自己在科研实践中形成初步的科研能力。

（四）积极撰写科技论文

大学新生可在老师的指导下积极学习科技论文撰写规范，结合自己的实验研究内容，尝试开展科技论文的撰写，培养自己获取信息的能力，包括阅读文献、收集资料、鉴别和归纳资料的能力。

第三节　大学体育活动

体育活动是以身体锻炼为基本手段，以增强人的体质、促进人的全面发展、丰富社会文化生活和促进精神文明为目的的一种有意识、有组织的社会性体育活动。体育活动能提升身体素质，增强新陈代谢，对骨骼、肌肉、关节、韧带都能产生良好的效果。同时，参加体育活动还能提升个人修养，有助于培养学生公平、公正理念，诚实、正直的品格。大学生肩负着中华民族伟大复兴的历史使命，是国家未来的建设者和接班人，需要强健的体魄和健康的心理。大学体育活动也是大学新生教育的重要组成部分，体育锻炼和体育竞赛对我们每个人都有着非同寻常的意义。

一、大学体育活动的功能

当代大学生往往因为繁重的课业负担及其他一些社会工作而忽视了体育锻炼和体育运动。另外，现在网络的超速发展和智能手机功能越来越强大，使人们每天忙于处理微信、QQ 信息和浏览各类网络信息，导致长时间守着电脑或手机不能自拔，根本谈不上参加体育活动。所以，我们更需要加深对体育锻炼的认识，更需要强身健体。

体育活动具有巨大的身心健康促进功能，除此之外，大学生还应该意识到体育活动还有很高的迁移价值，即体育活动还具有改善我们的道德品质、个人修养、行为习惯等迁移价值。

（一）培养大学生合作精神与体育道德

合作与竞争是各类大学体育活动的基本特征之一。在体育活动，特别是体育竞赛过程中，学生的对抗精神、取胜斗志、运动体能、运动技能、智慧各方面得到展现和锻炼，竞争意识、团队意识得到培养。热爱体育活动的学生，善于处理个人与他人、团队的关系，同时各种规则、规范意识也能得到增强，并有效迁移到社会生活中。可见，参与体育活动有助于大学生养成遵守社会道德规范与准则的良好习惯。

（二）培养大学生爱国意识与积极进取精神

大学体育课程一方面传授运动知识、技能和方法，一方面通过传播体育精神、体育文化，培养学生积极进取与奋勇拼搏的精神。另外，体育活动可以培养学生自我挑战的精神，使他们认识到成功可能需要建立在成千上万次失败的基础之上，帮助学生树立积极进取、永不言败的精神，对于发挥学生的主动性、能动性与创造力，都有积极作用。

（三）培养大学生公平与公正意识

"公平、公正、公开"是大学体育活动的基本特征之一，也是奥林匹克精神的精髓所在。参与大学体育活动，要秉持平等理念对待对手，要秉持公平竞争的原则对待自己,用运动才能与不懈努力不断进取。公平公正的体育运动精神有助于培养学生公平公正的处事信念,可以帮助他们形成科学的"三观",在日常生活中养成正直与诚实的优良品德。

(四)培养大学生正确的胜负观

体育活动是以胜负为结论的活动,具有不可预设性、过程的变化性、结果的事实性。青年大学生血气方刚,往往胜则骄傲自满,败则泄气懈怠。通过体育活动胜负变化的多次历练与洗礼,可以帮助大学生从中领悟胜负所蕴含的人生哲理和为人处事的良好态度。这种胜负观的养成,有助于大学生把它迁移到人生之中,从而正确对待人生中的成功与失败。

二、大学体育活动的分类

进入大学,大学新生可以有更多的时间和空间开展各类体育活动。按照大学体育活动组织实施的主体不同,可以将大学里的体育活动分为以下三类。一是课程类活动,指按照国家和学校专业人才培养方案以及学生学业完成标准,由学校统一开设的大学体育文化理论和实践课程,如网球课、乒乓球课、体育舞蹈课、轮滑课等;二是由国家、省市、学校以及国际赛事组织所组织开展的各类体育竞技活动,如中国大学生篮球联赛、学校运动会;三是学生本人自发开展的各类体育健身活动,如跑步、跳绳、打羽毛球、打篮球等。

(一)课程类活动

体育课程是学生习得体育技能的主要手段。学校教学部门开设科学的体育课程,有计划地组织学生实施体育运动,达到增强学生体质、增进学生健康和提高学生体育素养的目的。2018年9月,习近平总书记在全国教育大会上指出,要树立健康第一的教育理念,开齐开足体育课,帮助学生在体育锻炼中享受乐趣、增强体质、健全人格、锤炼意志。下面,列举三种常见的体育课。

1. 足球课

足球运动是一项互相进行进攻、防守对抗的体育运动项目,因其对抗性强、战术多变、参与人数多等特点被称为"世界第一运动"。现代足球的前身是中国古代的球类游戏"蹴鞠",后传至欧洲发展为现代足球。足球课程主要目标在于使学生掌握足球运动的基本练习方法,了解足球运动的颠球、运球、传球、射门等技术,学习一种终身体育锻炼的方法。

2. 乒乓球课

乒乓球,被称为中国的"国球",是一种世界流行的球类体育项目。乒乓球课主要讲授乒乓球基本理论知识、基本技术和竞赛规则，介绍乒乓球运动在国际和国内发展的最新动态，使学生了解乒乓球运动的起源、发展过程、现状、特点、发展趋势，理解乒乓球基本规则，掌握乒乓球的握拍、平击发球、正手挡球、反手挡球等基本技术，了解一般的组织竞赛及裁判方法。通过参加这项运动，学生可以提高灵敏度、协调能力、动作速率和上下肢活动能力，改善心肺功能，全面提高身体素质。

3. 网球课

网球运动起源于12～13世纪的法国，在美国得到普及和形成高潮，于1896年的雅典第一届现代奥运会上被列为正式比赛项目。网球课程主要向学生全面讲授网球的起源和发展、网球的基本技术的练习方法及提高基本技术的辅助练习方法。

（二）竞技类活动

部分大学新生在入校后会参加某个体育项目校运动队的队员选拔、训练并代表学校参加竞技比赛，为学校体育事业增光添彩。下面，列举几个常见的运动队。

1. 羽毛球队

大学羽毛球队，是为了培养和激发学生对羽毛球运动的爱好以及对于相关知识的了解与学习而组建的一支队伍。经验丰富的专业老师会教授学生关于羽毛球的竞技、裁判知识。球队成员通过参加各种比赛以及担任校内外各项比赛的裁判来提高球队的整体实力以及自身的体育竞技能力。

2. 网球队

大学网球队队员多为热爱网球，具有较好身体素质、网球天赋的普通学生和网球特长生。网球队一般会进行课余训练和赛前集训，同时代表学校参加校内外各级网球竞赛活动。

3. 击剑队

击剑运动是一项历史悠久的传统体育项目。在中世纪的欧洲，击剑与骑马、游泳、打猎、下棋、吟诗、投枪一起被列为骑士的七种高尚运动。现代击剑运动是奥运会的传统项目。1896年在雅典举行的第一届现代奥运会上就设有男子花剑、佩剑的比赛。这项被称为"格斗中的芭蕾"的运动，能塑造学生优雅的气质、高尚的品德以及独立解决困难的能力，使学生身心都得到全面发展。

4. 定向越野队

定向越野运动是运动员利用地图和指北针到访地图上所指示的各个点标，

以最短时间到达所有点标者为胜。定向越野运动通常在森林中举行，也可以在公园、校园，甚至城市街头举行。定向越野运动容易设计出满足不同年龄、性别、体能和定向技能水平的参赛者需要的比赛路线，因此参与广泛。

5. 跆拳道队

跆拳道是奥运会比赛项目。高校一般都有跆拳道队和跆拳道爱好者协会，经常组织各种跆拳道训练和表演活动。

（三）自发性体育类活动

自发性体育活动是指学生自主、广泛参与的各类体育健身活动，如跑步、跳绳、打羽毛球、打篮球等。此类活动较少受到时间、场地、工具的限制，是体育锻炼大众化的体现。但是在开展活动时也应遵循以下原则：循序渐进，遵循运动客观规律、人体发展规律，科学地开展体育运动。下面，列举两种常见的体育类活动。

1. 跑步打卡

利用手机跑步软件，设定好区域、打卡点、跑步长度、配速等信息，学生可以自我监督，督促自己每天进行一定强度的跑步锻炼，从而养成跑步锻炼的良好习惯。

2. 环校跑

很多高校每年都会举行"环校跑"活动，学生沿围绕学校一圈的道路进行跑步锻炼，途径学校主要的建筑或景点。有些高校将"环校跑"活动分为热身赛和竞技赛两个阶段。在热身赛阶段，众多师生同时从起点出发，按指定路线绕校园快速步行一圈。在竞技赛阶段，采用团队赛的形式进行比赛，各参赛团队以最后一名的成绩记作赛队的最终成绩，充分体现团队协作精神。

三、参加大学体育活动的方法

"每天锻炼一小时，幸福生活一辈子。"党和国家提出要培养德智体美劳全面发展的社会主义建设者和接班人，因此大学生开展体育活动十分必要，且贵在坚持。大学生可以根据自己的爱好特长、身体条件选择适合自己的体育活动和竞技项目，同时，也要按照学校的体育课程教学大纲上好体育必修课，在专业教师的指导下，掌握规范运动技术要领。

（一）重视并积极完成体育课程的学习

大学体育是必修课，包括体育理论的学习和体育项目的训练。大学体育课都是由专业体育教师授课，能使学生树立"健康第一"的思想，促进学生身体素质和心理素质的健康发展，培养大学生正确的体育价值观，强化学生的主体意识和创新能力。

（二）掌握不同强度的体育锻炼方法

大学生长期伏案学习，缺少体育锻炼，往往会患有供血不足、神经衰弱、胸腔狭窄、肌肉软弱无力、便秘等疾病。因此，大学生要经常参加体育锻炼，保持身体健康、精力充沛。下面，介绍几种现代流行的锻炼方法。

1. 有氧运动法

锻炼者在锻炼过程中持续 20 分钟以上的、中等运动强度的、重复性的身体肌肉运动。这种锻炼方法包括长跑、游泳、竞走、节律操、骑自行车、徒步旅行等，其运动负荷适中，可以有效提高心血管和呼吸机能，促进新陈代谢。

2. 娱乐消遣法

这种锻炼方法，运动强度小，娱乐性强，可有效消除疲劳，如散步、郊游、旅游、登山、踏青、日光浴等。这些活动适合体质较弱者选择，终身坚持活动能够促进肌体的发展，达到增强体质的目的。

3. 保健养生法

此类方法动作轻缓柔和，有许多矛盾而又彼此平衡的动作，运动量不是特别大，但对心肺功能提升特别有帮助。太极拳、八段锦、气功等属于我国传统健身运动方式，强调呼吸、放松、自然，是适合心肺功能保健的运动。这些运动方式要求身体的外部活动与内在气血运行一致，达到健身祛病、延年益寿的目的。

（三）选择适合自身条件的体育运动项目

大学生进行锻炼时，根据自己的身体条件和学习节奏，选择和安排适合自己的锻炼方式、时间和进度。在具体开展体育活动时应遵循以下原则。

1. 循序渐进

体育锻炼受地区、季节、自然环境等因素影响，运动量、运动强度也要由小到大。在锻炼过程中要积累经验，掌握好运动量，循序渐进地增进体能，以达到锻炼身体的最佳效果。

2. 遵循运动客观规律

体育运动要遵循人体各器官组织机能的运转规律。对大学生来说，每天早晨起床后开展 10~15 分钟小负荷运动，如广播操、慢跑、打太极拳，可唤醒人体组织机能，使人精力充沛，学习效率提高。下午课外活动可在 5 点以后，此时人的体力、灵活性、协调性、准确性以及适应能力均处于最佳状态。睡前锻炼可消耗热量、促进代谢、帮助睡眠，这对于神经衰弱的学生是最科学的入睡良方。

3. 增强体育运动安全意识

大学生进行体育运动时，要加强安全意识，做好运动前的热身准备和运动场地、器材的安全知识学习，尽可能避免运动伤害事故的发生。

第四节 大学学生社团

《高校学生社团建设管理办法》明确提出，大学学生社团的基本任务是以习近平新时代中国特色社会主义思想为指导，团结凝聚广大青年学生，坚持思想性、知识性、艺术性、多样性相统一的原则，积极开展方向正确、健康向上、格调高雅、形式多样的社团活动，丰富课余生活，繁荣校园文化，促进青年学生德智体美劳全面发展。[①]

一、大学学生社团的功能

大学学生社团是落实高校立德树人根本任务、推进素质教育的重要载体。大学学生社团是在高校党委的领导和团委的指导下，遵守宪法、法律、法规、国家政策和学校纪律，以及高校社团管理相关规定，根据大学生成长成才需要，结合学生自身兴趣特长开展活动的群众性学生团体。通过大学生社团这个载体与平台，可有效实现学生的自我教育、自我管理和自我服务。

（一）有助于学生的知识积累和实践能力提升

大学学生社团是一个开放型、自发性学生组织，将各专业、拥有各种兴趣特长的学生组织在一起，形成了灵活的学习交流平台，成为大学生素质教育的重要阵地。大学学生社团涵盖文化、艺术、体育、科学技术、理论研究等广泛领域，不但可以培养学生的兴趣特长、挖掘学生的潜能，更能拓展学生的视野，激发学生的创新思维。尤其是一些专业性强的社团，通过与行业、企业紧密结合，可帮助学生进一步巩固所学的专业知识，提高学生实践操作技能。

（二）有助于校园文化和良好学风的形成

组建形式多样、类别丰富的大学学生社团对于推进校园文化建设有重要意

---

① 中共教育部党组 共青团中央. 高校学生社团建设管理办法［EB/QL］. https://www.scrc.org.cn/tw/contents/984/1054.html.

义。通过社团活动，既可以激发学生对自我理论学习和技能提升的自觉与自省，促进学生自觉地提升文化修为；又可以激发社团成员彼此之间的争优争先，进而形成浓厚的学习氛围。多元社团文化和社团活动汇聚成丰富多彩的校园文化，助推积极向上的校园文化潜移默化地育人，同时助推良好学风的形成。

（三）有助于学生职业能力发展

大学学生社团形式多样，可提升学生交流沟通、组织管理、团结协作等能力，还可增强学生自信心，培养其自信品格，同时可以增强学生的使命感和责任心。总之，参加社团活动有助于提高学生的决策能力、解决问题能力、组织能力、判断能力、社会交往能力，进而提升学生的"就业软实力"。

（四）有助于学生身心健康发展

兴趣爱好是社团活动的纽带。学生在社团活动中可以充分施展兴趣爱好和特长，可以有效增强自我的存在感、归属感和成就感。多样化的社团活动极大地丰富了大学生的精神生活，使大学生感受到大学生活的充实与愉悦，从而进一步增强自信、激励斗志、保持心理健康和身心愉悦。

二、大学学生社团的分类

学生社团以其团体性、自主性、实践性等特点，日益成为高校学生综合能力培养的重要阵地。社团按照活动内容的不同，可以分为以下几类。

（一）文化娱乐类社团

文化娱乐类社团以开展艺术鉴赏学习、文艺表演等兴趣活动为主要方式，通过开展形式多样的文化娱乐活动陶冶情操，达到寓教于乐和拓展审美教育的目的，实现社团成员文化修养与艺术才能的提升。此类社团包括音乐爱好者协会、街舞社、摄影爱好者协会、围棋社、书法协会等。

（二）体育健身类社团

体育健身类社团是为普及体育运动知识、技能，组织、开展各类体育活动而设立的学生社团。体育健身类社团通过举办各类体育健身活动培养大学生体育兴趣爱好、提高学生体育技能水平、促进学生身心健康、磨炼学生坚强意志品质、培养学生团队协作能力。这类社团有网球协会、跆拳道协会、轮滑社、武术协会等。

（三）社会公益类社团

社会公益类社团坚持"奉献、友爱、互助、进步"的志愿服务精神，发挥大学生自身的知识优势和专业特长，通过开展形式多样、内容丰富的社会实践公益服务项目，强化大学生的志愿服务意识，大力弘扬志愿服务精神，在帮助他人、服务社会、完善自我的过程中，增强大学生的社会适应能力、奉献精神、创新意识和责任担当。这类社团有爱心社、绿色环保协会、创新创业协会等。

（四）人文社科类社团

人文社科类社团通过人文学科和社会科学的理论学习、文化传承、活动开展，聚集人文社科爱好者，在大学生群体中普及社科知识和传承优秀传统文化，从而开阔大学生视野，弘扬真善美，提升生活品位，形成良好社会风尚。理工科大学生在学好本专业的同时，了解学习一些人文社科知识，有助于未来成为"厚基础、宽口径"的复合型人才。代表性社团有国学社、手工文化交流协会、国际语言交流协会、演讲与口才协会等。

（五）学术科研类社团

学术科研类社团以提升专业素养和专业技能为目的，通过开展深入探究活动和科技竞赛活动，培养大学生动手能力和团队协作精神，将理论和实践充分结合，进而激发学生的科研兴趣和开拓创新意识。代表性社团有数学协会、机器人协会、计算机协会、电子协会、人工智能协会等。

三、参加大学学生社团的方法

大学学生社团以其团体性、自主性、实践性等特点，日益成为高校学生综合能力培养的重要阵地，成为高校第二课堂的引领者。一般在大一第一学期，高校会进行会员招募的"百团大战"，各社团通过丰富多彩的展示活动，吸引大学新生加入社团。学生通过加入社团、参与社团活动增强自我存在感、归属感和成就感。

（一）选择合适的社团

初入校园，大学新生容易被各种社团所吸引，此时需要注意，选择社团要根据兴趣特长量力而行，应在学好本专业课程的前提下适度参与社团活动，切不可本末倒置。比如，中文系的，可选文学社、阅读社等；喜欢篮球、足球的，可选相关体育协会；学习新闻专业的，可选广播站、通讯社等；法学系的，可选辩论社等。参加社团可以在一定程度上帮助新生的专业知识积累和特长的发展提升，也能让新生有更多机会找到志同道合的人。参加社团并没有数量上的限制，但是考虑到时间精力和学习压力，不可贪多，有的社团还要交会费、活动费等，原则上选择自己感兴趣的 1~2 个社团即可。

（二）选择加入的时间

何时加入社团也是没有限制的，但是建议新生大一就加入，因为大一时课程相对较少，空闲时间较多，可以结交到很多朋友，到了大二通过竞选还可继续留任部长或副部长，更深入地开展社团工作。

（三）提交申请书

参加社团一般要提交申请书。申请书要注意简洁、字迹清晰，要根据社团的特点和主要活动去撰写自我介绍，突出自己与该社团契合的地方。

（四）参加社团面试

经过第一轮初选后，一般还会有第二轮面试。面试要注意着装、仪表、仪容，回答问题的时候要自信有条理，结合自己的优势说明自己为什么要来参加该社团，以及自己对参与社团工作及活动的认知和规划，面试全程要保持积极的精神面貌，展示自己的信心和决心。

第五节　大学学生组织

2017 年 12 月，中共教育部党组公布了《高校思想政治工作质量提升工程实施纲要》，为提升高校思想政治教育质量，落实高校立德树人根本任务，从全员、全过程、全方位"三全育人"的角度提出构建"十大"育人体系，其中就包含组织育人质量提升体系，指出要强化高校各类组织的育人职责，发挥工会、共青团、学生会、学生社团等组织的联系服务、团结凝聚师生的桥梁纽带作用，把思想政治教育贯穿高校各项工作和活动全过程，促进师生全面发展。

一、大学学生组织的功能

大学学生组织是学校按照相关教育法律法规和教育管理要求组建的；或是由大学生根据自身实际需要而自发组成的，符合法律法规、学校相关规定的具有一定组织管理功能的群众性团体。大学生生活在各种各样的组织中，在组织中能够获得对自身身份、人格、尊严、成就等的认同。学生组织改变着大学校园文化生活和政治生活形式，对新时代高校立德树人根本任务的落实极为重要。

（一）开展高校思想政治教育的重要阵地

《高校思想政治工作质量提升工程实施纲要》指出，要发挥各类群团组织的育人纽带功能，创新组织动员、引领教育的载体与形式。高校借力大学生组织开展思想政治教育工作，在各种组织活动中融入思想政治教育内容，使大学生组织成为思想政治教育工作的重要阵地，将"大道理"寓于"小活动"。例如，将爱党爱国、爱社会主义、爱集体主义等教育内容融入党团日活动、演讲比赛、辩论赛、征文赛、班会等活动，让学生组织走近理论、走进心灵、潜移默化开展思想政治教育工作。

（二）开展素质教育的重要阵地

大学教育阶段在专业教育之外培养学生的综合素质能力十分必要和迫切。大学学生组织开展主题鲜明、健康有益、丰富多彩的活动能够锻炼培养学生的各项能力。学生组织是大学生社会实践的重要平台，能够弥补第一课堂学习的不足。用人单位青睐招聘学生干部也证明了大学学生组织的重要成效。国内外高校都高度重视学生组织在素质培养中的重要作用。大学学生组织可以让学生提前感受未来职场生活的状态，促进学生社会化，同时还能为学生提供试错和纠错的机会，让学生积累成长经验，避免今后走向社会出现类似的问题，促进学生综合素质提升。

（三）有助于大学生增强公民意识

大学生在各种学生组织活动中可以全面、深入地体验、认识社会，增强组织观念和纪律意识，养成良好的社会行为规范，由学生逐步走向社会人。学生组织也会与街道、社区、企业、村镇等社会组织联合开展公益志愿服务活动，可以让学生了解社会基层生活，从而及时调整自身认知，适应社会发展需求。学生组织开展的各类活动可以培养大学生的社会责任意识、志愿服务精神、文化科学素养和组织协调能力，能引导大学生心系民族命运、心系国家发展、心系人民福祉，提升大学生参与公共事务的能力水平，增强大学生的公民意识。

（四）有利于高校打造良好的育人生态环境

大学学生组织在开展活动时需要较好地连接起学生与学校、学生与社会，有利于学校全面了解和听取学生对学校的意见，倾听学生家长、用人单位、社会对高等教育的建议与意见，提升教育质量。同时，学生组织要依法依规开展校园文化活动，在校园和社会积极传播社会主义核心价值观，加强社会主义精神文明建设，为中华民族伟大复兴做出自身的贡献，发挥自身在高校育人中的独特作用。因此，大学学生组织有利于打造高校、学生、社会三方互动的良好育人生态环境。

二、大学学生组织的分类

大学学生组织是高校中引领青年、教育青年、服务青年的重要力量，是联系学校和学生的桥梁纽带，在学校党委的领导和团委的指导下服务广大师生，通过各类校园文化活动倡导优良的校风学风。现在大学的学生组织一般包括以下几类。

（一）学生会

学生会是为服务广大师生、营造良好育人环境、打造优良校风学风而组建的学生组织。设立学生会有利于全面贯彻党的教育方针，加强学校管理，增强学校活力；有利于学生通过自我教育、自我管理的形式，互相帮助，共同进步；有利于广大大学生了解自身优势，充分发挥特长，培养多方面的素质能力；有利于加强教师与学生的联系，协调师生关系。

1. 校学生会

校学生会是在校党委领导和校团委具体指导下建立的学生组织，一般由主席团、办公室、学习部、纪检部、宣传部、文艺部、体育部、设备后勤部、礼仪队等部门组成。学生会干部应具有过硬的思想政治素质，识大体、顾大局；具备热情、大方、开朗的性格特征与清晰明快的语言、文字表达能力；具备独立思考能力和开拓进取精神，果敢行动，不推诿，不优柔寡断；具备沉着稳重的工作作风，在困难挫折面前不畏缩，知难而进，坚忍不拔；具备突出的组织与社交能力，能够团结各种积极力量。

2. 院学生会

院学生会与校学生会在组织架构上基本一致，主要在学院党委的领导和学院团委（团总支）的具体指导下开展工作。具体工作主要围绕本学院层面的各项学生事务展开，同时与校学生会建立良好的工作关系，为本学院的学生发展、学风建设以及学院的文体活动开展发挥重要作用。

3. 团委组织部

团委组织部是校团委或学院团委（团总支）下设的学生组织，在团委老师的指导下开展具体工作。它是加强全校、全院共青团思想建设、组织建设及共青团干部培养和管理的重要部门。主要工作包括团员的注册、统计、团费收缴以及团员证补办；发展新团员、团员证颁发、团组织关系转接和团籍管理；负责每一届学生干部团校培训、组织开展评优评先，审查入党积极分子材料，指导下级团支部做好入党积极分子培养工作，开展入党积极分子的党校教育培训工作。

（二）学生助理团

学生助理团是协助学校相关职能部门开展工作的学生组织。学生助理团通过让学生亲自参与学生事务工作为学生搭建自我管理、自我教育、自我服务的平台，让学生干部在学生工作中发挥个人优势、提升团队协作能力、实现自我价值。

1. 心理健康助理团

心理健康助理团是服务于大学生心理健康教育工作的学生组织，旨在提高心理健康知识在大学生中的宣传及普及程度，帮助大学生提升心理素质，促进大学生身心全面发展。心理健康助理团主要协助老师开展校内学生心理健康教育工作的指导和培训、部门人员安排与考核；协调本校学生心理健康教育中心运作，处理办公室日常及行政事务；负责与本校学生心理健康教育中心有关的各类活动及各项会议的新闻稿撰写、现场摄影、微信推文制作等工作。

2. 辅导员助理团

辅导员助理团是协助辅导员做好学生管理工作、学生思想政治工作、学风建设工作、文体活动组织工作以及评优资助工作的学生组织。每个辅导员配备1~2名辅导员助理。辅导员助理协助辅导员处理好学生学习、生活中的具体问题，及时向辅导员反馈学生问题意见，做好学生与辅导员沟通联系的桥梁和纽带。辅导员助理能够在信息搜集与传播、组织协调、沟通表达、信息反馈、执行力等方面得到很好的锻炼。辅导员助理也要具备较好的思想道德品质，坚持公道正派，多为师生服务。

3. 学校内设部门事务助理团

学校内设部门助理团是服务于大学生日常管理服务工作的学生组织，主要协助相关职能部门（如学生处、团委、招生就业处等）的老师完成各类事务性工作。比如，负责学生档案的整理与管理、学生证件的办理、信件接收和管理工作；协助老师开展奖学金、助学金评审，家庭经济困难学生认定、生源地贷款、校园地贷款、生活费贷款、勤工助学，大学生医保的缴纳和录入等资助工作。

（三）监督服务类组织

高校中的监督服务类学生组织是指在学校党委领导和团委等业务主管部门的指导下，充分发挥学生的积极性、主动性，代表和维护学生正当权益，集管理、服务、实践于一体的学生组织。

1. 大学生自律委员会

大学生自律委员会是学校进行素质教育、发挥学生主体作用、实施民主管理的重要学生组织。其职责主要在于发挥学生的自我教育和自我管理作用，为广大同学提供服务、维护其权益。大学生自律委员会作为一个学生组织，使学生真正参与到学校的日常管理中来，增强学生的主人翁意识、公民意识和责任感，切实培养和锻炼了学生的自律和服务能力。大学生自律委员会包括主席团、办公室、外联部、宣传部、失物招领中心等部门。

2. 饮食监督委员会

饮食监督委员会是代表广大师生监督学校食堂食品安全工作的学生组织，拥有自己独立的章程及组织管理机构。工作宗旨为服务师生，增进了解，协助管理，促进食堂健康、和谐发展。主要工作任务为对食堂食品安全和饭菜价格进行监督，加强对食堂食材的采购、检测、加工、销售、存储等环节的检查，保障食品安全；通过多种方式收集师生对学校餐饮服务的意见和建议，发挥好桥梁纽带作用，积极营造健康卫生、稳定有序的良好餐饮服务氛围。

（四）素质拓展类组织

素质拓展类学生组织是推进素质教育，落实"三全育人""五育并举"教育理念的重要主体，是服务大学生全面发展的重要途径，是高校素质教育系统化和规范化实施的重要手段。该类学生组织以培养大学生的综合素质为核心，以培养创新和实践能力为重点，以提高大学生人文素质和科学素养为目的，为大学生德智体美劳全面发展发挥重要作用。

1. 国旗护卫队

国旗护卫队具体负责学校重大节日活动的升旗仪式，肩负升降国旗和捍卫国旗尊严的神圣使命。国旗护卫队成员时刻谨记"以我火红青春，谱写国旗礼赞；以我生命热忱，捍卫国旗尊严"的国旗护卫队宗旨，将"爱国、爱旗、爱校"融入日常学习生活中，并力争成为校园文明建设的突击队和校园文化建设的生力军。

2. 大学生科学技术协会

大学生科学技术协会秉承"增强科技创新意识、提高科技实践能力、培养科技创新精神"的宗旨，以"服务校园、服务同学"为理念，设有主席团、办公室、竞赛事务部、宣传事务部等部门，通过组织各项精品科技科研创新创业活动，发掘和培养热爱科研、科技的学生骨干，活跃校园学生科技创新氛围。

3. 大学生艺术团

大学生艺术团是由具备一定艺术特长的学生组成的文艺团体，聘请校内外文艺专家作为艺术指导老师，组织各类演出活动，代表学校参加各级各类文艺演出和比赛。大学生艺术团坚持"一花独放不是春，百花齐放春满园"的团队精神，为校园文化建设增添无限光彩。大学生艺术团是高校开展审美教育、弘扬优秀传统文化、创建和谐校园的重要平台；是广大文艺爱好者展现自我、服务自我的重要平台。它集中展示了高校艺术教育成果，体现了当代大学生积极、健康、向上的精神风貌，有效推动了校园美育建设。加入大学生艺术团有利于培养学生积极向上的生活态度，繁荣校园文化，响应素质教育培养复合型人才的理念，也有利于提高学生的沟通、协调、组织、管理能力。

大学生艺术团一般设置主席团、秘书处、合唱团、朗诵团、礼仪队、舞蹈队、主持队、器乐队、剧艺队等职能部门。各部门按照"分工负责，相互配合"的工作原则以及"传、帮、带"的工作理念有条不紊地开展工作。

4. 青年志愿者协会

大学生青年志愿者协会发扬"奉献、友爱、互助、进步"的志愿服务精神，致力于培养大学生的奉献精神、公民意识和服务社会的能力，积极为校园建设、城市发展、社区公益以及大型社会活动等提供志愿服务活动。大学生青年志愿者协会通过招募学生志愿者，策划组织各类青年志愿服务活动，协调组织并指导开展各项志愿服务工作。青年志愿者协会一般设有主席团、办公室、宣传部、外联部、策划部、社区服务部等职能部门。

5. 大学生新闻传媒中心

大学生新闻传媒中心依托传统媒体以及"两微一端"等新媒体，宣传学校建设发展成果。大学生新闻传媒中心对校园各大事件进行及时宣传报道，策划开展专题报道，在反映学生学习生活动态的同时对学生的思想进行积极引导，做到让每位学生成为校园文化的建设者和参与者。大学生新闻传媒中心一般设有主席团、办公室、影像部、技术部、网宣部、广播站、直播间等部门。

6. 大学生社团联合会

大学生社团联合会是由全体学生社团共同建立起来的自我管理、自我教育、自我服务的社团联合组织，是发展与繁荣校园文化、促进学生全面成才的重要载体。大学生社团联合会主要对各学生社团的活动和发展提供服务和管理，对各社团的活动定期进行评议，激励并促进社团的发展；做学校、团委与各社团之间的桥梁纽带，为各社团发展创造有利的环境和条件。大学生社团联合会一般设有主席团、办公室、财务部、策划部等部门。

三、参加大学学生组织的方法

大学各个学生组织一般在大学新生入校后会开展招新活动，通过笔试、面试择优录取新成员。新生可根据个人实际选择自己想要加入的组织，递交申请书，写清个人经历特长、为什么要加入、加入后会怎么做，再根据相关安排参加笔试、面试，同时，需注意以下几个方面的要求。

（一）明确学生组织的政治思想引领功能

大学新生要明白我国的高校是中国共产党领导下的社会主义高校，培养的是社会主义事业的建设者和接班人。高校中的各类学生组织是思想政治教育的重要阵地，承担着对学生进行思想引领、能力拓展、文化熏陶、社会服务的育人功能。因此，各类学生组织都要旗帜鲜明地突出政治思想引领功能。学生组织在开展各类学生活动时，要注意在政治思想引领方面的意义，引导大学生听党话、跟党走，积极传播正能量，践行社会主义核心价值观，要杜绝意识形态安全问题。这就需要我们的学生组织干部加强思想政治理论学习，增强思想政治觉悟，在大是大非面前保持清醒头脑。

（二）理性选择学生组织，不贪多求全

部分大学新生面对各个学生组织的招新公告时，满怀信心，跃跃欲试，认为参加组织越多、参与的活动越多，就越有利于能力的提高，但对各个组织的总体目标、指导思想、工作任务、岗位职责、能力要求等方面知之甚少。有些学生将学习任务和参与活动的主次颠倒，甚至为活动而逃课，忘记了学生的本职工作是学习，进而导致考试前搞突击、精力不足、学业荒废。建议大学新生根据自己的兴趣特长、性格特点、学业基础情况选择适合自己的1至2个学生组织，全面了解组织各方面信息，积极准备面试。即使有些学生为提高面试命中率而选择多个学生组织并且通过了面试，也建议权衡利弊后，最多选择2个参加。同时，建议大学新生不要参加学校官方公布的学生组织之外的非正式组织、校外组织、网络组织，这些组织因缺少学校层面的监管和专职教师的指导，容易出现政治风险、商业利益驱使、人身财产安全隐患等问题。

（三）自觉遵守组织纪律，抵制"特权"思想

大学新生加入学生组织要遵守各组织的工作纪律，按照工作职责认真完成各项工作；工作中出现各种问题、困难要及时汇报组织负责人和指导老师，不擅作主张，不盲目行事；遇到困难、挫折要主动思考，寻求帮助，不撂挑子，越是关键时刻越是能锻炼和考验学生能力，促进其成长；遵守纪律，涉及财务

资金事项要做到清正廉洁；要增强政治意识、大局意识、服务意识、团队意识，组织成员之间要相互支持，自觉维护组织的向心力和凝聚力。同时，学生组织的学生干部，要自觉抵制"官本位"和"特权"思想，明确加入学生组织是为同学服务的，在服务中锻炼提升自身的素质能力；要树立正确的"权力观"，发扬民主作风，不摆花架子，在干部选举、考核奖惩、评奖评优各项工作活动中做到公平公正公开。

（四）兼顾好学习与工作，做好时间管理

学生选择加入学生组织就意味着相比于其他同学要更为忙碌。尤其对于大学新生而言，在第一学期容易出现将时间精力大量用于各种活动上，导致学习时间不足，期末考试前突击复习，甚至出现期末考试成绩不及格的现象。大学生选择加入学生组织，是对个人的学习工作效率、时间统筹安排能力、学习工作自主性、抗干扰能力提出了更高的要求。学生组织的学生干部要合理安排每天的时间，将每天的学习工作计划、娱乐休闲时间列出清单，兼顾好学习与工作。合理管控自己的时间，学习工作两不误是一个优秀学生干部必备的素质。当然，大学生还要明确学生的主业仍然是学习，如果个人学业成绩确实受到很大影响，应果断退出学生组织，否则，日后的评奖评优、推优入党、就业考研都会受到因学业成绩不佳而带来的负面影响。

（五）重视经验总结，不断提升工作水平

在学生组织中开展各项工作、组织各种活动，总会遇到各种各样的问题，在解决问题的过程中学生干部的综合素质也会不断提高。例如，学院学生会要筹备一台晚会，需要学生会各部门积极参与。晚会策划、舞台调试、节目排练、观众组织、嘉宾邀请、安全保障等需要长时间精心准备，这一过程可以培养锻炼一批学生干部。每项工作或活动结束后，学生组织要召开总结会议，学生干部要总结各方面的经验得失，为下次类似的工作提供有益的经验借鉴，增强预见性。在学期末，学生组织要召开期末工作总结会，会上主要学生干部要做述职报告，可以借鉴党内组织生活会的形式，在组织成员之间开展批评和自我批评。通过各种活动的组织开展和一系列的经验总结，学生组织的成员在思想引领、组织协调、策划写作、沟通表达、团结协作、临场应变等各方面的能力将得到锻炼提升。组织成员的自信心，对组织的认同感、归属感、荣誉感也会油然而生。

第六节 典型案例

一、案例主题

重庆理工大学"第二课堂成绩单"制度。

二、案例概述

为全面贯彻落实习近平总书记关于教育的重要论述和关于青年工作的重要思想，落实《重庆市深化新时代教育评价改革若干措施》《重庆市中长期青年发展规划（2018—2025年）》等文件要求，有效发挥第二课堂服务学校立德树人根本任务和人才培养中心工作的重要作用，促进学生德智体美劳全面发展，根据团中央、教育部有关精神，按照中国共产主义青年团重庆市委员会、重庆市教委《关于印发〈深化高校"第二课堂成绩单"制度实施方案〉的通知》（渝青发〔2021〕68号）要求，结合重庆理工大学实际，特制定《重庆理工大学"第二课堂成绩单"制度实施办法（试行）》。

"第二课堂成绩单"制度坚持"以学生全面发展为本"的理念，聚焦"五育并举"，按照"项目化管理、多样化实施、个性化参与、规范化记录"的原则，面向学生成长成才实际需求实施，立足让"第二课堂成绩单"成为学校学生综合素质评价、人才培养评估、社会单位招聘毕业生的重要依据，为深化新时代教育评价改革、持续纵深推进共青团改革、提升高等教育质量、创新人才培养模式发挥重要作用。

三、实施方法

（一）组织机构

成立"第二课堂成绩单"工作领导小组，负责制度制定、资源统筹、信息系统建设、项目运行、学分认定、档案管理、社会推广等工作，每半年专题研究1次第二课堂建设工作。各学院组织成立"第二课堂成绩单"工作实施小组，负责学院"第二课堂成绩单"项目建设、实施和评价，对记录、审核、评价、反馈、申诉等各个环节严格把关，做到公平、公正、公开。

（二）课程模块

课程模块实行"5+×"标准，"5"即德智体美劳5个模块，"×"即其他

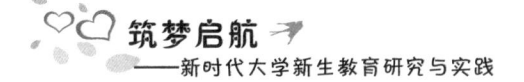

模块，共设 6 学分。课程模块涵盖思想成长、创新创业、科技创新、劳动实践、技能特长、志愿公益、文体活动、团学工作履历 8 个类别。

1. 思想成长类

主要包括学生践行社会主义核心价值观，参与各类思想政治教育活动的情况以及获得的相关荣誉。

2. 科技创新类

主要包括学生参与科技竞赛、课题论文、专著出版、科技发明等的情况以及获得的相关荣誉。

3. 创新创业类

主要包括学生参与各类创新创业活动的情况以及获得的相关荣誉。

4. 文体活动类

主要包括学生参与文艺、体育、人文素养等各类校园文化活动的情况以及获得的相关荣誉。

5. 劳动实践类

主要包括学生参与社会实践、交流访学、劳动教育实践等各类实践活动的情况以及获得的相关荣誉。

6. 志愿公益类

主要包括学生参与西部计划、支教助残、社区服务、公益环保、赛会服务等各类志愿公益活动的情况以及获得的相关荣誉。

7. 技能特长类

主要包括学生参加各级各类技能培训的情况以及获得的各类资格证书和相关荣誉。

8. 团学工作履历类

主要包括学生在校内党团学（含学生社团）组织的任职经历和获得的荣誉。

（三）项目实施

学校每学期期末启动下一学期"第二课堂成绩单"项目申报工作。项目组织单位将申报材料报送校团委，由"第二课堂成绩单"工作领导小组组织评议，对项目进行审核、论证，形成第二课堂项目库。学生通过"第二课堂成绩单"信息管理系统，查看已发布活动项目信息，根据个人成长发展需求、职业目标定位和兴趣爱好自主选择参加项目。

（四）记录与评价

学生"第二课堂成绩单"的成绩采用学分分项累加方式计量，各模块学分独立计量、不交叉替代。各类学分申请不设上限，学生在达到规定学分的基础上，超出部分同样进行客观学分评价和记录。

学生获取学分成绩可通过"参与项目"和"个人申请"两种方式。"参与项目"即学生在"第二课堂成绩单"信息管理系统自主选择活动项目后，按要求完成活动内容，项目组织单位根据学生参与情况，对学生学分进行审核、认定。中途退出项目的学生，不能获得学分。"个人申请"即学生参与其他符合学分认定标准范围的第二课堂活动，由个人提出学分认定申请及相关证明材料，经学院审核和公示后，由学院在管理系统完成录入。

学生应在第一、二、三学年完成各个模块最低学分要求，即"德育模块"每学年最低修 0.5 学分，其他每个模块每学年最低修 0.25 学分，方可获得参加当年评奖评优、推优入党等的资格。学生在满足前款条件后，还须在第 7 学期结束时第二课堂成绩达到 6 学分，且"德育模块"至少获得 2 学分，其他每个模块至少获得 1 学分，方可申请毕业。团学工作履历、技能特长类别不计入"第二课堂成绩单"计算学分，但进行客观记录认证。

校团委每学期末对学生第二课堂学分完成情况进行公告；对每学年未完成相应学分的学生进行预警；对存在弄虚作假等行为的学生，撤销"第二课堂成绩单"相关记录和学分绩点，并按照学校学生管理有关规定进行处理；统一设计、制作和发放《重庆理工大学学生"第二课堂成绩单"》，并将其纳入学生档案，作为学生综合素质和能力的有效证明。

学校每学期基于育人目标达成度、学生满意度等关键指标，开展质量监测和评估工作，建立课程项目体系动态调整机制，定期整改、停办或淘汰不达标的课程项目，保障"第二课堂成绩单"项目体系实施质量。

（五）工作保障

学校在师资、经费、场地、后勤等方面为制度实施提供保障，把第二课堂体系建设经费纳入人才培养成本。建立以团干部、辅导员、教师、学生骨干为主导力量的工作队伍，学校配备专职人员具体抓好此项工作。学校各相关单位应依据本办法设置第二课堂人才培养工作情况的评价指标，纳入各类工作考核体系。

四、主要成效

"第二课堂成绩单"制度的实施是深化新时代人才培养模式创新、完善学生教育评价改革等方面的有益探索与实践。通过实施好"第二课堂成绩单"制度，深化与第一课堂的有机融合，使得学生的"两个课堂""两张成绩单"相得益彰，在注重发挥第一课堂主渠道作用的同时，有效促进第二课堂教育的蓬勃发展，激发学生参与第二课堂的内生动力。本制度也有效助推学生提高思想觉悟、拓宽知识面、发展个性潜能、增强实践能力，为培养德智体美劳全面发展的社会主义建设者和接班人打下了良好基础。

（一）实现"三全育人""五育并举"教育理念的有效平台

为保障"第二课堂成绩单"制度科学有效实施，学校专门成立"第二课堂成绩单"工作领导小组，成员单位涉及学校各部门，形成育人合力，是实现本校"全员育人、全过程育人、全方位育人"的重要载体。

（二）科学全面评价学生综合素质能力的有效手段

"第二课堂成绩单"制度按照"项目化管理、多样化实施、个性化参与、规范化记录"的原则，面向学生成长成才实际需求实施。学生根据自身专业、能力、特长和爱好，自主选择参加相应的第二课堂活动和课程，取得相应学分。各课程模块既有规定的最低学分要求，又有超出部分的客观记录认证。最终成绩单用于评优评奖、推优入党、就业面试等方面。"第二课堂成绩单"制度是科学全面评价学生综合素质能力的有效手段，为深化新时代教育评价改革、创新人才培养模式发挥了重要作用。

（三）助推用人单位全面了解学生的综合素质能力

学生在校期间，"第一课堂成绩单"记录了学生专业知识水平，"第二课堂成绩单"则记录了学生综合素质能力评价数据。在毕业生求职时，"两个课堂"的评价数据将向用人单位进行全面展示，成为用人单位招录毕业生的重要依据。用人单位通过"第二课堂成绩单"能够对学生的综合素质能力进行全面、科学的判断，从而实现人岗匹配，更好实现毕业生与用人单位之间的双向选择。

五、思考启示

重庆理工大学深入实施"第二课堂成绩单"制度，是切实发挥好第二课堂服务学校立德树人根本任务和人才培养中心工作，促进学生德智体美劳全面发展，深化新时代教育评价改革的有力举措。在具体实施的过程中还需不断总结经验，探索实践育人有效机制。

（一）丰富内容供给，满足学生需求

"第二课堂成绩单"制度采用"5+×"课程模块设计，体现德智体美劳"五育并举"理念，在具体内容的供给方面还应不断与时俱进，加强调查研究，科学分类设置，充分利用学生社团等学生组织了解学生需求，结合社会、专业发展最新动态，提供富有时代特征、开拓视野、提升能力的第二课堂内容，增强第二课堂内容的吸引力和质量，最大限度满足学生对第二课堂内容的需求，强化第二课堂的育人实效。

（二）建好数据平台，提升运行效率

在大数据时代背景下，"第二课堂成绩单"制度的顺畅运行需要一个安全、稳定、高效、智能的信息化系统。这一信息系统可以对学生参与第二课堂的情况进行全面、准确的记录，同时以可视化的形式让学生了解自身能力素质方面的优势与不足。学校利用这一系统可以为学生提供丰富的第二课堂内容，并且利用大数据分析了解学生需求，获得学生信息反馈，尽可能消除学校和学生信息不对称问题，提升"第二课堂成绩单"制度的运行效率，促进良性运转。

（三）发挥应用价值，助推协同育人

"第二课堂成绩单"制度是新时代深化教育评价改革的重要载体，高校应充分发挥其科学全面评价学生综合素质的重要作用，加强对学生"第二课堂成绩单"的完整记录和权威认证，在"第一课堂成绩单"体现学生"硬实力"的同时，让"第二课堂成绩单"真正体现学生的"软实力"。而上述价值的体现，需要学生、学校和社会之间形成协同育人合力，在三者良性互动中，搭建起相互了解和认可的桥梁，让"第二课堂成绩单"制度真正成为促进学生成长、学校满意、社会认可的实践育人成果。

第十章　新生心理健康与成长教育

大学生正处在成长的关键时期。心理健康是大学生健康成长、更好地适应社会的必备素质，对社会和谐发展有着重要的意义。大学新生在入学后面临新的环境、老师和同学，更容易遇到人际困境、情绪困扰、成长受挫等问题，加之其学习目标、专业思维、价值取向、自理能力等均未能确立和完善，极易产生种种心理健康问题。因此，需要加强大学新生心理健康与成长教育，帮助新生了解心理健康的有关理论与基本概念，增强自我探索，掌握自我调适的基本方法，培养新生的自我认知、人际沟通、自我调节等能力，切实提升大学新生的心理素质，促进其全面发展。

第一节　新生常见心理问题

大学新生阶段是人生的一个重要阶段，是大学生心理与行为的重要转变期。这一时期，很多大学新生会感到迷茫，也就是心理学中常说的"大学新生心理失衡期"。

一、适应困难

（一）角色转变速度慢

目前的大学新生都是"00后"，在父母和长辈的呵护下长大。在生活上，他们大多第一次离开家长独立生活，需要学习自主安排生活中的大小事情。在学习中，大学课堂更加自由开放，很多知识往往需要学生自行发现并掌握。大多数新生在中学时期养成了"生活听家长安排，学习听老师指导"的习惯，生活自理能力弱，学习自主能力差，因此，在入学时感到无所适从，不能很好、很快地完成中学生到大学生的角色转变。有的甚至到大学毕业时也尚未完成角色转变。相关调查数据显示63%的新生表示难以适应大学校园的生活。

（二）校园环境认同度低

对大学新生来说，大学的一切都是新鲜的、神秘的。他们对大学充满向往和期待。新生入学后，首先接触到的、感知到的是校园环境，主要包括校园的自然环境、文化环境和制度环境。校园自然环境是指学校所处地理位置及与之相联系的各种自然条件的总和，包括空间、设施、场所、设备等；校园文化环境主要是指校园文化生活条件和气氛，包括学校的校训、文化底蕴、学习氛围、教育理念等；校园制度环境包括学校的规章制度、校纪校规等。

大学新生对校园环境认同感的高低，直接影响其对校园环境的适应度和接纳度。据调查，由于眼界、对比、期望过高等原因，新生入学时对校园环境的认同度普遍较低。

二、人际困境

人际关系是指人们在社会生活中，通过相互认知、互动、交往，从而发展起来的人与人之间的关系，反映出人与人之间的心理距离。著名医学心理学家丁瓒教授认为："人类的心理适应，最主要的是人际关系的适应。"所以，人类产生的心理病态，主要是因为人际关系的失调。对大学生而言，人际关系是指其在校期间和周围的个体或群体的相处及交往的关系。大学新生要面对的各种新的人际关系主要是老师与学生之间，同学与同学之间，室友之间，个人与班级之间、个人与学校之间的关系等。其中，老师与学生的关系、同学与同学的关系是大学的主要关系；另外，室友之间的关系又是大学生的一种特殊的人际关系。相关调查表明，当代大学生人际关系状况并不是很理想，有37.3%的大学新生表示最大的心理困扰来自人际关系。对于大学新生来说，大学中的人际困境具体包括孤独、人际关系挫折、人际冲突、失恋等。

（一）孤独

孤独是一种消极的内心情感体验，是由人际交往的数量和质量与主观愿望之间的差异引起的。"00后"大学生大多是独生子女，随之而来的是独生子女的孤独感。当"00后"从被家人照顾的高中来到需要独立生活的大学，更容易产生孤独心理。孤独感的产生可能有以下原因：第一，青春期封闭心理；第二，理想主义、完美主义的友谊观；第三，社交技能的缺乏；第四，自责太重，自卑感太强。研究发现，人际关系越好，孤独感越低；孤独感越高，心理健康状况越差。

(二) 人际关系挫折

挫折是指个体从事有目的的活动受到阻碍或干扰时的情绪反应,也可称为挫折感和挫折心理。大学新生的人际关系挫折,特指新生在大学一年级时体验到的人际关系方面的挫折心理。大学新生的生活内容相对来说比较单一和稳定,他们迫切需要人际交往。但由于大学新生自我意识的成熟、个性的发展,在建立人际关系时又存在许多困惑,可能不懂如何与他人交往,但内心又非常渴望与他人多交流。这种矛盾又痛苦的心理如果长时间未得到疏解,就容易引发人际关系挫折心理。

(三) 人际冲突

人际冲突,指人际关系双方之间的紧张与对抗,包括互相不理解、不信任、怀疑、敌意和对抗。[①] 积极的冲突能让新生在矛盾中相互影响、相互作用从而共同进步;消极的冲突容易导致个体理智下降,做出伤害性行为、说出伤害性话语,给双方心灵造成伤害。对大学新生而言,沟通障碍、习惯差异、认识差异、被侵犯、情绪态度、制度结构、利益争夺等都可能成为人际冲突的诱因。其中,沟通障碍和习惯差异又是最容易引起新生间冲突的因素。大学新生人际冲突处理不当会影响人际和谐、学业、身心健康、世界观、人生观、行为方式,更有甚者导致悲剧。

(四) 失恋

莎士比亚说:"爱是一种甜蜜的痛苦。"大多数新生在步入大学时已经满18周岁,生理和心理发育已经基本成熟,对爱情充满向往和期待。河北大学谷峰教授认为,爱情和婚恋是大学阶段比较现实而又普遍的问题。一些大学生在上大学前就已经开始谈恋爱,然而,由于恋爱观出现偏差、恋爱责任意识缺失、恋爱心理异常等问题,会失恋,这将极大地影响大学生的心理健康。

从心理学角度,失恋会将爱情中所有的美好打碎,可谓是人在青年期最严重的情感挫折之一。调查研究显示,大学新生失恋时身心往往会受到很大影响,容易产生沮丧、愤怒、抑郁等不良情绪。这些不良情绪未能及时排除、转移,则会带来心理、生理和行为上的影响甚至伤害。生理上会产生睡眠障碍、食欲不振和其他身体状况,其引发的心理问题可能会导致报复性伤他或者伤己等极端的行为。大学生因失恋导致退学、抑郁甚至自杀等严重后果的案例屡见不鲜。

---

① 赵凤娟. 大学生人际冲突应对教育浅探 [J]. 思想理论教育导刊, 2004 (09): 61.

三、学业困难

在大学阶段,学习是大学生最重要也是最主要的任务。学习在帮助大学生获得专业知识、技能的同时,也影响他们的世界观、人生观、价值观。大学学习具有课程多、内容难、速度快、监督少等特点,要求学生有足够的主动性和创造性。然而,许多大学新生因为缺乏兴趣、动力、有效的学习策略及沉迷游戏等,产生学习倦怠心理,不能完成学校规定的学业任务。据调查,41.1%的大学新生表示受到不同程度的学业问题困扰。因挂科、降级、休学、退学等学业困难引发的不良情绪和心理问题已成为大学新生常见的心理问题之一。

四、家庭困境

父母是孩子的第一任老师,家庭是孩子的第一所学校,一个问题学生的背后多有一个问题家庭。研究显示,影响大学生心理健康的重要变量之一就是家庭环境。通常,大学新生来自全国各地,家庭环境差异较大。当大学新生刚刚进入陌生的生活环境,个体之间的差异还未体现,所以,相互比较的通常是每个人的生活背景。[1] 因此,新生家庭中的经济困难、亲子关系不良、父母婚姻破裂等因素,对大学新生的心理健康的影响更加明显。

(一) 经济困难

教育部 2021 年 9 月 16 日发布的《2020 年中国学生资助发展报告》显示:2020 年,全国累计资助普通高等教育学生 3678.22 万人次,资助金额 1243.79 亿元。目前,大学中仍然有一部分经济困难学生,包括原始家庭经济困难、突发变故经济困难等类型,且基数大、经济困难状态持久。党和政府以及高校历来关注和重视家庭经济困难学生,采取了一系列的措施确保他们安心就学。但是,这些措施只能帮助他们解决生活上最基本的问题,沉重或持久的经济压力会导致他们个性特征和心理健康的负性变化。调查发现,家庭经济困难的学生更容易产生自卑、焦虑、挫败、抑郁以及人际关系敏感等心理。[2]

(二) 亲子关系不良

亲子关系,在生物学中指的是亲代和子代之间一脉相承的血缘关系,在复

---

[1] 桑志芹,伏干. 家庭环境、专业满意度与大一新生心理健康的关系 [J]. 心理与行为研究,2015 (02):278—282.

[2] 甘诺,王翔. 我国贫困大学生研究回顾与展望 (1994—2020 年) [J]. 江苏高教,2021 (05):62—67.

杂的人类社会中，指的是父母或者养父母与子女或者被抚养人之间的关系。亲子关系，作为人生中第一个也是最重要的人际关系，在个人的道德培养、人格发展、社会能力习得、心智成长中发挥着不可替代的作用。大学时期是人生重要的分水岭。在这个特殊时期，随着生理、心理的成熟和思辨能力的发展，大学生逐渐实现人格独立、经济独立，脱离家庭融入社会。此时，亲子关系的作用也愈发凸显。

研究表明，拥有亲密、温暖的亲子关系的大学生一般更具有社会责任感，对人际关系有更强的安全感，更加乐观；与之相反，极端的、破碎的亲子关系则会引起大学生的心理疾病，产生社交障碍、人格不健全等问题，进而激发很多与暴力相关的恶性事件和其他极端事件。[1]不良亲子关系常常表现为父母不能为子女提供合适的教养；亲子间没有充足而有效的沟通、情感的支持和互相的理解；亲子间没有相对平等的对话氛围，子女缺乏独立的空间，父母过分独裁和权威等。

（三）父母婚姻破裂

父母是子女接触最早、最直接、最密切的人，父母关系会对子女心理行为产生潜移默化的影响。研究表明，父母婚姻关系对子女的人格特征、心理健康及行为均有显著影响。幼年时父母婚姻关系欠佳或婚姻破裂，会增加子女青春期罹患焦虑症、抑郁症的风险，会提高子女出现行为问题的概率，常见的行为问题包括多动、反社会行为等。[2]"00后"大学新生因父母婚姻破裂产生心理健康问题的案例也比较常见。

五、突发事件或事故

突发事件是指突发性、非预期发生的重大或敏感事件，包括公共突发事件，如新冠肺炎疫情；突发事故，如交通意外、网络诈骗等。大学新生缺乏足够的经验和必要的思想准备，在面对突发事件或事故时必然会产生思维低落、恐慌和心理压力。对典型的突发事件或事故有良好的认知，可以帮助大学新生在面对突发事件或事故时冷静应对。

（一）被偷、抢、骗

纵观历史，无论在哪个时代，都有人为了不劳而获铤而走险。偷盗、抢

---

[1] 梅园，闫懋博，田茂再. 满意度模型及其在大学生与父母亲子关系研究中的应用 [J]. 数学的实践与认识，2019（11）：78—90.

[2] 王红云，刘纯艳. 父母婚姻关系对子女心理行为影响的研究近况 [J]. 护理研究（上旬版），2005（22）：1979—1981.

劫、诈骗等事件每天都在重复上演。尤其是近些年来，大学生遭遇网络诈骗的案例时有发生。大学新生因自我防范意识不足，常常成为犯罪分子的重点"围猎对象"。因为胆怯、害怕、羞耻等心理，在遭遇偷、抢、骗的突发事件后，他们往往选择隐瞒实情。在这些事件中，当事人的精神、经济甚至是身体上的压力无法及时消散，长时间积压易产生心理健康问题，更有甚者选择轻生。

（二）身体突发创伤性疾病

人们常说明天和意外不知道哪一个先来。作为社会性动物，大学新生每天要完成必要的社会性事务，在这个过程中可能在没有预料的情况下出现创伤、疾病，如遭遇意外交通事故、电击、火灾、急性心肌梗死、急性阑尾炎、药物过敏、食物中毒等。身心健康是一体的，身体上的突发创伤性疾病会影响一个人的心理健康水平。

（三）遭遇性骚扰或侵犯

性骚扰是一种不受欢迎的具有性本质的行为，包括不受欢迎的性冒犯、要求性好处及其他言语的、非言语的和身体上的具有性本质的行为。性骚扰或侵犯事件不仅对受害人的身心造成严重伤害，还会引发各类社会问题。然而，我国各学段的学校对学生的性教育还不充分，导致大学新生对性骚扰缺乏正确的认识，性骚扰防范意识薄弱。此外，我国尚未出台针对性骚扰的专门法律和法规，多数高校没有建立针对性骚扰行为的规章制度，使处理性骚扰事件无法可依。[1] 因此，当大学生在遭遇性骚扰或侵犯时，选择报警求助的人少之又少。受害人在身心受创的双重压力下，容易留下阴影。

（四）受处分

2017年，教育部对《普通高等学校学生管理规定》进行修订，要求各高校按照该规定制定相应的学生管理规定。该规定明确高校对违反法律法规、校纪校规的学生可以给予相应的纪律处分。同时也明确了对学生的处分材料，学校应当真实完整地归入学校文书档案和本人档案。处分材料装入档案，意味着大学生在校期间的污点将伴随终身，影响今后就业、发展。[2] 尽管新生在入学时都会接受入学教育，学习学生管理规定，但还是有小部分人因为思想松懈、受人怂恿等原因"以身试法"。

---

[1] 古俊伟. 大学生性骚扰防范意识与高校性骚扰治理［J］. 教育观察，2020（37）：68-70，110.

[2] 陶庭马，郭玉琼. 受处分大学生心理健康教育问题研究［J］. 锦州医科大学学报（社会科学版），2019（01）：53-56.

受处分的大学新生是心理健康问题的易感者。对他们而言，受到校规校纪的处理，是大学生成长中的一次重大挫折，必然会导致其心理状态产生变化，产生不良的情绪体验、紧张的人际关系和失常的行为，若不能及时被关注并得到有效疏导，极有可能演变为心理危机，甚至引发更严重的后果。

六、既往病史

大学新生在进入高校前，已经有了十几年的生活、学习经历。他们之中可能有人因先天残疾或遗传病、生活环境差、人际关系不良等因素的影响产生一定的心理缺陷或阴影，由于缺乏正确、及时的疏导，积累成为心理疾病。通过观察和统计，大学新生的既往病史中的先天遗传病、常见的心理疾病是影响大学新生心理健康水平的重要因素。

（一）先天遗传病

先天遗传病是由于遗传物质的改变，包括染色体畸变以及基因变异而导致的疾病。常见的先天遗传病包括染色体病，如唐氏综合征；单基因病，指由一个基因突变引起的遗传病，如先天性耳聋、血友病、白化病等；多基因病，指多基因突变和环境因素共同作用所致的遗传病，如先心病、唇腭裂、脊柱裂；线粒体病，指遗传基因在细胞浆中，有母性遗传的特点。

（二）常见心理疾病

1. 抑郁症

抑郁症是一种抑郁感情突出的神经官能症。抑郁情感经常表现为悲伤、绝望、孤独以及自我贬低等，但还未达到心理疾病的程度。常见症状为情绪低落、兴趣减退、精力缺乏，对任何事物无兴趣；常见表现为把外界一切看成灰暗的，遇到老师、同学、亲友不想打招呼，对学习以及过去喜欢做的事也不感兴趣，甚至感到枯燥无味。

2. 焦虑症

焦虑是个体在预期面临原因不明的危险处境时产生的一种紧张或局促不安的复杂情绪。焦虑症是一种以焦虑症状为主的神经性焦虑，具有间歇性发作的特点。发作时，患者最常见的有心悸、易疲劳、气急、神经质、胸痛等症状。易于紧张、焦虑，对困难估计过度，容易关注身体微小不适，遇到挫折易于过分自责，谨小慎微，优柔寡断，敏感多疑，依赖性强的人易患上焦虑症。

3. 强迫症

精神障碍诊断标准（CCMD-3）中指出，强迫症是一种以强迫症状为主的神经症,其特点是有意识的自我强迫和反强迫并存,二者强烈冲突使患者感到焦虑和痛苦。患者体验到观念或冲动来源于自我,但违反自己的意愿,无法控制,能意识到自己的异常性,但无法摆脱,觉得别人都用异样眼光看自己,害怕与人交流。

4. 空心病

空心病由北京大学心理健康教育与咨询中心徐凯文教授在 2016 年首先提出。空心病的基本体验包括四个方面:无意义感,生活没有目标,没有自己认可的方向,没有自己的精神生活;精神抑郁,尽管身体很健康,吃穿不愁,但内心没有快乐,感觉不到生活的美好,甚至是一种无所谓的麻木感;外强中干,智力较高,能力较强,学习优秀,但内心脆弱,没有信仰支撑,对挫折敏感,稍有困难则退缩,甚至放弃;自杀意念,感觉不到生命的价值,对前途没有期望,故意放纵自己,特别是尝试涉及危险的生活方式。

5. 精神病

大学生中常见的精神病类型主要有精神分裂症、狂躁抑郁性精神病和偏执型精神病。患精神分裂症的学生一般会出现幻听等,有不同程度的不安全感,如被害妄想、关系妄想等,极易引发和同学之间的矛盾。狂躁抑郁性精神病发病具有周期性,患病学生在抑郁期间处于情绪低潮,会显得绝望和自卑,在躁狂期间呈兴奋状态,异常疯狂,甚至可以 24 小时不需睡眠或休息。偏执型精神病主要以妄想为主要症状,患病大学生由于自身固执、敏感、多疑等性格加上考试失败、失恋等外部环境因素的共同作用,易将客观事实曲解成妄想,导致与周围环境的冲突进一步加剧。

第二节　新生心理健康教育活动

我国高校大学生心理健康教育工作开始于 20 世纪 80 年代。经过约 40 年的发展,众多学者和教育工作者不断探索,逐渐摸索出了一条适合我国国情和教育体制的心理健康教育建设之路。

一、心理健康教育队伍

目前,各高校大多都设立了心理健康教育机构,但归属部门有学工部、团委、马克思主义学院,也有的挂靠在心理学院、教育学院等。心理健康教育队伍中有心理学专业教师、思想政治教育教师,也有辅导员和医务相关人员等。

也有部分高校尚未按需配备专业心理教师专门从事大学生心理健康教育，师生比差距较大。

目前，国内高校心理健康教育队伍普遍由以下几类人员组成。

（一）心理咨询师

心理咨询是专业性极强的工作，从业人员需要经过系统的专业教育和训练。高校会聘请获得心理学专业硕士、博士学位，且取得相应从业资格的专业人才，担任专职或兼职心理咨询师，承担学校心理健康教育中心的心理咨询服务工作。同时，根据需要，高校也会聘请校外专业医疗机构的心理医生担任学校的心理咨询师。

（二）学院心理辅导员

为了打通学校与学院心理健康教育中心的沟通渠道，每个学院会选派拥有丰富学生工作经验，尤其擅长心理健康教育工作的辅导员，担任学院心理辅导员，负责学院日常的心理健康管理工作，并与学校心理健康教育中心开展对接工作。

（三）心理健康学生助理

高校还会积极发挥学生的力量，面向全校招募心理健康学生助理，开展心理健康教育宣传，普及心理健康知识。

（四）班级心理委员

近年来，借鉴国外先进心理健康教育工作经验，充分挖掘校园内部现有资源，调动学生的主观能动性，定期开展朋辈督导咨询，逐步成为高校开展心理健康教育工作的一种模式。选拔优秀学生担任班级心理委员，承担朋辈咨询工作，是国内高校朋辈督导咨询的其中一种重要模式。

二、新生心理健康教育活动

丰富的心理健康教育活动是帮助新生维护心理健康、提高自我调适能力的重要手段，对于帮助大学新生树立心理健康意识、培养良好的心理素质、开发个人潜能、促进自我发展等具有重要意义。一般情况下，除了贯穿整个学期或学年的心理健康教育必修课程外，高校还会抓住重要时间节点开展心理健康教育校园文化活动，如心理主题班会、心理专题讲座、团体辅导、心理健康主题活动、谈心谈话等内容丰富、形式多样的系列活动，帮助大学生提升心理健康素质。

（一）心理健康教育必修课

根据教育部印发的《关于加强学生心理健康管理工作的通知》的要求，高校都会面对大一新生开设"大学生心理健康教育"必修课，课程内容主要包含大学生健全自我意识塑造、大学生人格发展、大学生学习心理、大学生人际关系、大学生健康恋爱及性心理的培养、大学生情绪管理、大学生压力管理与挫折应对、大学生生命教育与心理危机应对等。

这门课程旨在宣传普及心理健康知识，帮助新生认识健康心理对成长成才的重要意义；介绍维护心理健康的方法和途径，帮助新生培养良好的心理品质和自尊、自爱、自律、自强的优良品格，有效开发心理潜能，培养创新精神；解析心理现象，帮助新生了解常见心理问题产生的主要原因及其表现，引导他们以科学的态度对待心理问题；传授心理调适方法，帮助大学生消除心理困惑，增强克服困难、承受挫折的能力，珍爱生命、关心集体、悦纳自己、善待他人。[1]

（二）心理主题班会

心理主题班会是围绕大学生共同关心、感兴趣的心理主题开展的班会活动。一般而言，心理主题班会有明确的中心思想，内容丰富且主题集中；切合新生需要，要求班级成员共同参与；具有教育性、知识性和趣味性。学校发出班会通知后，各班级会充分准备，组织形式活泼生动、气氛和谐有趣的主题班会。一般而言，心理主题班会每学期开展2~3次。

（三）心理专题讲座

心理专题讲座也称"心理专题报告"，通常由主讲人就某一心理相关主题作报告，辅以简短的互动交流，旨在帮助学生拓展心理健康知识，交流心得。一般而言，心理专题讲座，每个月举办1~2场。

（四）心理健康主题活动

心理健康主题活动，一般会选择相应主题，吸收前沿知识，引入心理健康教育研究最新成果，结合大学新生实际情况与需要而有计划地开展，旨在培养学生独立自主、勇于探索的生活态度，帮助学生主动发现问题、解决问题，切实提高学生心理素质，满足社会对高素质人才的要求。各高校都会开展形式多样、内容丰富的心理健康主题活动，如心理健康知识竞赛、心理微课大赛、三

---

[1] 潘柳燕，黄宪怀. 心理健康教育与思想政治教育协同作用探析［J］. 学校党建与思想教育，2016（17）：49—53.

级心理之家建设大赛等主题活动；各学院会根据自身特色组织开展心理漫画、心灵树洞、心理微电影、心理情景剧、心理沙龙、心理咨询、心理义诊、心理影院等主题活动。

（五）心理健康团体辅导

心理健康团体辅导是指以学生团体作为集体辅导对象而开展的一种心理咨询方式。团体辅导一般由一到两名指导老师主持，利用知识和技能来帮助团体成员达成一定的共识。团体辅导主要利用团体内部中人际的交互作用，以观察、学习、体验为主要方式，促使个体能够更全面地认识自我，更好地接纳自我，从而在人际交往过程中改善和调整与他人的关系，学习良好的态度和行为方式，使自身的潜力与适应能力得到激发与调动，帮助学生形成健康的心理，提高社会适应能力。

内容丰富、形式新颖、过程有趣的团体辅导，能让学生在轻松愉悦的氛围当中，亲身感受和体验学习，激发新奇感，愿意主动深入地探讨问题，促进心理健康教育教学效果的提升。一般而言，团体辅导每学期开展3~5场。

（六）心理健康谈心谈话

谈心谈话是高校辅导员开展心理健康教育工作的重要方式，即通过面对面谈心谈话，直接收集学生个人信息，了解其心理健康状况，发现心理健康问题并及时进行教育和引导。正常情况下，辅导员会开展学校要求的例行谈话和根据实际情况自行安排的谈心谈话。

第三节　新生心理健康测评

心理健康测评是用来检验人们的能力、行为和个性特质的特殊的测验程序或过程，也称作心理测验或心理测量。新生心理健康测评是指大学新生在入学时，参加的由学校统一组织的心理测评，也叫心理普测。心理普测是学校高效、及时、正确开展心理健康教育工作的重要基础。该测评通过科学、客观、标准的测量手段，对新生的特定素质进行测量、分析和评价。学校会通过统计、分析心理普测结果，了解新生完成特定工作或活动所需要的或与之相关的感知、技能、能力、气质、性格、兴趣、动机等个人特征。

一、心理健康测评的分类

心理测评的种类很多，为了方便大家了解，笔者主观地把它们分成下面几种类型。

根据测试内容大致可分为心理健康测试、个性倾向测试和人格测试；根据测试媒介可分为语言或文字测试、非语言文字类测试或操作性测试；按照被测试的人数可分为个别测试、团体测试；根据不同的测试目的可分为难度测试和速度测试；根据测试的方法又可分为问卷式测试、作业式测试、投射性测试等。

二、心理健康测评的途径

心理健康测评系统是通过科学、客观、标准的测量手段对新生的特定素质进行测量、分析、评价的一种系统软件工具。它从智力、能力倾向、创造力、人格、心理健康等各个方面对新生进行全面的描述，说明新生的心理特性和行为，从而确定他们的相对优势与不足，发现新生行为变化的原因，为他们提供做决策的依据。

各高校根据实际均会采用心理健康测评系统在新生入校后开展一次心理健康测评。以重庆理工大学为例，该校心理健康与成才服务中心目前已实现心理健康信息化管理，借助朗心公司云平台开发的"心云系统"，采用 SCL-90、16PF、SDS 等量表，组织全体新生用手机参加心理普测，测评时间为 5～15 分钟，学生完成测评后提交数据，老师可以在后台得到统计数据。

新生心理测评的数据是第一手重要资料，是学校开展心理健康教育工作的基础。心理健康测评的结果为新生的心理建档、团体辅导、个体访谈、动态关注、评估预测、心理咨询、危机干预等工作的顺利开展提供重要的参考依据，可很好地实现校院系联动，实时记录学生状况，及时更新学生心理等级，辅助心理健康教育教师更好地开展工作。

目前，重庆理工大学心理健康与成才服务中心采用心云危机干预量表。该量表测评报告包含动态总分（近期风险）、固态总分（长期风险）、空心总分（价值观与态度）、测谎（效度）、一致性（效度）、预警等级、测评结果等内容；测评题目包含了解学生近两周情况、身体状况、成长经历、家庭环境、经济状况、学习状况、人际关系、价值观念、道德品质、生活事件、创伤事件、心灵体验等方面的情况。

第四节　新生心理健康咨询

心理健康咨询也被称作"心理辅导",涵盖广泛,涉及职业指导、教育辅导、婚姻家庭咨询等方面。新生心理健康咨询是指受过专业训练、具备专业技术的人员,采取专业的咨询方法,对心理上存在困惑、问题或疾病的新生进行心理疏导,帮助其解决心理问题,促进其成长和发展的活动。

一、心理健康咨询的分类

高校面向新生开展的心理健康咨询服务包括传统心理咨询与网络心理咨询。

(一) 传统心理咨询

传统心理咨询是专业心理咨询师运用心理学的理论、方法和技术,通过言语和非言语的方式影响咨询对象,引起其心理、行为和躯体功能的积极变化,促进其人格的成长和发展,使其充分发挥潜能、面对现实,达到治疗疾病、消除烦恼、促进康复和更好地适应环境的目的。

(二) 网络心理咨询

网络心理咨询是心理咨询的一种新形式,是指受过专业训练、具备专业资质的心理咨询师,运用一定的心理学理论、方法和技术,借助电子邮件、BBS、QQ、微信、博客、聊天室、网络电话、网络语音、网络视频等网络技术媒介,解决咨询对象的心理问题,帮助其成长和发展的过程。

二、心理健康咨询的途径

大学生可以通过学校的心理健康咨询教师,专业医院的心理医生,或者社会上专业的心理咨询机构来咨询心理相关问题。

(一) 心理健康咨询教师

1. 心理健康咨询专职教师

心理健康咨询专职教师是指运用心理学以及相关知识,遵循心理学原则,通过心理咨询的技术与方法,帮助求助学生解除心理问题的专职教师。根据国家 22 部委联合发布的《关于加强心理健康服务的指导意见》和教育部《高等学校学生心理健康教育指导纲要》的规定,各高校要按照 1:4000 的师生比配备心理健康教育专职教师。

2. 心理健康咨询兼职教师

目前在高校，大学生数量的增加和大学生心理健康问题发生概率的上升，使得高校心理健康教育工作的压力日益增加。在专职教师数量不足的情况下，高校会根据实际情况聘请心理学、思政或其他专业取得从事心理咨询工作资格的教师和辅导员担任心理健康咨询兼职教师，满足广大学子对心理咨询的迫切需要。

（二）专业心理医生

心理医生主要从事心理咨询和心理治疗。心理咨询是心理咨询师协助求助者解决各种心理问题的过程。"协助"二字表明咨询能否成功很大程度上取决于求助者是否有主动参与的态度和行动。由此可见，复杂的心理健康问题乃至心理疾病，则需要依靠心理医生。

1. 驻校心理医生

为了让有心理咨询或心理治疗需求的学子更方便、及时地获得更专业的帮助，很多高校会邀请专业心理医生进驻学校心理健康服务中心，为广大学子提供心理咨询与心理治疗。

2. 医院心理医生

心理咨询或心理治疗是一个过程，有些问题不是一次两次的交谈就能解决的，有时会有迂回曲折乃至反复，也有些问题甚至是需要依靠专业医疗仪器和药物辅助治疗。学校毕竟不是医院，当遇到特别复杂的心理疾病患者，超出了学校专兼职心理咨询教师、甚至是驻校医生的能力范围时，就需要将学生及时转介给医院的心理医生。高校一般都与当地精神卫生中心开展了深入合作，为学生开通了就医绿色通道，保证任何有就医需要的学生得到及时的心理治疗与帮助。

（三）心理咨询专业机构

心理咨询专业机构，一般拥有来自各大知名大学和重点医院的知名心理专家和心理咨询师，主要咨询项目包括婚恋情感咨询、婚姻家庭咨询、亲子关系与儿童青少年成长咨询、职业发展与人际关系咨询、神经症（如抑郁、焦虑、恐惧、强迫等）咨询、压力管理问题咨询、失眠和性心理障碍咨询、创伤咨询及危机干预等。大学生如果遇到心理问题，也可以向心理咨询专业机构求助。

第五节　新生心理危机干预

心理危机干预创始人卡普兰认为，每个人都通过让自身与环境相协调来维持内心的一种稳定状态，而当面临突发重大事件时，因无法解决而使平衡被打破，继而产生不良的情绪和行为反应，这种失衡的状态就是心理危机状态。目前心理危机干预已经是高校心理健康教育的重要部分，在处理心理应激和预防心理疾病方面发挥了积极的作用。心理危机干预的引入，对新生心理健康教育工作的开展有重要意义。

一、心理危机干预的模式

目前，比较成熟的心理危机干预模式有以下几种。

1. 认知模式

该模式主要适用于大学生心理危机状态基本平复，使其逐渐接近于危机发生前心理平衡状态。

2. 平衡模式

该模式认为，发生心理危机的学生的心理情绪本来处于一种平衡状态，危机事件或事实的发生打破心理平衡，导致其心理健康出现问题。

3. 心理社会转变模式

该模式认为人同时具有自然属性和社会属性，是遗传天赋和社会环境共同作用结果。

二、心理危机干预的途径

大学新生心理危机是严重影响新生本人及校园安全和谐的重要因素，因此完善心理危机干预流程，有效预防、及时处置、合理善后心理危机事件，构建科学合理、行之有效的心理危机干预体系十分必要。[①] 心理危机干预流程可分为"四阶段"，依照"三原则"，实施"三步走"。

（一）心理危机干预"四阶段"

四个阶段的工作重心与工作内容有所不同，具体包括：

---

① 俞超，王军. 高校心理危机干预中的学生管理工作流程研究［J］. 高教学刊，2021（17）：148-151.

第一，危机评估阶段，需要评估被干预者自杀风险、自残风险及攻击风险。

第二，行动干预阶段，需采取科学、合理的行动措施，以保证被干预者的绝对安全。

第三，心理干预阶段，帮助被干预者解决问题，正确处理扳机时间，稳定被干预者情绪。

第四，心理咨询阶段，帮助被干预者解决原生家庭问题或其他问题。

（二）危机干预"三原则"

危机干预处置要把握三个原则，具体包括：

第一，保障安全，危机干预的首要目标是保证被干预者的安全。

第二，聚焦问题，干预聚焦于被干预者的情绪冲突和情绪调节问题。被干预者的人格问题和其他深层问题不是干预的主要目标。

第三，激活资源，危机干预的主要途径是发掘和激活被干预者的内在资源，以应对生命中突如其来的危机和困境。

（三）危机干预"三步走"

实施危机干预的过程中，要把握好"三步走"的节奏，具体包括：

第一步，确定问题和目标。危机干预者不应在问题不明确的情况下就开始实施危机干预。在危机状态中，干预者还要通过恰当的会谈技术沉下心来以倾听、共情、真诚、接纳、尊重的态度来把握被干预者危机的核心问题，并建立良好的咨询关系，为下一步干预明确方向和打下基础。

第二步，评估危机。在保障被干预者安全的前提下，对被干预者进行危机评估。可以利用徐凯文老师的"自杀自伤评估表"进行评估，以及制订评估后建议处理方案。

第三步，给予被干预者希望，并有计划地实现。要帮助被干预者寻找、发现被其忽略的其他适当的解决问题的方法或途径，开拓人生选择。具体从以下三点来帮助被干预者拓展人生选择：一是人际关系，这是对被干预者提供帮助的最佳资源；二是应对策略，包括经验、物质资源和人际资源；三是帮助被干预者树立积极的、建设性的思维方式。同时，制订安全计划保障被干预者的基本安全，减轻咨询师的心理压力，并且在法律、伦理上合法合理。

第六节 典型案例

一、案例主题

重庆理工大学"大学生心理素质拓展活动月"活动。

二、案例概述

重庆理工大学历来高度重视大学生心理健康教育与咨询工作,为学生提供专业的咨询和干预,为大学生成长成才保驾护航。早在1996年,学校就设立了专门的心理咨询中心即重庆理工大学心理健康与成才服务中心,负责开展全校心理健康教育与咨询工作。该中心隶属重庆理工大学党委学生工作部,是重庆市最早从事大学生心理健康教育的专门机构之一。

重庆理工大学"大学生心理素质拓展活动月"活动,是重庆理工大学心理健康与成才服务中心围绕"5·25"全国大学生心理健康日,面向全校学生开展的宣传心理健康知识、服务全体学生心理需求、提高全体学生整体心理素质、营造良好心理健康氛围的特色教育活动。全校学生均可报名参加。

三、实施方法

(一)活动策划

每年五月初,学校心理健康与成才服务中心指导老师带领心理助理团,选择一个主题进行活动策划,具体包含活动流程、宣传、评比等内容。历年来,重庆理工大学"大学生心理素质拓展活动月"的主题有当幸福来敲门、开启微系统新时代、美·大学生活、暖心人、遇见、追光者、少年起而行之——做梦想行动派、绽放等。

(二)活动宣传

活动策划完成后,通过社会媒体、校园网、心理健康与成才服务中心官方微信公众号、微博、QQ、展板、海报、宣传册等,以新闻、通知、推文、广告等形式,在线上线下面向校内外开展广泛的活动宣传。

(三)活动评比

为了使"大学生心理素质拓展活动月"系列活动顺利、有序地进行,同时激励校内各学院在活动月中积极组织作为，中心制订了具体的评比方案。

活动月包括了开幕式、心理广场活动、心理班会、闭幕式等流程。每个流程的评分比例分布为开幕式20%、心理广场活动20%、心理班会20%、心理建设活动20%、闭幕式10%、学院心理特色活动5%、宣传力度评比5%。另外，还有宣传与承办活动额外加分项，各流程得分按占总分比例计入总分。

（四）活动总结

活动结束后，心理健康与成才服务中心作为主办单位，会在第一时间组织活动总结大会，将活动中的优势与不足进行复盘，为下一次活动的顺利开展提供参考。

四、主要成效

（一）构建和谐校园，塑造健康心理

自2009年以来，重庆理工大学已连续成功举办十三届"大学生心理素质拓展活动月"活动。"大学生心理素质拓展活动月"每年选择一个主题，通过设计内容丰富、形式多样的心理健康活动，推动心理健康知识的深入宣传，让大学生懂得更好地爱自己、爱他人，构建和谐自我、和谐校园，在全校师生中营造关注心理健康、懂得心理健康、重视心理健康的氛围，全面促进大学生人格健康发展。

（二）创新工作载体，提升工作水平

"大学生心理素质拓展活动月"的设计和实施，能积极发挥三种教师群体和三种学生群体的作用，对学生的心理健康状态、心理健康思维、心理健康行动等方面重点加以引导。这种活动的设计，既有利于发挥教育者的主动性，又充分发挥受教育者的自主性，迎合时代特点，让心理健康教育更有高度和温度。

（三）健全工作机制，构建完整体系

"大学生心理素质拓展活动月"的策划、宣传、实施、评比、考核、总结、表彰已形成一套成熟的工作机制，每年3月发出通知，4月收集策划，5月实施开展。重庆理工大学心理健康与成才服务中心专人负责各个环节，分工协作，各学院心理辅导员积极配合，构建了完整的工作体系，充分保证活动的顺利开展。

五、思考启示

（一）高度重视心理健康教育工作

"大学生心理素质拓展活动月"是重庆理工大学校思想政治教育和大学新生教育的重要举措。高校应当高度重视大学新生的心理健康教育，充分把握新时代大学新生成长规律，全面统筹推进大学新生的心理健康教育工作，推动新生更好地成长成才。

（二）强化心理健康教育队伍建设

高校要积极打造作风优良、业务精湛的心理健康教育团队，包含专兼职心理咨询师、心理辅导员、心理健康学生助理等，不断提升团队成员新生心理健康动态规律和把握工作技能，使其能面向大学新生开展细致入微的心理健康教育与工作。

（三）创新开展心理素质拓展活动

学校要将"大学生心理素质拓展活动月"活动纳入学校学生教育管理工作年度计划中，积极制订"大学生心理素质拓展活动月"活动管理办法，积极开展有针对性、有趣味性和有参与性的新生心理健康教育活动。

第十一章　新生劳动认知与实践教育

习近平总书记在全国教育大会上强调："要在学生中弘扬劳动精神，教育引导学生崇尚劳动、尊重劳动，懂得劳动最光荣、劳动最崇高、劳动最伟大、劳动最美丽的道理。"[①] 习近平总书记的重要论述，为构建新时代中国特色社会主义劳动教育模式，发挥劳动教育在立德树人中的重要作用指明了方向。

第一节　劳动认知

党的十九大报告指出："中国特色社会主义进入了新时代。"在新时代进一步加强大学生的劳动教育，努力提高他们的劳动素质，对大学生的成长和国家的发展意义深远。党的十八大以来，习近平总书记多次就劳动、劳动观念、劳动教育、劳模精神等内容进行深刻阐述，指出，"劳动是推动人类社会进步的根本力量""说到底，实现中华民族伟大复兴的中国梦，要靠各行各业人们的辛勤劳动"。这些观点不仅继承了马克思主义劳动观，也从战略高度把劳动与开创中国特色社会主义新时代、实现中华民族伟大复兴的中国梦紧密联系起来。2020年3月20日，中共中央、国务院发布了《关于全面加强新时代大中小学劳动教育的意见》，对新时代劳动教育做出全面部署，提出要构建德智体美劳全面培育的教育体系，把劳动教育纳入人才培养全过程，强调劳动教育是中国特色社会主义教育制度的重要内容。这是以习近平同志为核心的党中央对于马克思主义劳动观的继承和发展，是新时代人才培养中加强马克思主义劳动观教育的重要理论指导。[②]

[①] 习近平在全国教育大会上强调：坚持中国特色社会主义教育发展道路 培养德智体美劳全面发展的社会主义建设者和接班人［N］. 人民日报，2018-09-1（011）.
[②] 张志勇，杨玉春. 深刻认识新时代劳动教育的新思想与新论断［J］. 中国教育学刊，2020（04）：1-4，61.

一、认识劳动

劳动是人类的本质特征，社会上一切的物质财富与精神财富都来源于劳动。可以说，没有劳动，就没有人类本身。

（一）劳动的概念

劳动是人类创造物质财富或精神财富的特殊实践活动。《文史哲百科辞典》指出，劳动是"人们使用工具改造自然物，使之适合自己需要的有目的的活动，即劳动力的使用或消费，包括脑力劳动和体力劳动"。马克思认为："劳动首先是人和自然之间的过程，是人以自身的活动来中介、调整和控制人和自然之间的物质变换的过程。"劳动是人类创造并获取维持生存和发展所需物质材料的唯一手段。劳动创造了事物、工具、住所等，还创造了人本身，完善了人的认知。劳动对人的作用是包括物质和精神两方面的。因此，如果人类放弃了劳动，必定会造成体质和品格上的退化。[①]

（二）劳动的分类

按照复杂程度，劳动可分为简单劳动和复杂劳动两大类。简单劳动指在一定的社会条件下不需要经过特别的专门训练，每个普通劳动者都能从事的劳动。复杂劳动指需要经过专门学习和训练的劳动者才能从事的，在技术上比简单劳动更复杂的劳动，它等于强化了的简单劳动。

按照所依靠的主要器官不同，劳动又划分为体力劳动和脑力劳动。《关于全面加强新时代大中小学劳动教育的意见》依据马克思主义劳动观，将劳动分为生产劳动和非生产劳动，非生产劳动又分为日常生活劳动和服务性劳动。

二、树立正确劳动观

培育深厚的劳动情怀、树立正确的劳动价值观对当代大学生培育践行社会主义核心价值观、实现青春梦想、形成正确的就业创业观、提升抗挫折能力、培养社会责任感具有重要意义。

（一）强烈的劳动意识

劳动意识是指人们对劳动的看法。它由人们对劳动的目的、价值和意义等方面的认知构成，影响着人们的世界观、人生观和价值观。大学生的劳动意识不仅决定他们的学习态度、奋斗精神，而且对他们今后择业就业、投身实现中

[①] 李凯华. 新时代大学生劳动教育研究［D］. 山西：太原理工大学，2021.

国梦的伟大事业都有着深刻的影响。[①]

（二）积极的劳动态度

劳动态度是人们对劳动的评价和行为倾向，是个人的潜力、意愿、想法、价值观等在劳动中的外在表现，是个人对劳动相对稳定的一种心理状态。简而言之，劳动态度就是劳动者对劳动的认识和以此为指导所采取的行动。劳动态度是调动劳动者积极性的首要因素。在新时代，大学生要树立热爱劳动、服务社会的奉献意识，以高度负责的态度积极自觉地投入劳动中。

（三）强大的劳动能力

劳动能力是劳动者进行生产活动的能力，包括体力和脑力两个方面。劳动能力是劳动者劳动素养的外在表现，是劳动者进行劳动的具体能力体现。新时代大学生作为德智体美劳全面发展的中国特色社会主义事业的建设者和接班人，必须掌握丰富的生产经营知识、熟练的操作技能和劳动创新的能力。

（四）崇高的劳动精神

劳动精神表现为一种对劳动坚定不移、积极接受的态度。新时代劳动精神带来了新时代中国人砥砺奋进的新风貌，彰显着中国理论、中国制度和中国文化的价值，是促进人的全面发展、夺取新时代中国特色社会主义伟大胜利和实现中华民族伟大复兴中国梦的重要力量源泉。新时代大学生要培养树立精益求精的劳动创造精神。人生要精彩就需要在一定的领域有所钻研、有所创新。

（五）尊重敬畏劳动

凡劳动者，都在靠自己的本领"吃饭"。他们付出了体力，或脑力，都对社会的发展进步起到了积极的推动作用。正是每一个劳动者在各行各业的岗位上尽心尽责、辛勤劳动，才让整个社会物质充裕、运转有序，让人们共享幸福。劳动者，在创造幸福的同时，也带给他人幸福。我们应常怀感恩之心，尊重我们身边的每一个劳动者，尊重每一分平凡普通的劳动。

三、正确认识劳动教育

（一）劳动教育的意义

1. 劳动教育是实现中国梦的强大助推力量

劳动开创未来，奋斗实现梦想。大学生对劳动的认知，对待劳动的态度以

[①] 邵文祥. 新时代大学生劳动教育教程［M］. 成都：电子科技大学出版社，2020.

及劳动习惯、劳动技能的培养，将决定着国家和民族的未来。随着物质生活条件的好转，一些大学生推崇享乐，贪图安逸，不愿意吃苦，喜欢把一些特殊的成功案例当成普遍现象，只看到别人成功和光鲜的一面，却没看到他们承担的各种风险和付出的艰辛。通过劳动教育，可以培养大学生形成正确的劳动价值观和良好的劳动品质，让他们体会劳动创造美好生活，接力奋斗实现中华民族伟大复兴的中国梦。

2. 劳动教育是培养合格的社会主义建设者和接班人的重要途径

当代大学生思维活跃，创新意识浓厚，自我意识较强，讲求实际，追求个性化，对学习和生活的选择非常多样化。一代人有一代人的使命，这一代青年人能否担起时代和人民赋予的历史重任，除了依靠国家和学校培养，关键还要看自身努力。新时代大学生一定要主动接受劳动教育，培养自身的劳动素质，弘扬劳动精神，传承劳模精神和工匠精神，树立"以天下为己任"、舍我其谁的社会责任感和担当精神，努力成为让党、祖国和人民满意和放心的时代新人。

3. 劳动教育是高校立德树人的重要载体

劳动教育是以培养适应社会经济发展的高素质、高层次人才为目的，是德才兼备、全面发展型人才培养的基本途径和有效途径。劳动教育有助于大学生认清社会趋势和发展方向，培养大学生的爱国情、报国志、强国行，形成以辛勤劳动回报国家和社会的道德品质，践行对国家、民族以及人类社会的使命。劳动教育不能仅停留于让学生掌握劳动技能，更要以塑造人格、完善品德、培养价值观为目标。它既是"立德"的重要内容，也是"立德"的途径。要通过发挥劳动教育的"立德、增智、强体、育美"的功能，促进大学生自由而全面发展。

4. 劳动教育是学生成长成才的重要措施

劳动教育能够让大学生更好地习得基本劳动技能，学会自我管理，理解父母的辛劳和付出，加深对家庭生活的理解，培养追求幸福生活的积极态度和实践能力；能够促进大学生形成"热爱劳动、以劳动为荣"的正确劳动价值观，有利于崇尚劳动、尊重劳动者的良好社会风气的形成，进一步增强学生的社会实践能力和责任感。

（二）劳动教育的目标

通过劳动教育，大学生能够理解和形成马克思主义劳动观，牢固树立劳动最光荣、劳动最崇高、劳动最伟大、劳动最美丽的观念；能体会劳动创造美好生活，体会劳动不分贵贱，尊重普通劳动者，培养勤俭、奋斗、创新、奉献的劳动精神；具备满足生存发展需要的基本劳动能力，形成良好劳动习惯。

（三）劳动教育的原则

1. 理论教育与实践教育相结合

高校劳动教育应该从感性的体悟上升为系统的理论学习。系统化的劳动理论教育是大学生形成正确的劳动价值观的有效途径。劳动教育同时具有很强的实践性，单纯依靠劳动理论教育不能够使大学生形成正确的劳动价值观，必须要与劳动实践相结合，注重发挥劳动实践的道德养成作用。只有在劳动实践中，大学生才能形成正确的劳动观和幸福观，承担起应有的社会责任和历史使命。

2. 历史性与时代性相结合

新中国成立以来，劳动教育随着党的教育方针的变化而不断发展。新中国成立初期，国家提倡的"五爱公德"中就有"爱劳动"的要求，之后"教育与生产劳动相结合"成为我国教育方针的重要组成部分。改革开放以来，我国高等教育事业实现了快速发展，劳动教育也得以重新调整。党的十八大以来，习近平总书记站在党和国家事业发展的高度，对加强劳动教育做出了一系列重要论述。从新时代劳动教育的新方位来看，劳动教育更加强调在劳动价值观、劳动态度和劳动品格上对劳动主体的客观塑造，培养受教育者的劳动素养，进而在全社会形成积极向上的劳动风尚。[1]

3. 针对性与实效性相结合

新时代合格的社会主义劳动者，仅有专业知识教育是不够的，还要努力做到劳动能力水平和劳动价值观同步提高。通过坚持课内与课外、体力和脑力、生活劳动与生产劳动、功利性与公益性相结合的原则，建立学校、家庭、政府、社会相衔接的多元立体化协同劳动教育结构，构建多层次、全方位、系统的劳动教育体系，提升劳动教育针对性。同时，高校劳动教育需要根据时代发展和学生的身心特点实施，规范劳动教育实施的关键环节，加强劳动教育的模式创新，优化劳动教育实施的内容结构，提高劳动教育的实效性。

（四）劳动教育的队伍

2020年，中共中央、国务院出台的《关于全面加强新时代大中小学劳动

---

[1] 叶志明，陈方泉，杨辉. 我国高等教育中劳动教育的演变、内涵与进路［J］. 中国高等教育，2020（Z3）：9—11.

教育的意见》指出，要"采取多种措施，建立专兼职相结合的劳动教育师资队伍"。[①] 新时代劳动教育对专兼职教师队伍建设提出了更高的要求，需要构建分工合理、协同育人的"全员"教育主体。

1. 理论课程专题教师

高校应主要以马克思主义学院思政课教师为主，辅导员、学工干部等职业生涯规划课教师为辅，通过自建和引进相结合，配齐劳动教育理论课程专题教师。

2. 劳动实践指导教师

主要由本科生导师、研究生导师、专业教师、学生社团指导教师、班主任和辅导员共同组成劳动教育实践项目的指导教师团队，对劳动实践项目进行指导和帮扶。

3. 讲座嘉宾

邀请劳育专家、大国工匠、劳动模范等，开设系列讲座及工作坊，指导学生开展劳动教育实践项目活动。

4. 学生典型骨干

充分发挥朋辈典型教育引领作用，利用"十佳大学生""十大学霸""大学生年度人物"等先进学生典型引导广大大学生积极劳动、勤奋好学。

另外，还需要坚持"教育者必先受教育"，把劳动教育纳入教师培训内容，融入教师思想政治教育、师德师风建设和职业发展规划，开展劳动教育全员培训、教研活动，提升教师实施劳动教育的自觉性。同时，还需要建立健全劳动教育教师工作考核体系，分类完善评价标准。

第二节 劳动课程

中共中央、国务院《关于全面加强新时代大中小学劳动教育的意见》指出，要整体优化学校课程设置，将劳动教育纳入普通高等学校人才培养方案，形成具有综合性、实践性、开放性、针对性的劳动教育课程体系。普通高等学校要明确劳动教育主要依托课程，其中本科阶段不少于32学时。除劳动教育必修课程外，其他课程结合学科、专业特点，有机融入劳动教育内容。

[①] 中共中央 国务院. 关于全面加强新时代大中小学劳动教育的意见[N]. 人民日报，2020－03－27（01）.

一、劳动教育通识课程

众多高校将劳动教育纳入专业人才培养方案,通识教育模块中设置"劳动教育"必修课,学生在校期间必须获得不少于 32 学时的学分,才能毕业。大学新生阶段是劳动教育的最好时间,高校一般将大学生劳动教育课面向大一新生开设。课程分为理论和实践两部分。

(一) 劳动课程理论部分

劳动课程理论部分重在让学生理解和掌握"劳动创造了人本身""劳动创造世界"等历史唯物主义基本理论主张以及劳动相关法律、法规、政策。同时,很多高校也会加强对本科生的劳动教育通识选修课的建设,积极引进优质劳动教育慕课供全体在校生线上选修。通过系统介绍马克思主义劳动观、新时代劳动价值观、大学生未来职业发展和成长所必需的劳动科学知识和必要的实践体验,全面提升大学生的劳动科学素养。

大学新生要重视劳动教育的重要性及其意义,认真参加理论学习,提高学习兴趣,增强学习效果,真正理解劳动教育的意义和重要性,有效掌握劳动的基本理论主张以及劳动相关法律、法规、政策等理论知识。

(二) 劳动课程实践部分

劳动课程实践部分的内容主要包括日常生活劳动、服务性劳动、生产劳动和特色品牌劳动项目等。学生在校期间参与上述劳动实践锻炼并需考核合格。很多高校还配备双师型教师,对学生进行教学、指导。

大学新生要充分利用课程学习中的实践活动,积极参与社会实践、社会公益活动、课堂上所设置的劳动项目,激发自身的学习兴趣,调动学习积极性,努力培养自己的劳动技能。

二、劳动教育进思政课程和专业课程

劳动教育进思政课程和专业课程,即将劳动教育有机纳入大学生思想政治教育,同时还要纳入专业教育和创新创业教育,积极促进产教学用融合、校企协同。根据劳动教育目标和学科专业特色,对人才培养方案中各门课程的教学大纲进行修订,深度挖掘蕴含的劳动教育元素,有机融入劳动教育内容,培养大学生创造性劳动的意识与能力。

第三节　生活劳动

大学生的日常生活劳动不仅是为了自身的卫生，更是为了培养一种独立人格和合作精神。大学生活中与他人合作是一件非常常见的事情。在共同合作中建立良好的友谊，留下美好的回忆，是大学生活带给我们的宝贵财富。生活劳动不是负担，而是我们生活的一部分，也是我们对于生活的一些宝贵回忆。大学生要积极开展日常生活劳动，自觉养成良好生活习惯。

一、家庭内务劳动

"劳作最大的价值，就是使你成为一个完整的、活泼的、可爱的人。因为劳动的本质应该是'我收获了我自己'。"大学生大多数时间都在学校上课，在家的时间很少。大学生在寒暑假可以自觉做好个人日常生活管理，倡导家庭成员一同树立崇尚劳动的良好家风，要积极主动地承担一些力所能及的家务劳动，如扫地、拖地、扔垃圾、擦桌子、洗碗筷、叠衣叠被、整理房间、做菜煮饭等。

生活在农村的大学生还可以积极参与农活劳作，走进田间地头，挖地、锄草、收割、浇水等。

二、宿舍内务劳动

大学新生进入校园后需要自己完成很多日常生活劳动。大学生日常生活劳动中最多的就是宿舍环境的清理，具体包括衣物的整理和清洗、床铺的整理和清洗、宿舍公共区域的卫生打扫等。宿舍通常是多人共用的，大学生除了要整理好自己的床铺外，公共区域的卫生也要积极与室友合作清理。这既是对自己身体健康的负责，同样也是道德水平的体现。大学生在合作清理宿舍卫生中还可以培养与人合作的默契，为进入社会后更广泛的合作打下基础。

很多高校也会开展"寝室文化节"等系列活动，开展"文明寝室""文明示范宿舍""寝室公约大赛""寝室美化大赛""最美寝室"等文化活动，倡导学生参与卫生劳动、学习垃圾分类，培养良好的卫生习惯和动手能力，能独立处理个人生活事务。

三、校园内务劳动

（一）"劳动月"和"劳动周"活动

很多高校通过设立"劳动月""劳动周""劳动日"等开展劳动教育工作，如某些高校将每月第一周的星期天设置为"爱卫生日"，也有高校提出每月设置固定的时间作为"劳动日"。校园劳动范围非常广泛，包括：宿舍劳动，如整理寝室内务；卫生劳动，如打扫校园广场卫生、修剪植物、打扫教学实验室和图书馆等；管理劳动，如修理校园公共设施、管护教学实验设备、整理体育器材、维护校内公共秩序。大学生参与这些劳动活动能增强劳动素养，提升综合素质。[1]

（二）校园劳动文化活动

校园文化是学校的灵魂，是学校落实立德树人根本任务的重要载体。高校在校园文化活动中积极融入劳动观念和劳动情怀，既是贯彻落实劳动教育"三全育人""五育并举"的重要方式，也有利于提升大学生的劳动素养。主要形式包括创建文明校园、文明班级、文明寝室，最美老师、最美辅导员、校园最感动人物以及十佳大学生等先进典型事迹征集活动，也有"劳模进大学校园"活动，充分挖掘在日常教学、科研、学习、工作、生活中刻苦工作、躬亲实践、具有艰苦奋斗精神的师生典范。

第四节　社会实践

社会实践是人类能动地改造世界的实践活动。大学生社会实践是理论性和实践性相统一的过程，是大学生运用知识去了解社会、服务社会，结合社会实践所得提升能力、全面发展的过程；同时也是大学生走向社会，开展职业教育、劳动技能教育，培养科学素质，积累社会阅历的课外教育活动。

一、志愿服务活动

志愿服务是高校开展大学生劳动教育和进行实践育人的重要载体和主要组

---

[1] 刘向兵，党印. 高校劳动教育实施推进的多元与统——基于80所高校劳动教育实施方案的文本分析［J］. 中国高教研究，2022（05）：54－59.

成部分，目前已受到越来越多的关注。2017 年，国务院颁布的《志愿服务条例》指出要鼓励和规范志愿服务，发展志愿服务事业。新时代大学生，尤其是大学新生要积极参加大学生青年志愿者协会，参与校内外的各种志愿服务活动，努力将社会主义核心价值观内化于心，促进大学专业知识的深化和实践水平的提高，强化劳动品质的塑造和劳动能力的培养，提升社会责任意识和主体自觉意识。志愿服务主要包括以下六个方面的内容。

（一）扶贫济困

扶贫济困，是构建社会主义和谐社会的内在要求；友爱互助，是中华民族的传统美德。目前，乡村振兴志愿服务，是志愿服务活动中的一项重点工作。大学生志愿者可以利用假期在偏远农村和乡镇，开展针对农村产业发展规划、基层党建、留守儿童、科技推广等的支农、支教、支医和扶贫工作。

（二）帮老助残

大学生志愿者参与社区志愿服务，主要是结合社区需求，在养老、医疗、疫情防控、教育、交通等领域开展志愿服务，依托社区志愿者服务工作站、学校与社区联合共建基地为社区孤寡老人、残疾人等特殊居民提供帮助和服务等。大学生志愿者也可以参与青年志愿者助残"阳光行动"，以残疾青少年为主要服务对象，重点围绕日常照料、就业支持、支教助学、文体活动、爱心捐赠 5 个方面，长期结对开展助残志愿服务工作。

（三）助幼扶弱

留守儿童已经成为社会关注的热点问题，越来越多的大学生志愿者也加入了关爱留守儿童的行动。走进农村、走进社区，和留守儿童"一对一"结对帮扶，在城市社区和农村建立"儿童之家"，代理家长，暑期留守儿童课堂，四点半课堂，贫困学生爱心捐助等成为大学生志愿者参与针对留守儿童以及农民工子女的关爱行为的主要方式。

（四）环境保护

环境保护志愿服务主要是围绕植树造林、治理污染、美化环境等环保领域的工作开展志愿服务。在这些领域，大学生志愿者开展了大量的卓有成效的志愿服务活动，如中国青年志愿者绿色行动营计划等，对增强民众环保意识、保护生态环境起到了积极的作用。同时，大学生志愿者也可以在生活中去帮助社区工作人员，养成自觉维护社区内的环境卫生的好习惯。

（五）大型社会活动志愿服务

动员、组织青年志愿者服务大型赛会，已经成为我国各类大型活动的习惯做法，成为新时期共青团引导广大青年"围绕中心、服务大局"的生动体现。在北京奥运会、上海世博会、广州亚运会、南京青奥会、G20杭州峰会、国庆70周年活动等重大赛会和活动中，数以百万计的青年志愿者热情参与、真情奉献，不仅提供了细致周到的服务，保障了赛会活动的顺利举办，还积极传播中华文化，用青春的激情打造了最美的"中国名片"。

（六）应急救灾志愿服务

应急救灾志愿服务，是在国家和社会需要的时候，大学生志愿者们提供线上线下的心理、医疗、人力和组织协调等支援工作。常见的应急救援志愿服务有灾后心理援助、医疗力量支持、现场救援等，如2008年的汶川特大地震中，大学生志愿者参与灾区的医疗卫生、心理调适等工作；在抗击新冠肺炎疫情的战场上，大学生志愿们用实际行动践行了新时代青年的责任与担当，用青春的力量助力疫情防控工作，成为抗击疫情志愿者队伍中的一道靓丽风景线。

二、社会实践活动

社会实践可以促进大学生知识、能力、思想的提高，同时，也能为学生适应社会提供支持。大学新生刚刚结束中学阶段，缺乏社会实践和社会阅历，思维能力、独立生活能力有待提高，价值观尚未完全建立，通过参与社会实践可以改善知识结构，提高能力素质。当前大学生社会实践主要分校内社会实践活动和校外社会实践活动两种类型。

（一）校内社会实践活动

大学生校内社会实践活动作为大学生社会实践体系的重要部分，是在学校教师的指导下，由学生自主设计、发起、组织和开展的集体性社会实践活动，大多在校园内通过课外实践开展。这种社会实践活动的主题有文体艺术与校园文化、心理健康与身心发展、社会工作和社团活动、学生组织和学生干部、纪律规范与安全管理、班团建设和个人成长等。

大学生通过校内社会实践活动，可以弥补课程学习的不足，丰富第二课堂内容，也可以提升技能，为适应社会、走向社会做好准备。

（二）校外社会实践活动

校外社会实践活动是大学生了解社会、关注国情的重要途径。实践证明，校外社会实践活动可以促使大学生融入社会，培养大学生合作精神、社会责任感、社会适应力，加快大学生社会化进程，促进大学生素质全面提升。这种社会实践主要包括暑期"三下乡"社会实践活动、大学生"返家乡"社会实践活动等。

1. 暑期"三下乡"社会实践活动

20世纪80年代初，全国大学生暑期"三下乡"社会实践活动开始试点，随后逐步在各高校展开，目前已经成为各大高校学生参与社会实践的一种重要活动形式。"三下乡"社会实践活动作为大学生社会实践的重要组成部分，已经赢得极大社会反响和赞誉。

所谓"三下乡"社会实践活动，即以青年大学生为主体，深入农村，传播先进科技文化，体验和调研基层农民生活现状，从而提高大学生的社会实践能力和服务意识的志愿服务活动。"三下乡"中的"三"指的是"文化、科技、卫生"，"下"指的是"引进、引入"，"乡"指的是中国的农村地区。大学生通过文化下乡、科技下乡、卫生下乡，为自己了解中国国情打开了一扇窗，同时也为改善农村生活风气、推进农村的精神文明建设、乡村振兴贡献自己的青春力量。大学生"三下乡"的本质在于要充分发挥社会的教育功能，最大限度地实现实践育人。

大学生暑期"三下乡"社会实践活动已经成为全国社会实践活动的品牌项目，每年的主题都会随着国家政策的变化而变化（见表11－1）。众多高校每年都会组织学生开展政策宣讲、法律咨询、教育帮扶、科技支农、医疗卫生、生态资源保护、爱心捐助等主题实践服务，目的是促进国家建设发展、提高学生的综合能力。

表11－1　某高校大学生暑期"三下乡"社会实践活动主题一览表

年份	主题
2011年	永远跟党走，青春献祖国
2012年	青春九十年，报国永争先
2013年	实践激扬青春志，奋斗成就中国梦
2014年	为祖国勤学修德，以实践明辨笃实
2015年	践行"八字真经"，投身"四个全面"
2016年	青春建功十三五，携手共筑中国梦
2017年	喜迎十九大，青春建新功
2018年	青春大学习，奋斗新时代
2019年	青春心向党，建功新时代

续表

年份	主题
2020年	小我融入大我,青春献给祖国 助力脱贫攻坚,投身强国伟业
2021年	永远跟党走,奋进新时代
2022年	喜迎二十大,永远跟党走,奋进新征程

2. 大学生"返家乡"社会实践活动

高校按照"团中央统一规划、省级团委统筹指导、地市级和县级团委自主实施、高校团委宣传动员"及"因需设岗、按岗招人、双向选择、属地管理、就近就便"的工作原则,充分发挥县级团委的关键作用,利用大学生家乡资源创造条件、做好保障,组织大学生返回家乡参与社会实践,帮助青年学生不断提升社会化能力,搭建在外学子与家乡常态化联系的实践桥梁。

2022年,大学生"返家乡"社会实践活动以紧紧围绕"喜迎二十大,永远跟党走,奋进新征程"为主题,把《习近平与大学生朋友们》作为社会实践行动指南和生动教材,通过返乡社会实践的形式,引导大学生更好地了解国情、感知社会、热爱家乡、服务群众,紧跟党走与人民群众相结合的成才道路。实践内容主要涉及以下8个方面。

①政务实践。组织大学生深入地方党政机关、事业单位一线岗位,承担具体工作。让大学生在党史学习教育、政策宣传解读、疫情防控等方面积极发挥作用。组织学生参加"青少年模拟政协提案征集活动"。

②企业实践。将大学生专业方向与企业岗位需求进行双向匹配,组织学生参与家乡企业实际工作。鼓励涉农专业学生到合作社、农村企业等参加实践。

③公益服务。组织大学生通过志愿服务等方式,在农村、社区、青年之家、四点半课堂等基层一线场所,开展扶贫济困、扶弱助残、敬老爱老、生态环保、课业辅导、服务群众等工作,弘扬"奉献、友爱、互助、进步"的志愿精神。

④社区服务。动员大学生主动向村、社区和青年之家报到,在乡镇团委和村、社区团组织的统筹下,就近就便编入志愿者组织、青年突击队等,通过多渠道力所能及地参与基层治理日常工作。组织大学生参与社区青春行动,在每个"社区青春行动"的实施社区安排不少于10名大学生开展社会实践。

⑤乡村振兴。动员大学生积极参与乡村振兴战略实施,在乡镇团委和村团组织的统筹下,参与开展乡村社会治理、公共服务、文化建设、生态文明建设

等领域的实践活动，讲好乡村振兴故事，助力美丽乡村、文明乡村、善治乡村建设。

⑥兼职锻炼。结合当地具体情况，组织安排符合条件的大学生担任乡镇团委及村、社区团组织等基层团组织的兼职干部，参与相关工作，积极发挥作用。

⑦文化宣传。组织大学生探究家乡特色文化，用好家乡丰富资源，讲好家乡生动故事，开展多种形式特别是生动活泼的理论宣讲、文化宣传和网络直播等活动，高扬主旋律、传播正能量。

⑧网络"云实践"。动员大学生充分发挥移动互联网和智能网络平台的作用，从地方经济社会发展特别是乡村振兴等领域入手开展社会调查，常态化开展"云组队""云调研""云实践"等活动，形成乡村调查报告等实践成果。

三、勤工助学活动

勤工助学是指在校大学生在学校的组织、指导下，利用课余或假期时间在校内外参与合法劳动并取得合理报酬的社会实践活动，也称为勤工俭学。大学生在校期间利用课余时间参加勤工助学活动，获得一定的劳动报酬，以资助学习的实践活动，是社会实践活动的有偿形式。勤工助学有利于培养大学生自立自强精神，锻炼其工作能力，也有利于家庭困难学生减轻经济负担，顺利完成学业。

勤工助学根据工作地点的不同可分为校内勤工助学和校外勤工助学两大类。校内勤工助学主要指学校通过整合资源建立勤工助学基地等措施，在校园内为学生提供勤工助学岗位。校外勤工助学主要指大学生利用课余时间在校园以外的社会领域中从事勤工助学工作。目前，大多数勤工助学活动按照自愿申请、扶困优先的原则，由学校结合学生实际情况有序开展和统筹安排。常见的勤工助学活动有以下几类：

（一）家教

家教是当前大学生校外勤工助学活动中比较常见的一种。大学生在知识和学习经历上有一定的优势，做家教比较受学生家长的欢迎。因为对于大学生来说，辅导中小学生的学习一般都不会有很大困难，时间上一般不会有冲突，同时也能收获知识带来的成就感。

（二）校内商业实体的勤工助学

大学校园内一般都会配备如超市、书店、邮局、文印中心、快递站等生活保障设施。这些设施会安排一定比例的学生勤工助学岗位。另外，也有一些商业实体，完全由勤工助学的学生经营。这种方式是开展勤工助学工作的有益补充。

（三）在企事业单位或其他组织中兼职

在校外组织中兼职的方式很多，如在企业做行政助理、为企业派发宣传资料、在餐馆商场兼职做服务员等。现在，也有越来越多的学生利用自己的专业知识在社会组织中兼职，如为广告公司做设计、为交易会做短期翻译、为网络公司建设和维护网站、为互联网科技公司开发程序、为电子商务公司做网络营销等。这种社会兼职模式大量补充了勤工助学的岗位缺口，但也存在一定的安全隐患，需要大学生提高警惕，注意安全防范。

第五节 专业实践

专业实践旨在帮助大学生了解实际工作岗位上工作人员所需具备的专业知识、技能、态度等综合职业能力，对于大学生的专业学习和就业创业具有重要作用，有助于大学生更主动、更深入地学习和掌握相关知识，提高自身的操作技能，积累职业经验，提升就业创业能力。

一、实习实训

实习实训是指按照高校人才培养的规律和目标，对大学生进行动手实践及应用能力训练的过程。其目的就是全面提高大学生的专业素质和综合能力，最终达到学生和企业都满意的目标。目前，一般有课程学习类实践和生产劳动实习两大类。

（一）课程学习类实践

课程学习类实践是大学生社会实践活动的基本形式，是以指导教师为主导，以学生为中心，依托课程资源，以基础知识、基本技能的"教"与"学"为路径展开的社会实践活动。这种社会实践活动包括通过讨论、辩论等形式开展的案例教学、现场教学、模拟教学等课堂实践活动，以课程实验、课程调研、课程设计为主的课程实践活动。

（二）生产劳动实习

高校大学生的生产劳动实习主要是到企业或单位的认识实习、专业实习、顶岗实习、毕业实习等。

1. 认识实习

认识实习是指高校根据教学工作安排组织大学生到相关实习企业或单位观摩、体验和培训，对所学专业相关的工作岗位职责和技能进行初步认识的活动。认识实习可以帮助大学生更好地将理论与实践相结合，加深对专业基础知识的认知，发挥好自身的主观能动性，培养良好的学习习惯、探索精神和创新能力。

2. 专业实习

专业实习是指大学生由于还不具备独立操作能力、不能完全适应岗位要求，由学校组织到实习企业或单位的相应岗位，由专门人员进行培训，并在其指导下参与实际辅助工作的活动。实习企业或单位选派实习指导教师和专门人员全程指导、共同管理学生实习。在专业人员指导下，大学生参与实际工作。一般而言，岗位与学生所学专业对口或相近，如工科的学生有金工实习、电子实习等。

3. 顶岗实习

顶岗实习是指已经初步具备工作能力、能相对独立完成岗位工作的大学生，经过培训后，综合运用本专业所学的各种理论知识和实践技能到专业相关的岗位参与生产活动的实践活动。顶岗实习要求大学生完全履行其实习岗位的所有职责，具有很大的挑战性，对学生的能力锻炼有很大的作用。

4. 毕业实习

毕业实习是指大学生在大学毕业之前学完全部课程之后到实习企业或单位参与一定实际工作，获取独立工作能力，在思想上、业务上得到全面锻炼，并进一步掌握专业技术的实践活动。毕业实习与毕业设计密切相关。

二、科研实践

科研实践是提高大学生创新意识、培养大学生的科研素质、训练大学生动手能力的有效途径，对培养各行各业的创新型人才有着非常重要的作用。众多高校都高度重视和支持开展大学生科研实践活动，科学设置大学生科研项目，积极给予项目组科研资金支持，同时不断加强大学生科研立项的中期检查、结项汇报、成果展示和费用报销等相关工作，积极构建"理论与实践互通、教学与科研互动、教师和学生互助"的科研实践教育工作体系。同时，高校也会有效地发挥教师的指导作用，发扬团队合作精神，建立和完善有效的激励机制，在实践中不断提高大学生科技实践活动的质量与成效。

另外，高校还会积极组织开展一系列高水平的学术辅导讲座、学术交流活动、学术成果展览等，也会组建大学生科技协会，组织开展大学生学术科技文化节等科研科技活动，大力营造良好的校园学术科研氛围，鼓励大学生积极参加各级各类科研科技活动，努力培养新时代所需要的科技创新人才。

三、创新创业

开展创新创业实践，培养大学生的创新创业思维，有利于大学生克服就业困难，为进入职场积累宝贵经验，增强就业竞争力。创新创业型人才也是社会发展所需要的，为社会发展提供动力。注重对大学生创新创业思维的培养，可以有效地提升大学生的综合素质、专业素养以及就业竞争力，为国家提供急需的新型复合人才，同时促进现代大学转型以及教育的升级与深化。

国内目前的创业环境是开放的。首先是政策层面，国家出台了很多利好政策，鼓励创新创业，无论是大学毕业生，还是社会人员都有创业的机会。比如，在行政审批、信贷、税收方面都有很多好的有利于创新创业的政策。在这种利好条件下，大学生创新创业要结合自身实际状况，找准创业方向和目标，努力探索和实践。目前，大学生创新创业有 6 种比较常见的方式。

（一）网络创业

互联网时代，创业项目要选在"风口"上。这样的项目能创造不错的商业价值。目前，大学生可以充分利用互联网进行创业，主要有网络直播、网上开店、网上加盟、网上智力服务、网络销售等多种形式。

（二）加盟创业

加盟创业是采用加盟的方式进行创业，一般的方式是加盟开店。根据契约，连锁总部向加盟商提供一种独特的商业经营特许权，并给予人员训练、组织结构、经营管理、商品采购等方面的指导和帮助。加盟商向连锁总部支付相应的费用。大学生选择加盟创业，可以节约很多的时间和精力，选择合适、可靠的品牌，就能较好地保障加盟店稳步发展、持续盈利。一般来说，加盟代理涉及的行业主要集中在家居建材、餐饮美食、服装饰品、汽车销售、汽车美容、洗衣、美容美体等方面。创业者需要的首期投入也有很大的差别，从几万元到几百万元、几千万元不等。

（三）兼职创业

兼职创业是指大学生在学习和工作之外的时间开展的创新创业活动。兼职创业可以以成立公司或个人名义进行。当然，大学生兼职创业最好不要影响学业。适合大学生兼职创业的类型包括派单、家教、助教、促销员、翻译、导游、校内勤工俭学、展会礼仪、自由撰稿人、调研员、服务员、页面设计等。

（四）团队创业

团队创业可以将创业成员联合起来，很好地实现研发、技术、销售、融资、管理等全方位资源整合和优势互补。大学生由于还未具备充足的社会经验，在各个方面都很难和社会上的其他创业者相对比，选择团队创业能够充分发挥成员之间的合力，达成一致目标去努力奋斗。

（五）竞赛创业

竞赛创业即利用目前社会上的各种商业创新创业竞赛，获得资金、平台，然后进行创业。竞赛创业也很受大学生的欢迎。比如，中国"互联网＋"大学生创新创业大赛已成为吸引海内外优秀大学生创业团队和项目的重要载体和平台。创新创业竞赛借用风险投资的运作模式，要求参赛者组成优势互补的竞赛小组，围绕一个具有市场前景的技术产品或服务概念，以获得风险投资为目的，完成一份包括企业概述、业务展望、风险因素、投资回报与退出策略、组织管理、财务预测等内容的创业计划，最终通过书面评审、专家评审、现场答辩等方式评出获奖者。竞赛创业培养了大学生的创新、创业、创造精神，也培育了一大批成长型企业和青年管理人才。

（六）概念创业

概念创业是指凭借创意、点子、想法来开展的创业活动。创业概念必须标新立异，至少在打算进入的行业或领域是个创举。只有这样才能抢占市场先机，吸引风险投资商的眼球。同时，这些超常规的想法还必须具有可操作性，而非天方夜谭。目前，也有很多大学建立了创业孵化园或者创业孵化器等，鼓励和支持大学生开展各类创业尝试。

第六节　典型案例

一、案例主题

重庆理工大学暑期"三下乡"社会实践活动。

二、案例概述

暑期"三下乡"社会实践活动形式多样、丰富多彩。大学生以政务实习、企业见习、志愿公益服务为主要方式，在扎根基层、服务群众的实践过程中，知社情、接地气、增本领，让青春之花绽放在国家最需要的地方。

近年来，重庆理工大学围绕"扶贫攻坚""乡村振兴""留守儿童""生态文明"等社会实践活动主题，成立了众多暑期"三下乡"实践活动团队奔赴乡村基层。在实践活动过程中，有才干、有本领、有知识的大学生真正下到基层，为乡村的发展带去了新智慧与新思维，为万千农民带去了新文化与新技术。仅在2022年，在校团委的指导下，学校就有23支团队深入农村，开展产业结构调研，扎根乡村帮助群众脱贫致富，解决新农村建设中的具体民生问题。

三、实施方法

以2022年暑期"三下乡"社会实践活动为例来介绍该活动的实施方法。

（一）申报阶段（6月13日至6月19日）

申报立项团队需将《重庆理工大学2022年大学生暑期"三下乡"社会实践团队立项申报表》上报至团队负责人所在的二级团组织，二级团组织根据报送情况组织初审并指导申报团队完善相关材料，将推荐立项的团队汇总排序后填写《重庆理工大学2022年大学生暑期"三下乡"社会实践团队立项申报汇总表》并上报团委。

（二）立项阶段（6月20日至6月25日）

校团委对二级团组织推荐的项目进行审核，确定校级重点团队，推荐市级重点团队。

（三）培训阶段（6月下旬）

各二级团组织应面向参与实践的学生，针对实践主题、内容、调研方法以及安全注意事项等开展专项培训，保证社会实践的安全、高效开展。

（四）开展阶段（7月上旬至8月下旬）

学院要确保每支实践团队有至少1名带队教师或指导教师全程参与实践活动。要组织每位参与实践的同学全面知悉并认真签订《重庆理工大学2022年大学生暑期社会实践安全责任书》。

（五）总结阶段（9月上旬至10月上旬）

在实践活动结束后，各实践团队认真撰写社会实践工作总结和调研报告，并于9月中旬前集中提交。校团委将评选优秀实践项目，并推荐优秀个人和团队参与市级评比。10月中旬，学校将举行社会实践工作分享交流会。

四、主要成效

重庆理工大学曾获大学生"三下乡"社会实践"全国先进单位"荣誉称号，累计50多个社会实践团队获重庆市及以上优秀团队表彰，累计300多人次获重庆市及以上优秀个人表彰，其社会实践活动被《人民日报》《中国青年报》《重庆日报》《今日头条》《学习强国》等主流媒体报道。

（一）强化引领力，用党的创新理论指导青年大学生实践成长

重庆理工大学坚持理论武装与实践锻炼紧密结合，全力支持青年大学生努力奋斗谱写青春乐章。近年来，重庆理工大学团委积极引导青年学生主动学习党的创新理论，特别是习近平总书记关于青年工作的重要思想。大学生志愿者自觉走进"新时代文明实践中心"和"青年之家·学习社"，开展"四史"教育和"青年大学习"行动。

经济金融学院与涪陵区新妙镇对接共建，十二年来坚持在关爱留守儿童、科技兴农、产业调研等方面开展社会实践活动；计算机科学与工程学院红"芯"青年讲习社，坚持把党的理论宣讲带向田间地头，通过坝坝会、宣讲会让党的理论政策"飞入寻常百姓家"。

（二）提升服务力，动员青年大学生助力家乡发展

重庆理工大学团委坚持"三下乡"与"返家乡"相结合，重点推荐和鼓励青年大学生以专业技能为依托，走向农村、走进社区、走入企业，广泛参与各类社会实践活动，服务当地经济社会发展。近两年，重庆理工大学倾心打造"一院一品"社会实践工作新模式，积极推进暑期"三下乡""返家乡"活动持续纵深发展。

习近平新时代中国特色社会主义思想研究会等学生组织以及"青年马克思主义者培养工程"大学生骨干走入基层，走进綦江、涪陵、奉节、万州等地，了解社情民情，服务疫情防控和经济社会发展，助力打赢脱贫攻坚战和乡村振兴。

（三）夯实组织力，依托网络平台拓宽实践渠道

重庆理工大学团委充分利用网络和新媒体平台，创新实践参与方式，拓宽

社会实践路径。各个社会实践团队积极广泛开展"镜头中的三下乡""镜头中的我的家乡"等各类线上征集活动，鼓励青年大学生用镜头记录社会实践经历及重庆经济社会发展变化，展示青年大学生通过投身基层、广泛实践获得的成长。

两江人工智能学院"数智先锋""三下乡"社会实践团队利用人工智能、大数据等技术优势，对重庆市渝北区龙兴镇景区的运营管理和基层社会治理两个方面展开考察调研，精心打造"数智赋能新文旅"主题直播间，对龙兴镇的风土人情、自然景观、非遗文化进行宣传推广；同时深度融入社区建设发展，协助打造社区公共服务综合信息平台，为社区信息化、智慧化发展献计献策，将所学运用在真正需要的地方。"数智赋能新文旅"主题直播间项目荣登直播平台"热门户外榜榜首"，并获评中国青年报社主办的2022年第八届全国大学生暑期实践展示活动TOP100荣誉称号。

五、思考启示

"三下乡"社会实践活动是让青年大学生打破陈规，突破固有的思维，走出舒适区，深入不同领域、不同环境，充分发挥主观能动性、提高自身综合素质的一项活动。总体来看，重庆理工大学"三下乡"社会实践活动具有继承性、创新性、地域性三个显著特点。

（一）因地制宜，强化校地合作

青年大学生是暑期"三下乡"社会实践活动的主体，农村乡镇基层是社会实践活动的对象，服务内容必须结合当地实际。不论在实践活动前还是实践活动后，实践团队及项目都与地方有着千丝万缕的关系。实践接收单位肩负起了为大学生"三下乡"提供实践服务平台的重任，实践主体应与地方互相配合，使活动顺利完成。在活动前，实践团队应该联系场地，与地方进行沟通交流，做好提前准备；在活动进行中，应该与地方保持及时有效的联系，出现突发问题才能得以有效解决；在活动后，应该与地方加强联系，确保实践成果和合作关系稳定长久。

（二）因需制宜，注重选题方向

"三下乡"社会实践活动的主旨在于引导大学生树立正确的成才观、职业观和就业观，强化生涯规划意识，提升创新实践能力。大学生要结合学科优势、专业特色进行选题，将书本理论知识转化为感性认识。大学生可以通过开展科技发明、专业服务等形式将所学知识与技能加以应用与实践，根据自身在不同阶段的专业课程、学习环境及实践地点合理安排社会实践的具体选题方向。同时,"三下乡"社会实践还要紧跟时代发展步伐,体现浓烈的时代气息,又要贴近青年学生的成长成才需求,满足学生的锻炼自我要求。

(三) 因人制宜,建立反馈机制

在"三下乡"社会实践活动中,高校应建立全方位、多层次的立体网络教育活动,对社会实践的参与者进行长效跟踪。实践活动应讲究"精",组织精细,周密安排;讲究"特",各有特色,百花齐放;讲究"广",全员参与,形式多样;讲究"长",长效跟踪,稳定合作。在评估反馈时,既要看通过"三下乡"社会实践活动大学生的综合能力是否提升,又要关注学生的行为引导和规范;既要看到"三下乡"社会实践教育的正面、积极作用,又要避免负面和消极影响。

后 记

《筑梦启航——新时代大学新生教育研究与实践》是重庆理工大学学生工作"三全育人""五育并举"体系构建与应用实践的阶段性研究成果，是重庆理工大学两江校区一届又一届教育管理工作者承上启下、守正创新、不懈追求、辛勤育人的成功经验总结，也是新时代大学新生教育课题组多年专注和探索实践大学新生教育的重要成果。

2021年12月，重庆理工大学党委出台《重庆理工大学学生工作德智体美劳"五育并举"实施指导意见》为本课题的研究指明了方向。分管学校学生工作的党委常委、副校长曾宪军一直关注课题的研究进展并为本书作序。党委学生工作部（学生处）、招生就业处、团委、两江校区管委会、党委办公室、党委组织部、党委宣传部、党委保卫部（人武部）、教务处等校属相关部门和两江人工智能学院等学院给予本书研究和出版以大力的支持和帮助。特别感谢曾经和正在两江校区管委会工作的同仁们，给予了课题组很多的鼓励和指导。我们相伴相随、忘我奋斗。我们与时俱进、成功实践的近十年辛勤工作为本书的出版提供了丰富的素材。在编写和出版过程中，我们还参考和借鉴了国内外兄弟高校大量关于大学新生教育的文献和案例，引用了不少其中很有价值的观点和见解。同时，本书作为重庆市社会科学规划项目和重庆市教育委员会人文社会科学研究项目的研究成果，得到了重庆市社会科学界联合会和重庆市教育委员会的精心指导和帮助，也得到了重庆市南开中学校、重庆市江津中学校提供的课题调研支持，在此表示衷心的感谢。

本书由曾宪军任顾问，叶彬强任主编，罗劲松、徐勇任副主编。各章节的编写人员分别是：第一章，叶彬强、陈晨；第二章，徐崇君、冯倩；第三章，刘广超、刘传奇；第四章，李雪、杨龙、徐勇；第五章，董子铭、李洪；第六章，徐勇、李涟、兰卉卉；第七章，张保川、张娅；第八章，罗劲松；第九章，刘坤、孙梦媛；第十章，董明、刘玲；第十一章，叶彬强、李祎、王南甫。全书由叶彬强、罗劲松、徐勇策划和统稿，陈踊、王应汶、胡晓楠、李祥、曾雪调研，李家富、余波校稿。

本书对重庆理工大学近十年在两江校区开展新时代大学新生教育研究和实践进行了比较系统的总结和梳理，构建了相对完整的新时代大学新生教育管理体系，希望能对高校大学新生教育的创新和发展起到推动作用。

由于作者学术水平有限，书中难免存在不足和错误之处，恳请各位专家、学者以及广大读者惠予指正，以便我们在今后的研究和学术著作撰写中进一步修改、完善和提高！本书内容若有与国家相关政策不一致之处，请以国家最新有关政策为准。

本书编写组
2023 年 8 月